Wendeleben

Teil 1

Von West nach Ost 1940 - 1988

Mit den Ressourcen, die uns zur Verfügung standen, haben wir das Maximale in unserem Leben erlebt!

Kontakt: <u>wendeleben@gmail.com</u> * <u>www.wendelben.de</u> *(im Aufbau)*

Hieronymus Ludwig

Wendeleben

Teil 1

Von West nach Ost 1940 - 1988

Bibliografische Information der Deutschen Nationalbibliothek:
Die Deutsche Nationalbibliothek verzeichnet diese Publikation in
der Deutschen Nationalbibliografie; detaillierte bibliografische
Daten sind im Internet über http://dnb.dnb.de abrufbar.

© 2017 Hieronymus Ludwig / Pseudonym

Herstellung und Verlag: BoD – Books on Demand, Norderstedt
ISBN: 978-3-743-112254

Inhaltsübersicht - Teil 1 bis 6

7

Vorwort

11

40er Jahre bis 1962 - Vor dem Anfang

14

1962 bis 1979 - Franks Heimat heißt Schule

36

1979 - Zwischenzeit

75

1979 bis 1981 - Lehrjahre sind Herrenjahre

86

1981 - 1985 - Das erste Mal oder alles das erste Mal?

106

1985 - Anzeigenzeit oder wie vier Zeilen ein Leben verändern

204

1987 - 1988 - Keine Ruhe vor dem Sturm

270

Nachtrag

308

Inhaltsübersicht - *Teil 1 bis 6*

Bis dato sind 6 Teile geplant:

Wendeleben 1- Von West nach Ost 1940-1988

Wendeleben 2 - Zwischen den Welten 1989
Die Flucht mit Schatzi und zwei kleinen Kindern

Wendeleben 3 - Wilde Jahre im Westen 1990-1993
Die ersten Jahre in Bayern

Wendeleben 4 - Zurück im wilden Osten 1993-2001
Zurück nach Dresden

Wendeleben 5 - Wieder im Westen 2001-2016
Zurück in den Westen, in den Norden, nach Hamburg

Wendeleben 6 - Die Facetta AG 2002-2016
Geschichten von der Arbeit bei der Facetta AG

Für alle, die es etwas genauer wissen wollen, gibt es hier eine kurze Zusammenfassung der Bände:

Frank´s Vater Max, 1921 in München geboren, hatte schon ein sehr bewegtes Leben. Zuerst kam die Zeit im Krieg, die Kriegsverletzung, das Zusammenkommen mit seiner Hilde. Dann plante er die Auswanderung nach Australien in den 50er Jahren. Durch Hildes Vater sind sie dann doch in Wismar hängen- geblieben, aber nicht lange, dann ging es weiter über Sangerhausen nach Dresden. Zwischendurch wurde Hilde bei einem Besuch in München verhaftet, später aber wieder freigelassen. Der Westen wollte Max unbedingt wieder zurück haben.
    In Sangerhausen kam Frank 1962 zur Welt.
    In einer Dresdner Schule aufgewachsen - bot dies alleine schon genügend Abenteuerpotential für ihn.
    Anfang der 1980er hatte Frank dann die ersten Berührungen mit dem anderen Geschlecht. Es kam ein Kind, eine erste Trennung, wechselnde Arbeitsstellen. Eine geplatzte Kandidatur für die SED gehörte ebenfalls in die Zeit bis 1989 wie zahllose Frauen- geschichten, Schatzi, zwei Kinder, abenteuerliche Urlaubsreisen und nicht zuletzt einige Umzüge, verbunden mit haarsträubenden Wohnungsübernahmen, wie sie in der DDR nicht alltäglich waren.
    1989 wurde Urlaub in Ungarn am Plattensee gemacht. Kaum zurück in Dresden, entschied er sich zur abenteuerlichen, 4 Tage andauernde Flucht mit seinem Bruder, seiner Frau und den beiden kleinen Kindern in die BRD. Das Auffanglager in Augsburg, das Heimweh, die Weiterverlegung nach Senden, die Arbeitssuche - das war eine sehr aufregende Zeit. Nach

2 Monaten gab es endlich eine eigene Wohnung und schließlich den ersten Job bei Wüstenrot - nur einige Stationen innerhalb von vier Monaten!

Es folgten die ersten Erfahrungen im Westen, Vergleiche zur DDR und der erste Einkauf in einem Einkaufszentrum.

Auf den ersten Reisen erlebten sie als unbedarfte Ostdeutsche die ersten Abenteuer in der weiten Welt. Dann zog die Familie um.

Frank kaufte bei Aldi ein und verkaufte die Waren im Osten. Dabei hatte er eine bessere Waffe als der ABV.

Einen Rechtsanwalt begleitete er in ein billiges tschechisches Bordell.

Eine Videothek wurde gegründet und eingerichtet, ein Autohandel aufgezogen, Grundstücke gehandelt und schließlich von der Treuhand, ohne eine Mark in der Tasche, zwei erstklassige Gastronomieobjekte im Osten gekauft. Die Zeit reichte auch noch für ein Immobilienbüro und Hausverwaltungen.

Dann nahm sich sein Bruder das Leben, Frank verlor seinen Führerschein, musste vor Gericht und schließlich zog die ganze Familie 1993 wieder nach Dresden.

Jahre als Projektentwickler bei einer Wohnungsbaufirma folgten, bevor Frank und Gabi 1997 ohne Eigenkapital, nur mit einem Dispo - Kredit ausgestattet, einen Weinladen eröffneten.

Bis 2001 unternahmen sie viele Spanien-Einkaufs-Reisen und importierten vieles aus Spanien, von Konserven über Wurst und Schinken bis Wein. Der Wohnwagen wurde bis zum Achsbruch überladen, dann gab es ein Wohnmobil für 90.000 DM. In Spielcasinos sollten die Schulden kleiner werden, doch dann waren an einem Abend 20.000 DM weg.

Schließlich erfuhr Frank von Lustreisen eines Bankvorstandes und plötzlich gab es einen Kredit, aber zu spät. Innerhalb von wenigen Wochen wurde der Laden abgewickelt und die Familie zog nach Hamburg. sieben Jahre Privatinsolvenz und die ersten weiten Flugreisen folgten. Er arbeitete als Lagerleiter in Hamburg, musste dabei aber sehr „flexibel" mit der Ware umgehen.

Mit 40 erstmals 3 Monate arbeitslos zu sein, veränderte Frank. Diverse kurze Jobs folgten, schließlich erhielt er von einer Zeitarbeitsfirma ein Angebot bei der „Facetta AG". Für 8,25 € Stundenlohn sollte er dort anfangen. Nach nur neun Monaten fand sein Abteilungsleiter, dass er hier mal „einen frischen Wind" gebrauchen könnte und Frank wurde fest übernommen. Im Laufe der Jahre weitete der Wind sich allerdings zum Sturm aus, in dem Frank fast umgekommen wäre.

Bei der Facetta AG erlebte er alles, was immer über die DDR und die Stasi erzählt wurde, nur eben 20 Jahre nach dem Mauerfall. Er wurde bespitzelt, ausgegrenzt, gedemütigt. Die Jahre bei der Firma waren die Zeit der größten Veränderung seiner selbst. Es waren aber auch die Jahre der schönsten und abenteuerlichsten Reisen in alle Welt - von Australien, Albanien, Istanbul, Afrika, Asien, Mauritius bis Amerika, wo er seine Gabi nach 27 Jahren Ehe in Las Vegas noch einmal heiratete!

Nun ist er zum ersten Mal Opa geworden, hat bei der Firma endlich (noch nicht immer) die nötige Gelassenheit (und einen Chef der seine Talente einzusetzen weiß) gefunden und freut sich auf das, was noch kommt.

Vorwort

Ein passendes Vorwort für dieses Buch zu schreiben, fand ich fast schwerer, als das gesamte Buch selbst. Denn eigentlich hatte ich/wir ein ganz normales Leben, nur eben mit vielen "Wenden"! Bestimmt gibt es viele, die noch mehr und noch spektakulärere Erlebnisse aufweisen können, aber unsere habe ich eben aufgeschrieben!

Wüsstest du, lieber Leser, nicht auch gern was Deine Eltern oder Großeltern erlebt, wie sie gelebt, wie sie gedacht und sich gefühlt haben? Leider hatte ich keine Zeit mehr, diese Fragen meinen Eltern zu stellen. Damals habe ich mich noch nicht dafür interessiert. Heute jedoch, da ich selber Opa bin, wüsste ich es schon gerne und würde dies auch gerne an meine Enkel weitergeben.

Außerdem habe ich, durch das Schreiben, viel über mich selber erfahren.

Warum schreibt Mann als "Otto - Normalo" mit etwas über 50 ein Buch über sein Leben?

Ich musste lange überlegen, um die richtige Reihenfolge der Antworten zusammen zu bekommen. Außerdem hat sich diese verändert. Schon das alleine ist spannend zu sehen: wie das Leben die Prioritäten anpasst!

Eigentlich wollte ich das Buch mal für mich schreiben, da ich mein Leben und das gemeinsame mit Schatzi, als sehr abwechslungsreich bezeichnen würde. Schon nach den ersten Seiten merkte ich, wie mich das Schreiben veränderte. Ich fing endlich an zu verstehen, warum ich so bin, wie ich bin. Auch wenn es nun (fast) zu spät ist, sich selber komplett zu ändern, halfen mir die Erkenntnisse, etwas ruhiger und gelassener zu werden.

Dann kam Max auf die Welt, also Maximilian Frank, um genau zu sein. Unser erstes Enkelkind! In diesem Moment überlegte ich, ob es nicht schön wäre, wenn Max und dessen Kinder und Enkelkinder mal lesen könnten, was ihre Vorfahren so erlebt und vor allem, wie sie gelebt haben. Ich jedenfalls würde sehr viel darum geben, zu erfahren, wie und was meine Eltern genau erlebten - gerade in der Zeit zwischen 1940 und 1970! Leider kenne ich das Meiste nur vom Hörensagen oder aus Zeitungsartikeln und wie viel Wahrheitsgehalt diese bergen ... na ja!

Da bin ich auch schon beim dritten Grund, der aber jetzt, Ende 2016, wieder einmal zum Hauptgrund geworden ist:

Die Wiedervereinigung Deutschlands gehört schon seit mehr als 25 Jahren der Vergangenheit an und trotzdem beschäftigt sie die Menschen noch immer.

Tatsächlich begegnen mir immer noch Leute, die zur Wendezeit Kinder oder Jugendliche waren, im Westen der Republik geboren wurden und aufgewachsen sind, mir aber heute erzählen, wie furchtbar das Leben vor '89 in der DDR war. Dabei unterlegen sie ihr „Wissen" mit Sätzen wie: „...was man so gelesen hat!", „... was man so gehört hat!" oder „... so wurde es doch berichtet!"

Deshalb soll es dieses Buch geben - ein Buch über ein Leben zwischen den Welten. Ein Leben, in dem in erster Linie die Menschen selber ihr Schicksal in der

Hand halten, unabhängig von Wetter, Politik, Gesellschaft oder Wohnort.

Viele fragten uns, wo unsere Heimat ist. Für uns ist das eine merkwürdige Frage. Als wir in Dresden lebten, war dann Bayern unsere Heimat? Als wir in Bayern lebten, war dann Dresden unsere Heimat? Oder als wir dann wieder in Dresden lebten, war es vielleicht doch unsere bayrische Heimat? Und wie ist es, seit wir in Hamburg leben? Ist jetzt Dresden oder Bayern unsere Heimat?

Heimat ist für uns dort, wo wir leben, uns wohlfühlen, unsere Lieben um uns haben und das Abenteuer Leben genießen!

40er Jahre bis 1962 - *Vor dem Anfang*

Anfang Dezember 1962 konnte sich der Winter im Harzer Vorland noch nicht so recht entscheiden. Die Bäume hatten ihr Laub fast vollständig verloren und die Felder rund um Sangerhausen waren triefend nass vom starken Regen der letzten Wochen. Seit einigen Tagen allerdings sanken die Temperaturen und eine dünne Eisschicht legte sich über Wälder und Felder. Die Landschaft und die Menschen bereiteten sich auf den Winter vor. Hier, nicht weit vom Kyffhäuser entfernt, wo die Ausläufer des Harzes noch zu sehen und zu spüren waren, zog der Winter meist erst spät ein. Doch wenn sich die Kälte und der Schnee einmal niedergelegt hatten, dann hielten sie sich oft bis weit in das Frühjahr hinein.

Hochschwanger mit dem 5. Kind saß Hilde in dem kleinen Häuschen am Rande von Sangerhausen und dachte zurück an die Zeit, als sie ihren Mann Max kennenlernte und was sie seitdem alles erlebt hatten. Sie hoffte, dass die Zeiten, nun, da sie noch einmal ein Kind erwarteten, ruhiger werden würden. Schließlich war sie schon 36 und sie war es leid, so durch die Welt zu ziehen. Aber Max sorgte seit ihrer ersten Begegnung nicht nur für unterhaltsame Stunden.

Ihre Gedanken gingen zurück in jene Zeit kurz nach dem Krieg. Damals, es war Anfang 1947. Vor wenigen Tagen hatte sie ihren 22. Geburtstag im Kreise der Familie gefeiert. Nur ihre Mutter konnte nicht dabei sein. Sie lag wegen einer Blinddarmentzündung seit drei Wochen im Krankenhaus.

Endlich jedoch war es soweit und Hilde durfte ihre Mutter besuchen. Mehr als eine Stunde schwatzten sie miteinander und Hilde berichtete ihr den neuesten Tratsch aus der Nachbarschaft. Als die Besuchszeit zu Ende war, verabschiedete Hilde sich von ihrer Mutter und versprach, bald wiederzukommen. Dass es bereits morgen sein würde, ahnten beide noch nicht.

Hilde verließ das Zimmer der Mutter, ging über den steril weiß gefliesten Flur dem Ausgang des Krankenhauses entgegen, als ihr ein junger Mann in einer verschlissenen Wehrmachtsuniform ohne Abzeichen und Schiffchen auf dem Kopf entgegen kam.

Er trug einen Verband über dem rechten Auge, was ihm ein verwegenes Aussehen verlieh. Unwillkürlich blieb Hilde stehen und sah ihn an. Er war circa 1,80 m groß, schlank, braungebrannt und hatte so ein schelmisches Lächeln im Gesicht. Als er sie dann mit einer Mischung aus südtiroler und bayrischem Dialekt ansprach, war es sofort um sie geschehen. Was Max damals zu ihr sagte, weiß sie nicht mehr. Eins weiß sie aber noch genau, er zog sie mit seiner humorvollen, draufgängerischen Art und seiner Ausstrahlung sofort in seinen Bahn. Auch wenn sie ahnte, dass sie nicht die Erste war, die seinem Charme erlegen war, konnte sie nicht anders und sie verabredeten sich gleich für den nächsten Tag erneut.

In den nächsten Tagen setzte sie alles daran, ihre Mutter im Krankenhaus so oft es ging zu besuchen. Ihr Vater wunderte sich, dass die Besuche nun immer länger dauerten, aber er dachte sich nichts dabei. Hilde hingegen staunte über ihren Vater, war er es doch, der sonst misstrauisch jeden ihrer Schritte beobachtete. Zum Glück war es diesmal anders.

Hilde lächelte bei dem Gedanken, wie sie nur kurz bei ihrer Mutter vorbei schaute und schon nach wenigen Minuten wieder verschwand, um sich den wirklich interessanten Dingen des Lebens zu widmen. Und von diesen kannte Max einige!

In den ersten Tagen ihres Kennenlernens erzählte er ihr unzählige Geschichten aus dem Krieg. Für ihn war der Krieg kein Krieg, für ihn war es mehr und anders. Aus seinem Mund klang der Krieg wie ein großes Abenteuer. Hilde erinnerte sich noch gut an seine Schilderungen, wie er, gerade 20, 1941 zur Wehrmacht eingezogen und der 1. Fallschirmjäger Division zugeteilt wurde. Mit dieser ging es dann auch gleich an die Ostfront. Der erste Einsatz dauerte allerdings nur wenige Monate und Max überstand alles ohne Blessuren. Im Sommer '42 wurden Teile der Division dann nach Frankreich verlegt. Für Max war dies die beste Zeit und nach eigenem Bekunden die unterhaltsamste obendrein. Er und seine Kameraden waren in keinerlei Kampfhandlungen verwickelt und so lebten sie wirklich wie Gott in Frankreich. Max erzählte von dem herrlichen Land, den freundlichen Menschen, dem guten Wein und dem Schampus, der in Strömen floss. Nur von den Erlebnissen mit den hübschen Französinnen erzählte er ihr nichts.

1943 wurde seine Abteilung dann nach Italien verlegt. Auch dort tat er alles, um das gute Leben weiterzuführen. Er verkaufte deutsche Gewehre an die Italiener, um sie ihnen später wieder abzunehmen und an die deutschen Truppen "zurück zu geben"!

Doch das süße Leben fand ein jähes Ende, als er nach Monte Cassino verlegt wurde. Bei den Erinnerungen an diesen Ort gerieten Max's Erzählungen ins

Stocken und es gab einen großen Zeitsprung bis 1946. Wie er die schweren Gefechte überstand und warum er noch einmal an die Ostfront kam, dort in Gefangenschaft geriet und schließlich nach Kriegsende wieder im Dienstrang eines Obergefreiten bei seinen Fallschirmjägern als Kraftfahrer in Nordafrika landete, blieb sein Geheimnis.

Max erzählte vom Krieg immer, als wäre es ein riesiger, großer Abenteuerspielplatz gewesen. Selbst seine Erzählungen, wie es in Nordafrika zu seiner Verwundung beim Minen-such-und-räum-Kommando kam, hatte wenig Erschreckendes.

Und diese Geschichte hatte Hilde schon so oft gehört, dass sie manchmal schon glaubte, selbst dabei gewesen zu sein.

Es war ein heißer Tag im Norden Afrikas. In dem kleinen Ort Marsa Matruh direkt an Ägyptens Küste sollte der kleine Trupp, dieser bestand aus dem Leutnant und 7 Soldaten, einen Strandweg nach Minen absuchen und entsprechend räumen. Der Tag war noch jung. Wie so oft hatten sie kaum etwas zum Frühstück gehabt und Leutnant Gustl, der Oberste Herr des MSR Kommandos, hatte bis in die frühen Morgenstunden mit Seinesgleichen gezecht. Obergefreiter Max hatte als Kraftfahrer und Organisationstalent mehrere Sonderaufgaben in der Truppe, dazu gehörten unter anderem das Beschaffen von Alkohol und der Abtransport der Minen. Er verstand es sogar, hier am Rande der Wüste einige Ausrüstungsgegenstände der Wehrmacht in Alkohol umzusetzen. So hatten der Leutnant und seine Gesellen immer Nachschub. Doch an diesem Tag wendete sich das Schicksal gegen Leutnant Gustl.

Schon seit Tagen blickte er zu tief ins Glas und immer öfter verschwamm die Wüste mit seiner fränkischen Heimat. Dies waren natürlich keine guten Voraussetzungen für den obersten Landminen - Entschärfer in Marsa Matruh. Schließlich brauchte er einen klaren Kopf und eine ruhige Hand, galt es doch, die Minen freizulegen und zu entschärfen. Wie schon in den Tagen zuvor ging Leutnant Gustl an diesem Morgen benebelt vom Alkohol mit seinem Trupp zur Minenräumung in Richtung Meer. Am Strandweg angekommen, schickte er seine Leute aus, um Minen aufzuspüren. Er selbst setzte sich mit Max, seinem Fahrer, in den Schatten und trank mit ihm einen Schluck. Nach wenigen Minuten rief einer der Soldaten nach Leutnant Gustl. Max und der Leutnant gingen zu ihm. Der Soldat hatte doch tatsächlich eine Anti-Tank Mine entdeckt. Der Leutnant rief seine Mannen zusammen und begann, die Mine freizulegen. Doch heute war es wie verhext, der Zünder war nicht zu erreichen und die Mine lag festgeklemmt zwischen einigen Steinen.

Der Leutnant schimpfte und fluchte. Schließlich verlor er die Geduld und wies Max an, ihm die Spitzhacke vom LKW zu bringen. Max folgte dem Befehl, während sich Unruhe in der Truppe verbreitete. Einer der Soldaten bot dem Leutnant seine Hilfe an, doch dieser war schon so in Rage, dass er ungeduldig nach Max und der Spitzhacke rief.

Als dieser wieder zurück am Ort des Geschehens war, traten die Soldaten einen Schritt zurück, der Leutnant befahl ihnen, genau zuzusehen, wie er mit sicherer Hand und einem gezielten Hieb die Mine freilegen würde.

Da Max nur der Kraftfahrer war, wollte er wieder weggehen, blieb jedoch schräg hinter dem Leutnant stehen und sah ihm über die Schulter. Die nächsten Sekunden liefen wie in Zeitlupe vor seinen Augen ab. Er sah, wie der Leutnant die Spitzhacke anhob, die Soldaten verzogen ihre Gesichter, einige schlossen die Augen, der Leutnant holte aus und kam leicht ins Schwanken. In diesem Moment wollte er die Aktion abbrechen, aber es war zu spät. Die Spitzhacke hatte schon zu viel Schwung. Max sah noch, wie sich die Gesichter einiger Soldaten vor Schrecken und Entsetzen weiteten, dann sauste die Spitzhacke in Richtung Boden. Im nächsten Moment gab es einen ohrenbetäubenden Knall und der Leutnant war verschwunden. Sand und Steine spritzen auf. Max spürte die Druckwelle gleichzeitig mit dem Schmerz in seinen Augen. Dann wurde es dunkel um ihn!

Später im Krankenhaus erfuhr er, dass Gustl von den Ärzten nicht mehr hätte zusammengesetzt werden können und drei weitere Soldaten durch Splitter tödlich verletzt wurden oder wie Max sich ausdrückte: "... sie durften die Heimreise liegend antreten." Max selbst hatte Sand und Splitterteile in die Augen bekommen.

Nach einer Erstversorgung in Ägypten wurde er bereits wenige Tage später nach Deutschland ausgeflogen. Sein Sehvermögen war vorerst im schönen Marsa Matruh am Strand geblieben.

Doch wie so oft, hatte Max wieder einmal Glück. Nach wenigen Wochen kehrte sein Augenlicht langsam zurück und als er Hilde auf dem Krankenhausflur in München sah, war sein Blick schon wieder auf das Wesentliche geschärft.

Ja, das war typisch für Max, immer alles lustig sehen und schon verliert es seinen Schrecken. Für andere wäre das Erlebte traumatisch gewesen, für Max war es ein Abenteuer unter vielen!

Plötzlich spürte Hilde die ersten Wehen und das wurde auch Zeit, sie war doch schon eine Woche über dem Termin. Sie würde froh sein, wenn das Kind endlich auf der Welt war. Diese fünfte Schwangerschaft war die schwerste und das im wörtlichen Sinne. Sie wusste, dass es nicht gleich bei den ersten Wehen losging und so blieb sie vorerst noch in ihrem Sessel sitzen, lauschte den anderen Kindern, die im Nachbarzimmer spielten und stritten. So plötzlich die erste Wehe kam, war sie auch wieder abgeklungen und so konnte Hilde weiter ihren Erinnerungen nachhängen.

1947 war das erste von vielen turbulenten gemeinsamen Jahren. Kurz nachdem sie Max kennengelernt hatte, erlag sie ihm und seinen Avancen. Sie beschlossen zu heiraten. Wenige Monate später wurde Max aus dem Krankenhaus entlassen und bereits am 03.10.1947 heirateten sie in München standes-amtlich.

Hildes Eltern hatten in den letzten Monaten ihren Geburtsort München verlassen und waren mit 3 ihrer Kinder nach Wismar gezogen. Nur Hilde war in München bei ihrem Max geblieben.

Um allen gerecht zu werden, sollte die kirchliche Trauung im Kreise ihrer Familie an der Ostseeküste vollzogen werden. Aufgrund eines Missverständnisses war diese auf den 04.10.1947 im 700 km entfernten Wismar festgelegt worden.

Max wäre nicht Max, wenn er seine Ideen nicht auch zeitnah und praxisorientiert umgesetzt hätte. Kurz nach der Trauung in München setzten sich beide auf's Motorrad und fuhren in Richtung Norden. Es wurde eine wirklich abenteuerliche Fahrt quer durch zwei Besatzungszonen, quer durch das Nachkriegsdeutschland von 1947.

Wenn Hilde daran zurückdachte, musste sie einerseits lächeln und andererseits verzog sie das Gesicht vor Schmerz. Was es für ein frisch vermähltes Paar nur zwei Jahre nach Kriegsende bedeutete, auf einem DKW - Motorrad von München nach Wismar quer durch Deutschland zu fahren, hätte sie nie gedacht. Aber ihr Max war eben ein Draufgänger und mit ihm meisterte sie auch dieses Abenteuer!

Erschöpft aber glücklich heirateten sie nur einen Tag später in der katholischen St. Laurentius Kirche in Wismar. Hildes Eltern waren überglücklich, ihre Tochter für ein paar Tage bei sich zu haben und so feierten sie gemeinsam ausgelassen mit der ganzen Familie.

Damit nicht zu viel Ruhe einkehrte, drängte Max wenige Tage später, wieder zurück nach München zu fahren, schließlich hatten beide dort eine gemeinsame Wohnung und ihre Arbeit.

Hilde spürte die zweite leichte Wehe und verzog angestrengt das Gesicht. Es war so schön, in alten Erinnerungen zu schwelgen, drängten diese doch die Schmerzen der bevor- stehenden Geburt in den Hintergrund.

Bei dem Gedanken an die Geburt erinnerte sie sich an den 19. April 1949. An diesem Tag hielt nicht nur der Frühling Einzug in München, auch ihr erstes Kind hielt Einzug auf dieser Welt und Max war sehr stolz. Hilde gebar ihm einen gesunden Sohn - Peter. Damals war die Freude groß.

Max hatte seit Januar des Jahres wieder eine feste Arbeit als Polier und Schleifer und in Schwabing hatten sie eine neue Wohnung beziehen können. Bereits ein Jahr später schien das Glück perfekt. Im August 1950 kam ihr zweites Kind - Christa - zur Welt. Hilde fühlte sich angekommen. Was wollte sie mehr? Sie hatte einen Mann, der gut für alle sorgte, sie hatte zwei gesunde Kinder, beide hatten Arbeit und sie wohnten in einer großzügigen, hellen Wohnung in München. Aber Max hatte noch nicht genug, weder von der Arbeit noch von Kindern. Zwar wurde er gegen Ende des Jahres '53 arbeitslos, doch fand er schon wenige Monate später eine neue Anstellung als Kraftfahrer bei der Firma Steinjäger in München. Fast gleichzeitig mit der neuen Arbeit wurde das dritte Kind geboren - Ute erblickte im Juni '54 das Licht der Welt.

Und dann? Tja! Und dann gab es auch damals schon Menschen, die dachten, "Goodbye Deutschland". Nur wurden sie seinerzeit nicht von einem Kamerateam begleitet.

Max und Hilde, wobei die Initiative eindeutig von Max ausging, beschlossen Mitte der 50er Jahre, Deutschland den Rücken zu kehren. Hilde war sich bei den Gedanken an diese Zeit nicht mehr sicher, waren es die Arbeitsaussichten, waren es Max's Geschäfte oder pure Abenteuerlust, die ihn und damit auch Hilde und die Kinder in das ferne Australien lockten.

Wahrscheinlich war es eine Mischung aus allem. Auf jeden Fall beschlossen sie, nach der Geburt von Ute Deutschland in Richtung Australien zu verlassen. Papiere wurden beantragt, eine Schiffsüberfahrt von Hamburg nach Melbourne organisiert und dann reisten sie mit ihren Kindern nach Hamburg. Die Zeit im Auswandererlager auf der Veddel empfand Hilde schier unerträglich - die Enge, die hygienischen Zustände, die vielen Menschen, einfach alles, und so war sie sichtlich erleichtert, als eines Tages ihr Vater aus Wismar anreiste und eine gute Nachricht für die ganze Familie im Gepäck hatte. Hildes Vater berichtete aufgeregt, dass er eine Arbeitsstelle beim VEB Alubau und Metallveredlung Wismar für Max gefunden hatte. Dort könne er als Metallzieher sofort anfangen. Außerdem stellte der Betrieb eine Wohnung für die ganze Familie zur Verfügung. Hilde fiel ein Stein vom Herzen, war sie doch ihrer Heimat Deutschland mehr verbunden, als der Abenteuerlust von Max. Ein fremdes Land, eine fremde Kultur und eine völlig fremde Sprache, das alles waren Dinge, die Hilde eher abschreckten als anzogen. Aber ihrem Max zuliebe wäre sie mit um die halbe Welt gezogen.

Dann ging alles ganz schnell. Binnen weniger Stunden hatte die Familie all ihre Sachen zusammengepackt. Gemeinsam mit ihrem Vater fuhren alle mit dem Zug nach Wismar. Dort begann Max Anfang April 1956 seine Arbeit als Metallzieher.

Allerdings dauerte es nur 2 Monate, bis er diese Arbeit wieder aufgab. Doch Max wäre eben nicht Max, wenn es nicht gleich weiter gegangen wäre. Bereits im Juni wechselte er zum VEB Kraftverkehr Wismar als Treckerfahrer. Warum er noch im selben Monat zum

Steingutwerk Torgau, welches fast 400 km von Wismar entfernt lag und am Ende des selben Monats wieder als Metallschleifer beim VEB Alubau anfing, blieb sein Geheimnis.

Ungeachtet der vielen Arbeitswechsel lebten sich alle gut in Wismar ein. Hilde genoss die Nähe zu ihrer Familie und selbst Max schien endlich sesshaft zu werden. Mitte 1956 stellte Hilde fest, dass sie zum vierten Mal schwanger war.

Im Februar '57 sollte es so weit sein, die Geburt ihres 4. Kindes stand bevor. Es war ein nasskalter, ungemütlicher Februar und dann am 11. und 12. des Monats überschlugen sich die Ereignisse. Und es waren nicht die ständigen Arbeitswechsel von Max, welche an diesen Tagen einiges durcheinander wirbelten.

Wieder lief eine Welle des Schmerzes durch Hilde, als sie sich in ihrem Sessel zurück lehnte und tief durchatmete. Es war merkwürdig, hochschwanger mit dem fünften Kind zu sein und an die vergangene Schwangerschaft zu denken. Doch es tat ihr gut, ihre Gedanken zurück gehen zu lassen, zu jenem kalten 11. Februar 1957.

Auch damals saß sie hochschwanger in einem Sessel am Ofen und zählte bereits die Zeit zwischen den Wehen. Peter, damals gerade 8 und seine Schwester Christa, sie wurde in diesem Jahr 7 Jahre alt, spielten mit ihrer kleinen Schwester Ute im Nebenzimmer. Die Kleine war kaum 5 Jahre alt, konnte aber mit ihren beiden großen Geschwistern gut mithalten, was Lautstärke und Temperament betrafen. Am Abend wurden die Wehen immer heftiger. Zum Glück würde

Max jeden Augenblick von der Arbeit nach Hause kommen. Dann war sie nicht mehr allein mit den Kindern.

Tatsächlich aber dauerte es noch fast eine Stunde, bevor Max mit einer kleinen Bierfahne zu Hause eintraf. Hilde machte ihm heftige Vorwürfe, warum er sie so lange alleine ließ. Mitten in der Aufregung spürte sie, dass es los ging und sie schickte Max ins Schlafzimmer, um die gepackte Tasche fürs Krankenhaus zu holen. Dann zogen sie sich an, gaben Peter und Christa noch Anweisungen, was in den nächsten Stunden zu tun sei, dass sie schön auf Ute aufpassen sollten, und machten sich auf den Weg zur nahe gelegenen Bushaltestelle, um von dort ins Krankenhaus zu fahren.

Kaum waren sie aus dem Haus, als ein Streit zwischen Christa und Peter ausbrach. Worum es zuerst ging, ließ sich später nicht mehr feststellen. Es endete damit, dass Peter behauptete, ein brennendes Streichholz durch die Gardinen stecken zu können, schließlich wären diese nicht so engmaschig. Christa hielt dagegen, das Streichholz würde niemals brennend durch passen. Gerade als Peter das erste Streichholz entzündete, erreichten Max und Hilde die Bushaltestelle. Es waren nur noch wenige Minuten, bis der Bus kommen würde.

Dann kam der Bus, Hilde und Max stiegen ein, Hilde setzte sich ans Fenster, Max nahm neben ihr Platz und der Bus fuhr los. Seine Fahrstrecke führte unmittelbar an der Familienwohnung vorbei. In dieser versuchten Peter und Christa gerade, ein brennendes Streichholz durch die Wohnzimmergardine zu fädeln. Hilde presste beide Hände auf ihren Bauch, atmete ruhig und zählte die Pausen zwischen den Wehen. Dabei sah sie nach draußen, sah die Häuser an sich vorbei ziehen und überlegte noch, ob die Kinder zu Hause schön spielten.

Schon von weitem sah sie plötzlich Feuer aus einem der oberen Fenster eines Hauses lodern. Im selben Moment, als Hilde Max auf das Feuer in dem Haus aufmerksam machte, bemerkte Max die entgegenkommende Feuerwehr. Max dachte noch, was da wohl wieder passiert sei, als Hilde aufschrie, auf das Fenster zeigte, aus dem nun heller Rauch quoll und Flammen schlugen und meinte, dass genau diese Fenster zu ihrer Wohnung gehörten. Max sah verdutzt an der Hausfassade empor, als im selben Moment der Bus stoppte, um der Feuerwehr Platz zu machen. Max und Hilde sprangen aus dem Bus und stürzten zum Haus. Unten vorm Eingang standen die Kinder, Christa hielt die weinende Ute an der Hand und Peter stand einfach nur mit weit aufgerissenen Augen da.

Die Feuerwehrleute rannten die Treppen hoch und löschten den Wohnzimmerbrand binnen weniger Minuten. Als Max noch mit der Feuerwehr und der Polizei sprach, fragte Hilde Peter und Christa, was passiert sei. Stockend, halb weinend und kleinlaut erzählte Christa von der Wette und wie Peter dann tatsächlich ein brennendes Streichholz durch die Gardine steckte. Beim ersten Mal ging auch alles noch gut. Doch als Peter das Streichholz beim zweiten Mal langsam durch die Gardine stecken wollte und dann auch noch hängenblieb, war es geschehen. Schnell hätten die Gardinen Feuer gefangen und sie seien alle drei zum Nachbarn gerannt. Zum Glück wohnte in der Nachbarwohnung ein Behördenmitarbeiter und dieser hatte ein Telefon. Ein größerer Schaden konnte nur vermieden werden, weil der Nachbar sofort die Feuerwehr rief und diese nur wenige hundert Meter entfernt stationiert war.

Die Wehen waren Hilde für's Erste vergangen und so konnten alle wieder zurück in die Wohnung.

Zum Glück war nur die Wohnstube in Mitleidenschaft gezogen worden. Gemeinsam mit ihrer Schwester machte sich Hilde noch am Abend und in der Nacht daran, die Wohnung aufzuräumen. Doch in der Nacht begannen die Wehen erneut. Diesmal erklärte sich Hildes Schwester bereit, einige Stunden auf die Kinder aufzupassen. Und so machte sich Hilde gemeinsam mit Max am Morgen des 12.02.1957 erneut auf den Weg zum Krankenhaus.

Als sie im Bus saßen, blickten beide gespannt an den Häuserfronten entlang und suchten nach Feuer oder anderen Auffälligkeiten. Doch, außer zweier mit Ruß geschwärzter Fensterrahmen, sahen sie nichts und gelangten ohne Zwischenfälle ins Krankenhaus, wo Hilde noch am selben Mittag ihr 4. Kind - Jürgen - zur Welt brachte. Auch dieses Kind war gesund und munter, was beide Eltern sichtlich mit Stolz erfüllte.

Doch auch dieses vierte Kind konnte Max nicht an einer Arbeitsstelle oder gar an einem Ort festhalten. Nach nur wenigen Jahren an der Ostseeküste wurde es ihm dort zu eng und zu langweilig. Seine unstete Art zogen ihn, Hilde und die nunmehr 4 Kinder weiter nach Süden, genauer gesagt nach Sangerhausen in den Harz.

Dort begann Max im August '58 als Fördermann über Tage im VEB Kupferbergbau Niederröblingen. Immerhin hielt es ihn hier sage und schreibe 17 Monate. Dann wechselte er zum VEB Mansfeld

Kombinat "Wilhelm Pieck", um dort ganze 4 Monate als Zimmermann zu arbeiten. Ab Mai 1960 arbeitete er bei der Landwirtschaftlichen Produktionsgenossenschaft - kurz LPG - "Thomas Münzer" in Sangerhausen als Viehpfleger. Durch seine freundliche, offene Art und durch sein Organisationstalent schaffte er es binnen weniger Monate, LPG Mitglied zu werden.

Bei dem Gedanken an die ersten Jahre hier in Sangerhausen schoss Hilde das Blut in den Kopf. Sie verband mit dieser Zeit auch eine Reise nach München. Wenn die Erinnerungen an diese Tage wieder hochkamen, lief es ihr noch immer kalt den Rücken runter.

An die Mauer, die Monate später gebaut werden sollte, war noch nicht zu denken, als Hilde gemeinsam mit ihrer Tochter Ute einige Tage bei ihrer Schwägerin Marie in München verbringen wollte. Marie vergötterte die kleine Ute und hätte sie am Liebsten für immer bei sich behalten. Ute war ebenfalls sehr gerne bei ihrer Tante Marie, da sie bei dieser stets im Mittelpunkt stand und entsprechend verwöhnt wurde.

Im Sommer 1960 stieg Hilde mit Ute in Sangerhausen in den Zug und fuhr nach München. Am Hauptbahnhof wurden sie schon von Tante Marie erwartet. Diese umarmte Hilde kurz und dann begrüßte sie Ute überschwänglich, küsste und herzte diese, bis es Ute zu viel wurde und sie beinahe anfing zu weinen. Als die drei wenig später an Marie's Wohnung anlangten, wartete dort bereits die Polizei. Ohne viele Worte wurde Hilde verhaftet und Ute verblieb vorerst in der Obhut ihrer Tante.

Kaum war Hilde auf dem Polizeirevier, wurde ihr mitgeteilt, dass die bayrische Kriminalpolizei einige Fragen zu ihrem Mann Max und dessen Geschäften hatte. Hilde wurde daraufhin in einen kleinen Raum geführt, in dem sie bereits von zwei Beamten erwartet wurde. Das erste Verhör dauerte mehrere Stunden. In diesem ging es nur um allgemeine Fragen - wo sie in München gewohnt hatten, wohin und warum sie dann weggezogen waren und was sie und Max heute machten. Hildes Proteste gegen die Verhaftung und ihre Bitte, sie zu ihrer Tochter zu lassen, wurden ignoriert. Die Nacht verbrachte sie in einer kleinen Zelle im Polizeirevier. Am nächsten Tag geschah nichts, weder wurde sie zum Verhör geholt, noch durfte sie zu Ute oder gar nach Hause gehen.

Am dritten Tag wurde sie erneut zum Verhör geholt. Noch immer sagte man ihr nicht, warum sie festgehalten wurde. Wieder begannen die Fragen nach dem woher, wohin und was Max derzeit machte. Gegen Abend wurde Hilde aufgefordert, einen Brief an Max zu schreiben. Sie sollte schreiben, dass sie in München bleibt und Max mit den anderen Kindern nachkommen solle. Hilde war entsetzt und weigerte sich, auch nur eine Zeile zu schreiben. Wieder forderte sie die Beamten auf, sie gehen zu lassen. Doch die bayrische Kripo erhöhte ihren Druck auf Hilde und fing nun sogar an zu drohen. Man würde ihr Ute nicht wiedergeben und sie stattdessen bei ihrer Tante Marie lassen. Max und die anderen Kinder würde sie nie wieder sehen. Hilde war entsetzt und fühlte sich völlig hilflos, zumal sie noch immer nicht wusste, warum man sie in München festhielt.

Max, der in Sangerhausen saß und nicht ahnte, welches Drama sich in München abspielte, wunderte sich nur, dass Hilde sich nicht meldete. Normalerweise wollte sie sich einmal telefonisch auf seiner Arbeit melden. Als er am vierten Tag noch immer keine Nachricht von Hilde und Ute hatte, versuchte er, seine Schwester in München zu erreichen. Aber es gab keine Verbindung und so konnte er nur warten.

In München begann der vierte Tag wie der dritte, mit Verhören und der Forderung, Max einen Brief zu schreiben und ihn so zu einer Reise nach München zu bewegen. Hilde weigerte sich noch immer, doch lange würde sie dem Druck nicht mehr standhalten.

Am fünften Tag, Hilde hatte in der Nacht keine Ruhe gefunden, nahm sie sich vor, den Brief endlich zu schreiben und dem Ganzen so ein Ende zu setzen. Die ersten drei Stunden des Verhörs hielt sie noch durch, dann kurz vor Mittag brach sie zusammen und versprach, den Brief zu schreiben. Endlich war der Druck weg, die Beamten waren zufrieden, versprachen ihr ein richtiges Mittagessen und danach sollte sie den Brief schreiben.

Hilde genoss das Mittagessen, seit Tagen wieder etwas Warmes zu bekommen, war sehr angenehm. Ansonsten gab es nur Brot, Käse, Wurst und Wasser. Nun hatte sie einen herrlichen Schweinsbraten mit Klößen. Gierig verschlang sie die Mahlzeit und überlegte sich, wie sie den Brief für die Kripo schreiben und für Max gleichzeitig eine Botschaft verstecken könnte.

Nach dem Mittag fühlte sich Hilde gut und mit einer Idee im Kopf machte sie sich daran, den Brief zu schreiben. Als sie am späten Nachmittag fertig war und den Brief einem der Kripobeamten gegeben hatte, lächelte dieser selbstzufrieden. Dann las er ihn und Hilde sah mit Entsetzen, wie sein Lächeln langsam verging und einem eiskalten Grinsen Platz machte. Als der Beamte den Brief zu Ende gelesen hatte, sagte er kein Wort. Wütend zerriss er den Brief in tausend Stücke und meinte, Hilde solle einen neuen schreiben. Einen ohne merkwürdige Andeutungen, dass hier in München sehr schlechtes Wetter sei und ihm hier ein Sturm entgegen wehen könnte. Auch solle sie weglassen, dass sie seit Tagen das Haus nicht verlassen konnte, weil täglich Bekannte von Marie vorbei schauten!

Er erwarte heute noch einen neuen Brief und bevor dieser nicht vorlag, würde sie nicht in ihre Zelle zurück gebracht werden, und wenn es die ganze Nacht dauern würde, er hätte Zeit.

Wieder grübelte Hilde, warum in Gottes Namen die Münchner Kripo Max unbedingt und auf diese Art und Weise nach München holen wollte, doch so sehr sie auch nachdachte, sie fand keine Erklärung.

Nachdem Max seine Schwester nicht erreichen konnte, machte er sich ernsthaft Sorgen und ging in Sangerhausen zur Polizei und meldete Hilde und Ute in München vermisst!

Hilde saß über einem leeren Blatt Papier und überlegte schon seit Stunden, wie und was sie Max schreiben sollte. Inzwischen hatte sie jedes Zeitgefühl verloren. Nach einem Blick aus dem Fenster ahnte sie, dass es schon später Abend sein musste und sie wollte zu ihrer Tochter zurück, als plötzlich die Tür aufflog und die beiden Vernehmungsbeamten eintraten. Mit hochroten Köpfen bauten sie sich vor Hilde auf. Ihre

Mienen ließen nichts Gutes erwarten. Dann erklärten sie ihr, sie solle ihre Sachen nehmen und ihnen folgen. Hilde wollte wissen, was los war und wohin man sie bringen würden, doch keiner der Kripobeamten sagte ein Wort.

Vor dem Polizeirevier stand ein Auto mit laufendem Motor bereit. Als einer ihrer Begleiter die Tür öffnete, sah Hilde Ute im Wageninneren. Ute stürzte aus dem Auto auf ihre Mutter zu und beide umarmten und herzten sich. Es war ein tränenreiches Wiedersehen nach 5 Tagen. Hilde und Ute wurden von den Kripoleuten ins Wageninnere zurückgedrängt. Ohne ein weiteres Wort schlossen sie die Tür und gingen zurück ins Polizeirevier. Hilde blickte sich in dem kleinen Wagen um und sah zwei Männer auf den vorderen Sitzen. Mit heiserer Stimme und noch immer unter Tränen fragte Hilde, was nun mit ihnen geschehen würde. Der Mann auf dem Beifahrersitz drehte sich zu ihr um, lächelte sie freundlich an und sagte, sie solle sich keine Sorgen machen, sie würden sie jetzt zum Münchner Hauptbahnhof bringen und in einen Zug zurück in die Ostzone setzen.

Hilde konnte es kaum fassen, alles erschien ihr plötzlich so unwirklich und surrealistisch. Zeitweise glaubte sie sich in einem schlechten Krimi. Noch immer konnte sie nicht glauben, was jetzt geschah. Sie nahm Ute in die Arme und drückte sie fest an sich. Leise flüsterte sie ihr ins Ohr, dass alles gut werden würde.

Und tatsächlich wurde alles gut. Die Männer fuhren sie ohne weitere Worte zum Münchner Hauptbahnhof, dort übergab man sie dem Zugpersonal und wenig später setzte sich der Zug mit Hilde und Ute in Bewegung.

An der Ostgrenze stiegen zwei Männer zu und kamen zu Hilde und Ute. Ohne sich vorzustellen, fragten sie Hilde, was geschehen war. Mit wenigen Worten fasste sie die Ereignisse der letzten Tage zusammen.

Nachdem sie ihre Erzählung beendet hatte, verließen beide Männer kurz das Zugabteil und unterhielten sich im Gang. Nach wenigen Minuten kam einer der Beiden zurück, verabschiedete sich und beide Männer verschwanden so schnell, wie sie gekommen waren.

In der Zwischenzeit hatte auch Max von zwei Herren in langen dunklen Mänteln Besuch bekommen. Diese hatten ihm lediglich mitgeteilt, wann und wo er Frau und Kind wieder in Empfang nehmen könnte.

Nachdem er seine Hilde und Ute am Bahnhof in Sangerhausen in Empfang nahm, wurde es erneut ein tränenreiches Wieder- sehen.

Zu Hause angekommen, wollte Max wissen, was geschehen war. Hilde hingegen wollte von Max ebenfalls etwas wissen. Sie fragte ihn die ganze Nacht aus, doch von Max gab es keine Erklärung, warum die Münchner Kripo ihn unbedingt wieder in München haben wollte. Wie nicht anders zu erwarten, wusste Max von nichts und konnte sich auch überhaupt nicht vorstellen, warum die Münchner solche Sehnsucht nach ihm hatten. Hilde brachte kein Wort aus ihm heraus, er wusch seine Hände in Unschuld.

In den nächsten Tagen wurde Hilde wiederholt von zwei Männern in billigen Anzügen und langen Mänteln abgeholt und in die Bezirksstadt gebracht. Dort musste sie diversen Leuten Rede und Antwort stehen. Alle wollten genau wissen was, warum, wieso, weshalb und, und, und!

Als Hilde dann in einigen Zeitungen Artikel zu ihrer Verhaftung fand, staunte sie nicht schlecht und musste sogar ein wenig lächeln. Die Medien der Ostzone hatte die Verhaftung von Hilde zu ihren Zwecken umgedeutet und plötzlich wurde da eine aufrechte Sozialistin vom kapitalistischen Klassenfeind gefangen gehalten. Weiter schrieben die Zeitungen, dass Hilde unter Drohungen und durch Kindesentzug zu einer zwangsweisen Übersiedlung in den Westen gezwungen werden sollte. Als Hilde die Artikel las, fand sie schon, dass viel Wahres drin steckte. Aber andererseits waren es doch wohl eher andere Gründe, warum sie Max nach München locken sollte. Welche, das sollte sie nie erfahren, darum dreht sich bis heute eines der größten Familiengeheimnisse!

In Folge dieser Ereignisse traten Hilde und Max noch vor dem Mauerbau der SED bei. Max hatte schnell erkannt, dass es durchaus Vorteile haben konnte, dieser anzugehören und Hilde stand wegen ihrer Erlebnisse bei den Genossen hoch im Kurs.

Plötzlich bahnte sich die nächste Wehe ihren Weg durch Hildes Körper. Sie hatte das Gefühl, dass die Geburt nun bald losging. Und so rief sie nach Christa. Trotz ihrer erst 12 Jahre war sie das vernünftigste der vier Kinder. Hilde schickte sie los, den Vater von der LPG und die Hebamme zu holen.

Sie hoffte, da ihr 5. Kind nun bald zu Welt kommen sollte, dass Max endlich seinen Weg und seinen Beruf gefunden hätte. Allerdings sollte Max seine Berufung noch nicht endgültig gefunden haben, doch das ahnte Hilde zu diesem Zeitpunkt nicht.

Als Max endlich kam, war die Hebamme schon seit Stunden bei Hilde. Die Geburt dauerte die ganze Nacht. Nicht nur Max, auch die Kinder konnten kaum schlafen. Dann, am 02. Dezember 1962 gegen 8 Uhr morgens war es so weit, ein kräftiger Schrei hallte durch das kleine Haus.

Nur wenige Minuten nach der Geburt durften Max und die Kinder zur Mutter und dem neuen Geschwisterchen. Alle waren sehr gespannt, Max wünschte sich ein Mädchen, Hilde und die Kinder lieber einen Jungen. Und Hildes Wunsch wurde erhört, es war ein Junge und die Eltern gaben ihm den Namen Frank - der Freie. Als alle um den Neugeborenen standen und ihn ansahen, war die Enttäuschung trotzdem groß und Ute, die Mittlere der nun 5 Geschwister, fasste es in Worte: "Iiiihhhh ist der hässlich, der ist ja ganz lila!"

Damit war der Grundstein für ein tolles, abwechslungsreiches und abenteuerliches Leben gelegt!

1962 bis 1979 - *Franks Heimat heißt Schule*

Die erste Bemerkung seiner Schwester hörte Frank nicht bewusst, aber er nahm sie wahr. Ihre Worte sollten ihn ein Leben lang verfolgen und schließlich fast 24 Jahre später einholen.

Wie für die meisten Babys waren auch für Frank die ersten Monate sehr entspannt. Mutter Hilde, Vater Max und die 4 Geschwister kümmerten sich rührend um den Kleinen. Die lila Farbe verging mit der Zeit, nur schöner wurde er nicht, wobei - Schönheit im Auge des Betrachters liegt. Nach eigenem Bekunden wurde er nie eine Schönheit, er strahlte eher von innen - und das bis heute!

Hilde hatte sich so sehr gewünscht, dass Max endlich mit seiner Arbeit bei der LPG zufrieden sei und sie in dem kleinen Häuschen in Sangerhausen ein schönes und geruhsames Leben führen könnten. Ihre Hoffnung wurde im Spätherbst 1963 von Max zunichte gemacht. Die LPG und vor allem deren Vorsitzender funktionierten einfach nicht so, wie Max es sich vorstellte, und wie es wirtschaftlich bestimmt auch gut gewesen wäre. Es kam, wie es kommen musste. Max hörte bei der LPG auf und brach den Kontakt zu dessen Vorsitzenden ab. Er verließ die LPG binnen Stunden und nahm wenige Tage später eine Stelle bei der Deutschen Reichsbahn an. Er wurde Mitarbeiter in einem Stellwerk.

Monate später, es musste Anfang 1964 gewesen sein, gab es in Zusammenhang mit genau diesem Stellwerk in der Nähe von Sangerhausen einen schweren Zugunfall. Nur wenige Wochen später verließen Max und seine Familie ihr kleines Haus und zogen weiter.

Was genau damals passierte, ist nicht überliefert und so kann nur gemutmaßt werden, ob Max etwas mit dem Unfall zu tun hatte oder nicht.

Für Max war der Zeitpunkt gekommen, wieder in eine Großstadt zu ziehen. Sein München fehlte ihm sehr, doch dahin konnte er derzeit nicht zurück. Allerdings gab es in der damaligen DDR nicht sehr viele Städte, die dem Namen Großstadt annähernd gerecht wurden. Für Max kamen nur Leipzig oder Dresden in Frage und da er aus seiner Zeit bei der LPG einen Bekannten hatte, der ihm nur eine Arbeit in Dresden verschaffen konnte, entschied sich Max für Dresden. Hilde brauchte Max nicht lange zu überreden. Auch ihr war es im kleinen Sangerhausen zu eng geworden. Außerdem hatte sich Max in den letzten Jahren immer gut um sie und die Kinder gekümmert. Das würde sich kaum ändern, im Gegenteil - in der Stadt hatte er noch mehr Möglichkeiten, obwohl es ihnen auf dem Land und trotz der mageren Zeiten nie an etwas fehlte. Ihr Max war eben ein Organisator vorm Herrn!

Der Bekannte hatte Max eine Anstellung als Hausmeister in einer Schule vermittelt. Hilde wurde ebenfalls von der Stadt als Reinigungskraft an derselben Schule in der Inneren Neustadt eingestellt.

Einige Jahre, nachdem sie gemeinsam mit den Kindern die Hausmeisterwohnung in der Schule bezogen hatten, sorgte Ute für ein heißes Erlebnis und Frank´s übergroße Liebe für den Tod eines geliebten Familienmitgliedes!

Es war Anfang des Jahres 1966, Max und Hilde hatten sich sehr gut in der neuen Umgebung zurechtgefunden und beide schienen ihre Berufung als Hausmeister gefunden zu haben. Max war für das Handwerkliche zuständig und Hilde avancierte zur heimlichen "Schullenkerin". Sie vermittelte zwischen den Lehrern, lud ab und an zu Kaffee und Kuchen ein und hielt so die Informationsfäden fest in ihren Händen.

Die Kinder lebten sich ebenfalls sehr gut ein. Peter hatte in der Zwischenzeit die Schule beendet und eine Lehre als Hüttenfacharbeiter im nahen Kraftwerk begonnen. Auch Christa hatte die Schule beendet und suchte nun eine Lehrstelle. Ihr Traum war es, eine Ausbildung bei der Deutschen Reichsbahn zu beginnen und tatsächlich fand sie eine entsprechende Lehrstelle in Dresden.

Ute kränkelte immer ein wenig und wollte nicht so richtig zunehmen. Außerdem war sie immer sehr unaufmerksam und neigte zu überstürzten Handlungen. Jürgen, das vierte der fünf Kinder war ein Unruhegeist und immer aktiv unterwegs. Mit seinen gerade einmal 9 Jahren war er schon ein kleiner Max. Wo immer sich die Gelegenheit bot, machte er schon kleine Geschäfte mit seinen Altersgenossen. Hilde beobachtete diese Entwicklung mit Sorge. Ein Max war ihr wirklich genug.

Frank, der Nachzügler, war das Nesthäkchen und gleichzeitig das Sorgenkind. Seit er vor einigen Monaten eine Lungenentzündung hatte und diese nicht richtig erkannt wurde, neigte er zu Asthmaanfällen. Ständig war er krank und musste laufend zu irgendwelchen Ärzten. Dann wurde das Asthma schlimmer und er musste sogar ins Krankenhaus eingeliefert werden.

Dort besuchte ihn Hilde, wann immer es ging. In diesen Monaten konzentrierte sie ihre ganze Aufmerksamkeit und Liebe auf Frank. Dass dabei die anderen Vier zu kurz kamen, merkte sie nicht. Noch Jahre später, musste selbst Frank unter Hildes Ungleichbehandlung leiden, denn seine Geschwister hielten ihm teilweise vor, dass er von Mutter verwöhnt wurde, während sie nichts von ihrer Liebe abbekamen. Frank empfand dies immer als sehr ungerecht, zumal er mit gerade einmal 4 Jahren keinen Anteil an der Verwöhnorgie hatte.

Die ganze Familie hatte sich in der Hausmeisterwohnung in der Dresdner Togliatti Straße gut eingerichtet. Hilde und die Kinder fühlten sich wohl. Max, der mit seinem südländischen Aussehen und dem unüberhörbaren bayrischen Dialekt nicht ganz in die sächsische Großstadt passte, hatte es Dank seiner offenen und geschäftstüchtigen Art schnell zu einer gewissen Bekanntheit im Viertel gebracht.

Wie im Dresden der 60er Jahre üblich, wurden die meisten Wohnräume noch mit Kohlen beheizt. So geschah es eines Wintertages, dass alle außer Peter, der zu der Zeit schon seine eigenen Wege verfolgte, in der guten Stube saßen. Max forderte seine Tochter Ute, die gerade 12 Jahre alt war, auf, in die Küche zu gehen und nach dem Feuer im Herd zu sehen. Er sagte ihr noch, sie solle nicht zu viele Kohlen nachlegen, da man bald ins Bett gehen wolle. Und so schlurfte Ute los, verließ die gute warme Stube und ging den fast 10 Meter langen kalten dunklen Flur entlang. Ihr war dieser Verbindungsflur ohne Fenster und Heizung sehr unheimlich.

Abgelenkt durch die Dunkelheit, die Kälte und die eigene Fantasie, betrat sie wenig später die Küche. Hier angekommen, musste sie ihre Gedanken erst sammeln und überlegen, warum sie hier war. Ach ja, der Vater hatte gesagt, sie solle Kohlen nachlegen. Ute kniete sich vor dem alten Küchenherd nieder, öffnete die vordere Ofentür und sah in die Glut. "Mist, das Feuer war runtergebrannt und der Vater würde doch schimpfen, wenn es ausgehen würde." dachte sie beim Anblick der fast erloschenen Glut. Ute nahm die Kohlenzange und packte eine Kohle nach der anderen in den Ofen. Das Schichten der Kohlen machte ihr sichtlich Spaß und sie gab sich Mühe, so viele Kohlen wie möglich durch die kleine Öffnung in den Ofen zu packen. Schließlich waren bis auf wenige Kohlen alle vom Kohlenkasten in den Herd gewandert. Sie war mit ihrem Werk sichtlich zufrieden und der Vater würde sie bestimmt loben.

Schnell rannte sie durch den kalten, dunklen Flur zurück und huschte in das warme Wohnzimmer. Zuerst schien es, als hätte niemand ihr Eintreffen bemerkt. Doch wenige Minuten später fragte der Vater ohne den Blick zu heben, wie viele Kohlen sie nachgelegt hatte. Stolz antwortete sie, dass sie fast den kompletten Inhalt der Kohlenkiste im Herd versenkt hatte. Vater explodierte daraufhin förmlich und sagte ihr nochmals, dass sie doch nur wenige Kohlen hätte nachlegen sollen. Verärgert schüttelte Max den Kopf und ließ die Sache auf sich beruhen. Ihm war es egal, dann würde die Küche eben die ganze Nacht warm bleiben. "Diese Tochter bringt mich noch um den Verstand!", dachte er noch, bevor er sich wieder seinem Bier widmete.

Ute hingegen ließen die Beschimpfungen des Vaters keine Ruhe. Sie nahm all ihren Mut zusammen und schlich sich heimlich, still und leise aus dem Wohnzimmer. Ganz langsam, um kein unnötiges Geräusch zu verursachen, trippelte sie über den dunklen Flur. Aus den anderen Zimmern war kein Laut zu hören, einzig das Klappern ihrer eigenen Zähne hörte sie. Ob diese vor Kälte oder aus Angst, entdeckt zu werden, aufeinander schlugen, hätte sie nicht sagen können.

Endlich erreichte sie die Küchentür. Leise öffnete sie diese und huschte hinein. Sie rief sich die Worte des Vaters ins Gedächtnis: "Leg nicht zu viele Kohlen nach, wir wollen bald ins Bett gehen!" Gut, das könne sie ändern, dachte sie sich, griff nach der Kohlenzange, öffnete die Herdklappe und holte ein Brikett nach dem anderen wieder heraus. Darüber, dass die Kohlen alle schon glühten, machte sie sich keine Gedanken, sie wollte es dem Vater nur recht machen. Zwar konnte sie einige Kohlen nicht mehr rausholen, diese waren einfach schon zu verbrannt und ließen sich mit der Zange einfach nicht mehr greifen, aber fast die Hälfte der Kohlen konnte sie wieder zurücklegen, in den hölzernen Kohlenkasten.

Kaum war sie fertig, trippelte sie wieder zurück ins Wohnzimmer. Dort konnte sie sich tatsächlich unbemerkt reinschleichen und sich unauffällig auf ihren Platz verziehen.

Als wäre nichts gewesen, saß sie in einer Ecke des Zimmers und blätterte unbekümmert in ihrem Bilderbuch. So bemerkte sie nicht, wie Vater plötzlich die Nase hob und schnupperte. Im selben Moment kam Peter herein und meinte, dass es im Flur angebrannt riecht. Ute saß weiter in ihrer Ecke als beträfe sie das Ganze nicht.

Vater ging mit Peter nach draußen, um nach der Ursache zu forschen. Lange mussten sie nicht suchen, schwarzer Qualm drang unter der Küchentür hervor. Als Max die Tür öffnete brannte der Kohlenkasten bereits lichterloh. Zum Glück schafften es Vater und Sohn gemeinsam, den Brand schnell zu löschen. Doch die Küche war durch den Ruß bereits ruiniert.

Was danach mit Ute passierte, ist mit heutigen antiautoritären Erziehungsvorstellungen nicht unmittelbar vereinbar, aber Ute merkte es sich für ihr ganzes Leben: Nimm nie glühende Kohlen aus dem Ofen und leg sie zurück in den Kohlenkasten!

Ob durch den Brand bedingt oder durch andere Umstände, das wissen wir nicht, aber was jedoch sicher belegt werden kann, war der Umzug in eine neue Wohnung und eine neue Arbeit für Max und Hilde nur wenige Wochen nach dem Brand.

Max fand eine neue Arbeit für sich und Hilde im Dresdner Kraftwerk. Der Umzug war leichter als gedacht, nur einige Häuser von der Schule entfernt fanden sie eine schöne Wohnung für sich und ihre 4 Kinder. Peter, der Größte nutzte den Umzug, um auf eigenen Beinen zu stehen und bezog seine erste eigene Wohnung.

Für Frank änderte sich durch den Umzug nur eine Kleinigkeit, er konnte endlich ein eigenes kleines Zimmer beziehen. Das Asthma allerdings machte ihm nach wie vor stark zu schaffen und so sollte er bald das erste Mal zur Kur in die Hohe Tatra fahren.

Beim ersten Weihnachtsfest in der neuen Wohnung bescherte ihm das Christkind einen schwarz - weiß gefleckten Hasen. Er hatte sich schon immer ein Haustier gewünscht, wegen seiner Erkrankung aber nie eins bekommen.

Frank liebte das Tier über alles und schleifte ihn ständig mit sich durch die gesamte Wohnung. Wann immer er konnte, trug er den Hasen mit sich rum, drückte und knuddelte ihn. Als seine erste Kur immer näher rückte, verstärkte sich die Bindung noch.

Immer öfter beobachtete Christa ihren Lieblingsbruder, wie er mit dem Hasen in der Wohnstube auf dem Sessel saß, mit ihm sprach und ihm zu erklären versuchte, dass er bald für einige Wochen wegfahren müsse. Christa liebte ihren kleinen Bruder, hatte sie doch schon so viel mit ihm angestellt. Vom Kinderwagenrennen, bei dem es den Kleinen fast aus dem Wagen geschleudert hätte bis hin zum Friseurbesuch, bei welchem sie ihm die ganze Lockenpracht abschneiden ließ und dafür von Mutter eine ordentliche Tracht ..., nein nichts zum anziehen, erhielt, war alles dabei! Und nun saß er da, im Sessel vorm Fenster und drückte seinen Hasen ganz fest an sich. Dieses Bild brannte sich ihr ganz fest ein und immer wieder wird sie sich daran erinnern, wie Frank seinen Hasen an sich drückte und drückte und drückte.

Christa sagte immer wieder, er solle ihn nicht zu doll drücken, dies würde ihm bestimmt weh tun. Zu diesem Zeitpunkt tat es ihm allerdings nicht weh, zumindest nicht mehr. Sie wunderte sich schon, dass der Hase dies alles so still hinnahm und mit sich machen ließ. Als sie die beiden so beobachtete, erschien ihr der Hase fast wie ein Plüschtier. Dann sah sie, wie Frank den Hasen hochnahm und ihn hin und her bewegte. Und wieder schien ihr, als würde mit dem Tier etwas nicht stimmen.

Schließlich rang sie sich durch, ging zu ihrem kleinen Bruder und ließ sich den Hasen geben. Der Hase lag ganz schlaff in ihren Händen und rührte sich nicht. Sie nahm ihn hoch, betrachtete ihn genau, dann versuchte sie seinen Herzschlag zu fühlen. Frank beobachtete sie argwöhnisch und wollte seinen Hasen zurück. Christa gab ihm den Hasen vorerst zurück. Frank kuschelte und drückte ihn wieder. Christa sagte nichts dazu, es spielte auch keine Rolle mehr, wie sehr ihr kleiner Bruder den Hasen drückte, ihm würde es nicht mehr weh tun, ihm würde nie mehr etwas weh tun.

Nachdem Frank den Hasen abends in den Käfig gelegt und zu Bett gegangen war, erzählte Christa der Mutter, dass Frank seinen Hasen zu Tode geliebt bzw. gedrückt hatte. Vorsichtig schlichen sich beide später ins Zimmer und vergewisserten sich, dass der Hase wirklich tot war. Er war tot!

Um die kleine Kinderseele zu schonen und in Frank keine Schuldgefühle aufkommen zu lassen, durfte er den toten Hasen am nächsten Morgen selbst entdecken. Heftig weinend und schluchzend rannte er zu seiner Schwester. Christa tröstete ihn und erklärte ihm, dass der Hase schon zu alt war und deswegen gestorben sei. Unter Tränen beschwerte sich Frank abends bei den Eltern, dass der Weihnachtsmann ihm einen alten Hasen gebracht hatte und er sich beim nächsten Mal einen jüngeren wünschen würde. Noch am selben Abend erhielt der alte Hase eine standesgemäße Beerdigung hinterm Haus.

Zum Glück musste Frank wenige Tage später zur Kur. Als er vier Wochen später nach Dresden zurückkehrte, standen wieder einmal ein Umzug und ein Arbeitswechsel an. So war der Hase schnell vergessen.

Christa hatte die elterliche Wohnung während Franks Kur verlassen und war zu ihrem Freund nach Hohenstein-Ernstthal im Bezirk Karl - Marx Stadt gezogen.

Im Herbst 1968 zogen Max, Hilde, Ute, Jürgen und Frank an den Stadtrand von Dresden in die 65. POS (Polytechnische Oberschule) nach Kleinzschachwitz.

Dieser Teil Dresdens war schon immer eine Idylle am östlichen Rand der Großstadt. Es gab keine Plattenbauten, dafür viel grün, viele Villen und wenige Mehrfamilienhäuser.

Das Pillnitzer Schloß war in wenigen Minuten und einer kurzen Fährfahrt über die Elbe zu erreichen. Außerdem waren die ausgedehnten Elbwiesen ein einziger großer Spielplatz für die Kinder.

Direkt hinter der Schule erstreckte sich ein kleiner Waldpark. Über diesen erzählten sich die Kinder immer die schauerlichsten Geschichten, von Erhängten bis hin zu kleinen Kindern, die hier regelmäßig verschwinden sollten. Die Fantasie überflügelte dabei die Tatsachen bei Weitem. Außerdem gehörten zur Schule eine Turnhalle, ein Schulgarten und ein privater Garten für den Hausmeister und seine Familie. Das ganze Grundstück war einige tausend Quadratmeter groß und bot jede Menge Möglichkeiten zum Spielen und Entdecken. Hier lernte Frank erst Fahrrad fahren, später heizte er erst mit einem Mofa SR2, dann mit seinem Motorrad über Stock und Stein.

Hier in der 65. Oberschule sollte Frank seine Kindheit und die Zeit bis zu seinem 18. Geburtstag verbringen. Max und Hilde erfuhren ihre lang ersehnte endgültige Berufung und Ute lernte ihren ersten richtigen Freund kennen.

Max arbeitete als Hausmeister und Hilde offiziell als Reinigungskraft, später dann als Hausmeisterin und im Stillen wurde sie die unangefochtene heimliche Dirigentin der gesamten Schule, inklusive des Lehrkörpers.

Das Schulgebäude wurde für Frank das neue Zuhause, ein neuer Abenteuerspielplatz und gleichzeitig Rückzugsort, um allein zu sein. Viele Jahre später bezeichnete er dieses sogar als seine eigene kleine Heimat!

Als Hausmeister war Max in der Schule auch für die Heizung und die Versorgung der Kinder mit Essen und Getränken zuständig. So mussten er und Hilde täglich die Milchlieferung entgegen nehmen und nach Klassen und deren Bestellungen aufteilen. In den ersten Jahren wurde die Schulmilch in verschiedenen Geschmacksrichtungen - Erdbeere, Vanille und Schoko - immer in kleinen Flaschen geliefert, diese wurden dann von Beuteln abgelöst. Diese Art der Milchverpackung ist heute in Deutschland gänzlich unbekannt. Im Ausland sind diese Milchbeutel vereinzelt noch zu finden. Das Schlimmste an dieser Verpackung war, dass die Beutel nicht immer dicht waren. Laufend platzten ein oder mehrere Beutel an den Schweißnähten auf, mit denen die Beutel verschlossen wurden. Mit anderen Worten, jede Milchlieferung wurde zu einer unglaublichen Sauerei.

Zum Glück währte die Beutel-Ära nicht sehr lange, dann kam die Milch in dreieckigen Tetrapacks. Diese waren zwar um einiges stabiler, aber immer noch ging mehr Milch verloren als zur Flaschenzeit. Außerdem ließen sich die ersten Packungen sehr schlecht öffnen und regelmäßig landete mehr Milch auf der Kleidung der Kinder, als getrunken wurde.

Das Schulessen musste Max aus einer nahegelegenen Großküche holen. In den ersten Jahren befand sich diese in dem Kindergarten, in den Frank seit dem Umzug nach Kleinzschachwitz ging.

Das Essen holen, verbindet Frank bis heute mit traumatischen Erlebnissen und er kann sich an dieses Ritual noch immer ganz genau erinnern, hat es ihn doch für sein ganzes Leben geprägt. Schließlich sind diese Erfahrungen Schuld daran, dass er bis heute nichts mit großen Brüsten anfangen kann und immer den kleinen zierlichen Frauentyp bevorzugte.

Während der Schulferien durfte Frank seinen Vater immer in den Kindergarten begleiten, um dort das Essen für den Hort zu holen. Es war für ihn immer etwas Besonderes, wenn er in seinen ehemaligen Kindergarten mitkommen durfte. Und da er nun ein großer Junge und Jungpionier war, brauchte er das Gebäude nicht mehr durch den Haupteingang betreten. Nein, er war etwas Besonderes, er durfte mit seinem Vater durch den Nebeneingang direkt in die Küche gehen. Dieses Gefühl, etwas Besonderes zu sein, setzte sich auch später in der Schulzeit fort, was für seine Entwicklung eher suboptimal war, doch diese Erkenntnis traf ihn erst Jahrzehnte später.

Das Essen holen war meist auch mit Einkaufstouren verbunden und für Frank war es das Größte, seinen Vater beim Einkaufen und Verhandeln zu beobachten. Max hatte immer einen lockeren Spruch auf den Lippen, flirtete mit fast jeder Verkäuferin und nahm sich und alle anderen nicht zu ernst.

Nachdem er meist zuerst beim Konsum, dem Bäcker und beim Fleischer vorbeischaute, fuhren sie zum Schluss zur Kindergartenküche. Max war für seine 50 Jahre immer noch ein fescher Mann, ca. 1,80 m groß, drahtig, schlank, braungebrannt mit freundlichen, verschmitzten und immer lächelnden Augen. Bei den Frauen, besonders bei den etwas kräftigeren kam er immer gut an. Und er provozierte und lebte das Flirten wie kein anderer.

Max betrat die Großküche des Kindergartens immer schwungvoll mit einem lockeren Spruch und die Küchenfrauen waren sofort Feuer und Flamme - mit diesem Mann war auf jeden Fall noch was los. Mit seinem schelmischen Grinsen betrat er die Küche und die meisten Frauen in der Küche begrüßte er mit einem großen Hallo und einem beherzten Griff an die meist großen, soweit das ein Kind beurteilen konnte, weichen Brüste. Dabei sagte er immer: "Na meine Muckis!" Und die Frauen quietschten vergnügt, die eine oder andere rügte ihn auch für seinen voreiligen Griff, doch so richtig übel nahm ihm seine Busengrabscherei keine!

Frank schämte sich immer für den Vater und trotzdem fand er es faszinierend, wie spielerisch und leicht dieser durch die Küche und das Leben ging.

Bis heute ist Frank von seinen Gefühlen zu diesen Erlebnissen hin und her gerissen. Bewusst oder unbewusst hat er diese noch immer nicht verarbeitet.

Große Frauen und Frauen mit etwas mehr Rundungen sind ihm immer suspekt geblieben, obwohl es genau die waren, die ihn wollten.

In den ersten Monaten nach dem Umzug erschien Frank die Schule riesengroß und er musste aufpassen, dass er sich nicht verlief. Zum Glück hatte er oft Gelegenheit, die Schulräume alleine zu erkunden. Später nahm er heimlich auch schon mal den Schlüssel für's Lehrerzimmer mit und schlich sich auf Erkundungstour. So war es nicht verwunderlich, dass er sich bei seiner Einschulung in genau dieser 65. Polytechnischen Oberschule perfekt auskannte. Im Gegensatz zu den anderen Kindern brauchte er seine Zuckertüte nur aus der Wohnung im obersten Stockwerk zu holen und konnte in Hausschuhen der Einschulung beiwohnen. Was sich hier noch amüsant anhört, wurde später zu einem ernsten Problem. Doch in den ersten Jahren fand Frank das alles ganz lustig. Er stand ständig im Mittelpunkt, alle Kinder bewunderten ihn und staunten, was er alles über die Schule wusste und wie gut er sich auskannte.

Aber so ein altes Schulgebäude, es wurde bereits in den dreißiger Jahren erbaut, hatte auch seine Tücken. Die Hausmeisterwohnung befand sich direkt unter dem Dach und in der ersten Zeit bestand die Wohnung nur aus 4 Räumen. Deshalb musste Frank mit den Eltern in einem Zimmer schlafen, während Ute und Jürgen je ein eigenes Zimmer bewohnten. Die Küche bot für alle genügend Platz und so wurde in dieser stets gemeinsam gegessen. Die Wohnstube hingegen wurde geschont, dort traf man sich nur am Wochenende oder abends zum Fernsehen.

Durch das Schulhaus führte eine große breite Treppe. Diese wurde zum obersten Stockwerk hin schmaler und endete in einem damals noch offenen Treppenabsatz. Von dort aus konnte man die eigentliche Hausmeisterwohnung, Toilette und Bad, die beiden riesigen Schulböden und zwei kleinere Zimmer erreichen. In späteren Jahren wurde an der Treppe eine Wand eingezogen. So wurde dieser Bereich vom Treppenhaus getrennt und der Wohnung zugeschlagen. Erst ab diesem Zeitpunkt gehörten Toilette und Bad direkt zur Wohnung. Aber in den Jahren 1969/70 musste man die Wohnung verlassen, durch das kalte, dunkle, und für einen 7-jährigen, riesige Treppenhaus gehen, um die Toilette zu erreichen.

Der November ´69 war kalt in Dresden. Max musste in diesen Tagen oft nachheizen. Wobei Nachheizen bei ihm zweierlei Bedeutungen hatte: einmal betraf es das tatsächliche Nachheizen der Öfen, um die Raumtemperaturen in Schule und Wohnung zu erhöhen. Zum anderen nutzte Max das Nachheizen, um ein oder zwei Bierchen außerhalb von Hildes Reichweite zu trinken und so seinen Körper "nachzuheizen"! Später wurde "nachheizen" für Frank und seine Familie zu einem geflügelten Wort. Und noch immer lachen alle, wenn mal einer "nachheizen" geht!

Max hingegen kämpfte mit Bergen von Kohlen gegen die Kälte in den Klassenzimmern und der Wohnung an. Wegen der strengen Temperaturen und aus Mangel an Kohlen konnte das Treppenhaus in dieser Zeit nicht beheizt werden. So saßen Max, Hilde und die drei Kinder eines Abends in der gemütlich warmen Wohnstube und sahen fern. Max hatte schon immer alles getan, um seiner Hilde und den Kindern etwas zu bieten. Trotz ständig knapper Kassen stand schon ein Fernseher in der guten Stube. Wie zu dieser Zeit üblich war es ein schwarz/weiß Fernseher.

An diesem Samstagabend lief "Der Frosch mit der Maske" - ein Edgar Wallace Film mit Joachim Fuchsberger in der Hauptrolle. Während die Eltern eher amüsiert wirkten, sahen Ute und Jürgen schon aufmerksam zu. Frank hingegen war wie gebannt und fasziniert von dem, seiner Meinung nach gruseligen Film. Der düstere schwarz/weiß Film zog ihn so in seinen Bann, dass er einfach nicht zur Toilette gehen konnte, obwohl er mehr als dringend musste. Kaum jedoch war der Film zu Ende, der Abspann lief und die anderen saßen noch vor der Flimmerkiste, da sprang Frank auf und verließ die warme Stube in Richtung Wohnungsflur fast fluchtartig.

Die Aufregung der letzten Stunden, verursacht durch den Krimi und der stetig steigende Druck auf seine Blase, sorgten dafür, dass er den Lichtschalter nicht schnell genug fand. Aber im schwachen Lichtschein, der aus dem Wohnzimmer drang, sah er die Tür zum Treppenhaus. Durch dieses musste er, um zur Toilette zu gelangen. Frank öffnete vorsichtig die Tür, ein kalter Windhauch erfasste ihn und ließ in frösteln. Der Anblick des dunklen offenen Flur's, das fahle Licht, welches durch die großen Schulfenster fiel und alles in eine gespenstige Atmosphäre tauchte, jagten ihm kalte Schauer über den Rücken. Panisch vor Angst, der Frosch mit der Maske könnte jeden Augenblick auftauchen, suchte er mit der Hand die Wand nach dem Lichtschalter ab. Dann fand er ihn, drückte diesen und trat vollends durch die Tür hinaus auf den nun hell erleuchteten Treppenabsatz.

Als er den Blick hob, sah er sie. Ihm gefror das Blut in den Adern. Erst durch einen hysterischen Schrei, der markerschütternd durch das Treppenhaus hallte, kam wieder Bewegung in seine Adern. Sekunden später waren sein Vater und sein Bruder zur Stelle und sahen sie auch. Eine Ratte, in Frank´s Erinnerungen und Erzählungen war sie so groß wie ein Rottweiler und mindestens genauso gefährlich. Sie rannte wie verrückt immer im Kreis auf dem Podest umher. Offenbar war sie durch das plötzliche Licht völlig verwirrt und Frank´s Schrei schien sie noch anzutreiben. Während er zitternd und schluchzend dastand, schrie Max nach Hilde und einer Schaufel. Der 12-jährige Jürgen hatte zuerst seine Fassung wieder gefunden, rannte zurück in die Wohnung und holte aus der Abstellkammer eine Schaufel. Als er damit zu Vater zurück kam, hielt Hilde Frank im Arm und tröstete ihn. Max hingegen zögerte keinen Augenblick, nahm die Schaufel, trat in den Flur und versuchte die Ratte zu erschlagen. Nach wie vor war diese immer noch benommen von all dem Trubel und so traf Max nach drei, vier vergeblichen Versuchen mit einem beherzten Schlag das Tier, welches sofort tot war. Alle atmeten tief durch und die Erleichterung war spürbar.

Mit der Schaufel nahm Max die Ratte auf und brachte sie zum Heizungskeller, dort sollte sie das finden, was sie offenbar gesucht hatte - Wärme!

Für Frank wirkt das Erlebte bis heute nach und die Situation hat sich ihm förmlich eingebrannt. Doch wie so viele Wunden heilte die Zeit auch diese und ließ sie verblassen, wenn auch nicht ganz verschwinden.

Die Episode mit der Ratte begab sich zu der Zeit, als Frank auch seinen ersten Kontakt mit Alkohol hatte. Ja ihr habt richtig gelesen - damals konnten die Eltern ihre Kinder noch losschicken zum Bier holen und da immer etwas überlief, kostete Frank zwangsläufig. Vielleicht ist dies der Grund, warum er bis heute kaum Bier trinkt. Max hingegen war, wahrscheinlich seiner bayrischen Abstammung wegen, dem Bierkonsum sehr zugetan und zu jener Zeit, als die Familie in Kleinzschachwitz wohnte, war es noch möglich und üblich, das Bier in der Gaststätte zu kaufen und zwar nicht in Flaschen abgefüllt, sondern in einem gläsernen Bierkrug.

Wenn die Familie am Wochenende zum Mittagessen in die Gaststätte an der Ecke Meußlitzer Str. / Berthold Hauptmann Straße ging, kam es nicht selten vor, dass Max sich zum Abschluss den mitgebrachten Krug mit Bier füllen ließ. Er achtete immer streng darauf, dass der Krug auch ordentlich gefüllt war. Dabei kam es immer wieder vor, dass Bierschaum aus der Öffnung des Kruges quoll. Das war Frank's Chance, er hielt seinen kleinen Mund über die Öffnung und schlürfte den Schaum weg. Große Lacher verursachte er immer wieder, wenn er den Mund zu voll nahm und sich verschluckte.

Später durfte Frank auch allein Bier holen gehen - heute unvorstellbar, dass ein Kind von sieben oder acht Jahren in eine Gaststätte geht und sich einen zwei Liter Glaskrug mit Bier füllen lässt, den Schaum ableckt und den Krug dann stolz nach Hause trägt. Der Wirt achtete zudem darauf, dass für den Kleinen genügend Schaum übrig blieb.

Während der Krug gefüllt wurde, durfte Frank immer am Spielautomaten spielen. Dieser hing in einer Ecke direkt neben der Tür zu den Toiletten. Es war natürlich nicht solch ein elektronischer Spielautomat, wie wir sie heute kennen. Wegen des Spielprinzips und da der Automat mit einem Finger gespielt werden musste, nannte man diesen auch "Fingerschläger". Mit etwas Glück kann man heute noch solch einen Kasten im Museum oder im Antiquitätengeschäft finden.

Damals brauchte man noch Geduld und Geschick, um etwas zu gewinnen und da die meisten Kneipenbesucher dies nicht mehr hatten, gewann meist nur der Wirt oder ab und zu auch Frank. Beim Fingerschläger handelte es sich um einen Kasten aus Holz, der ca. 60 cm hoch, 40 cm breit und vielleicht 10-15 cm tief war. Es leuchteten keine Lichter und er jodelte nicht so fröhlich, aber unterhaltsam war er allemal. An der rechten Seite des Kastens musste man ein 10 Pfennigstück einwerfen, dieses rutschte auf einer vorgegebenen Bahn vor einen Ring. Indem man nun mehr oder weniger stark gegen den Ring schlug, wurde das Geldstück ins Innere geschleudert und von dort rutschte es in eine von vielen Auffangspalten. Je nachdem, in welche Spalte das Geldstück fiel, verschwand es im Bauch des Kastens oder es löste eine kleine Sperre und einige Geldstücke fielen in eine Schale, aus der, der Spieler sie entnehmen konnte.

Einige Jahre später - das Alleine-Bier-holen funktionierte schon sehr gut und die rennende Ratte auf dem Flur war Geschichte - musste Frank erleben, was es bedeutet, einen 5 Jahre älteren Bruder zu haben.

Weihnachten kam und damit auch Geschenke. Vater und Mutter hatten sich dieses Mal etwas ganz Besonderes ausgedacht. Im DDR - Spielzeughandel hatten sie zwei ferngesteuerte Modelle des russischen Mondfahrzeugs Lunochod 1 erstanden - je eins für Jürgen und eins für Frank.

Am Weihnachtsabend saßen alle in der Küche, Hilde kochte und backte, nur Max war verschwunden. So war es jedes Jahr. In diesem Jahr war es kein Geheimnis, dass Vater nicht verschwunden, sondern in der Wohnstube war, um den Baum zu schmücken. Bisher hatten die Eltern immer ein großes Tam - Tam um das Fest gemacht und Frank hätte selbst in diesem Jahr noch an den Weihnachtsmann geglaubt, hätte Jürgen, sein älterer Bruder, ihn nicht brutal mit der Wirklichkeit konfrontiert. Jürgen hatte Frank vor einigen Tagen zur Seite genommen und ihm in seiner schonungslos offenen Art erklärt, wie der Weihnachtstag ablaufen würde und wer was und wann machen würde. Als die Mutter davon Wind bekam, war es schon zu spät, Jürgen hatte alles erzählt und Frank's Traum vom Weihnachtsmann war geplatzt. Zwar bekam Jürgen mächtig Mecker, aber das änderte nun auch nichts mehr.

Ungeachtet des Wissens der Kinder hielten Max und vor allem Hilde an der Tradition fest. Dies bedeutete: Hilde beschäftigte die Kinder in der Küche, während Max den Baum hoch holte und schmückte. Später wurden die Kinder in der Küche zurück gelassen und die Eltern legten die Geschenke unter den Baum. Anschließend wurde eine Schallplatte mit Weihnachts- musik aufgelegt und alle mussten sich schick anziehen. Kurz darauf wurde die Wohnzimmertür erst einen Spalt weit geöffnet, da drang bereits der süßlich - würzige Weihnachtsduft aus der wohlig warmen Wohnstube, dann erst wurde die Tür ganz geöffnet und die Kinder durften eintreten.

Noch heute kann Frank die Gerüche, Musik und Eindrücke fast körperlich spüren. Viele Jahre später wurde das Ritual in seiner eigenen Familie zwar etwas abgewandelt, aber feierlich und mit viel Geheimniskrämerei ging die Weihnachtszeit auch für seine Kinder immer einher.

Kaum waren alle in die weihnachtlich, festlich geschmückte Stube getreten und hatten den Baum mit seinen vielen bunten Kugeln und Lichtern bewundert, "stürzten" sich die Kinder auf ihre Geschenke.

Es dauerte nur wenige Minuten, bis die Geschenke gesichtet und ausgepackt waren und der Entdeckertrieb bei Jürgen wieder einmal durchbrach.

Er, der 5 Jahre älter war als sein kleiner Bruder, hatte schon immer versucht, alles von innen heraus zu verstehen. Dass dabei das Eine oder Andere auf der Strecke blieb - bei Spielzeug oder technischen Geräten waren es meist Schrauben oder auch mal andere Kleinteile, die seiner Meinung nach keinen Zweck mehr erfüllten - nahm er durchaus in Kauf und stand gern als "der Ältere" immer über den Dingen.

Beide Brüder hatten ihre Mondautos gerade ausgepackt, als Jürgen Frank anstachelte, man könne doch mal nachschauen, wie das Auto von innen aussieht und warum es funktionierte wie es funktionierte. Und so setzten sich die Beiden mit leichtem Werkzeug bewaffnet in eine Ecke und nahmen sich Frank´s Weihnachtsgeschenk vor.

Die Eltern bekamen von all dem nichts mit. Kurze Zeit später ignorierte Jürgen auch den Hinweis von Frank, dass er gleich wieder mit seinem Auto spielen würde, leichthin. Auch hinderte es ihn nicht am weiteren Zerlegen des Fahrzeugs. Und tatsächlich war Frank fasziniert von den technischen Teilen, wie der kleine Elektromotor, die vielen Zahnräder und die unzähligen Kontakte zum Vorschein kamen. Jürgen erklärte ihm mit der Geduld des wissenden älteren Bruders, was man alles mit diesen Einzelteilen noch machen könnte. Erneut wurde Frank aber unruhig, er wollte endlich wieder mit seinem Auto spielen. Und so begann Jürgen, alle Teile wieder zusammen zu setzen.

Auf Grund der technischen Vielfalt der Teile blieb er allerdings das eine oder andere Schräubchen übrig. Auch eine Welle und ein Zahnrad fanden ihren alten Platz nicht mehr. Und so kam, was kommen musste. Das tolle neue Geschenk stand zwar glänzend da, aber das war es dann auch schon. Von alleine rührte es sich keinen Zentimeter mehr. Frank lief schimpfend zu Mutter und Vater. Nachdem sie sich seine Geschichte angehört hatten und weil sie Jürgen kannten, beschlossen sie, dass Frank und Jürgen ihre Geschenke tauschten. Frank bekam so doch noch ein funktionierendes ferngesteuertes Mondfahrzeug und Jürgen machte ein mürrisches langes Gesicht.

Kurzerhand zerlegte er das Spielzeug in den nächsten Tagen erneut, um aus den Einzelteilen etwas anderes zu bauen. Immerhin bekam er so den Motor mit einer Achse verbunden und mittels Batteriestrom drehte sich diese wieder.

Wenige Wochen später hatte Frank´s Mondauto das gleiche Schicksal ereilt. Schließlich wollte er seinem 5

Jahre älteren Bruder in nichts nachstehen. Er hatte sich fest vorgenommen, auf alle Schrauben und Zahnräder genau zu achten. Tatsächlich hatte Frank weniger Teile übrig als Jürgen seinerzeit, was allerdings nichts an der Tatsache änderte, dass sich das russische Modelauto zwar noch fahren ließ, aber es reagierte nicht mehr auf die Steuerung. Einen zweiten Zerlegungsversuch überlebte es dann nicht mehr. Es endete wie das andere Fahrzeug, zerlegt in einer Kiste und Monate später im Müll.

Unterm Strich hatte Frank doch Einiges aus der Sache gelernt. Erstens war sein Bruder eben doch 5 Jahre älter und somit schneller im auseinander bauen und im Gegensatz zu ihm konnte Jürgen die Einzelteile wieder zum Laufen bringen. Viele Jahre später würde die Kluft von 5 Jahren immer noch für große Unterschiede sorgen!

Die Jahre in Kleintzschachwitz vergingen und das Leben in der Schule wurde für Frank immer mehr zu einem Spiel. Mit Sorge beobachteten Max und Hilde die Entwicklung und sahen mit Entsetzen, dass die Lehrer ihren Sohn teilweise aus der Unterrichtsstunde heraus nach oben in die Wohnung schickten, um seine vergessenen Bücher oder Hefte zu holen. Frank spielte selbstverständlich mit dieser Aufmerksamkeit und wurde so unbewusst immer mehr zum Außenseiter. Wenn die anderen Kinder gemeinsam nach Hause gingen und sich auf dem Heimweg für den Nachmittag zum Spielen verabredeten, saß Frank alleine oben in der Wohnung oder durchstöberte heimlich den Schulboden nach irgendwelchen Sachen, mit denen er am nächsten Tag wieder die Aufmerksamkeit auf sich ziehen konnte.

Auch über die Erlebnisse des Vortages oder was es wohl heute Neues geben würde, konnte sich Frank mit niemandem austauschten. So konnte er auch nie mitreden und stand immer etwas abseits.

Nach 4 Jahren wurde es den Eltern zu bunt. Als die Lehrer Frank wieder während der Unterrichtsstunde nach oben in die Wohnung schickten, um Aufgaben zu erledigen, beschlossen sie, dass Frank in eine entferntere Schule gehen sollte. Für Frank endete seine Sonderstellung damit von einem Tag auf den anderen und eine neue Sonderstellung begann.

Die neue Schule lag fast 2 km entfernt. Zu seinem Leidwesen wohnten fast alle Schüler aus Frank's neuer Klasse nördlich der Schule. Nur er wohnte in entgegengesetzter Richtung und so hatte er wieder niemanden, der ihn auf seinem Schulweg begleitete. Dafür lernte er mit der Zeit sämtliche Geschäfte und deren Betreiber oder Inhaber kennen, die auf seinem Weg lagen. Nach und nach kam er nicht nur mit den Inhabern ins Gespräch, sondern verdiente sich bei dem Einen oder Anderen ein paar Mark dazu. Da war zum Beispiel der Schreibwarenladen gegenüber der "Bierhol-Gaststätte" Berthold Hauptmann Straße/ Ecke Meuslitzer Straße. Den beiden Damen half er beim Einräumen der großen Holzregale, in denen Papier, Ordner und ähnliches lagerten. Beim Obst- und Gemüsehändler packte er mit an und räumte Kisten und Kartons aus. Nur die ältere Dame aus der Drogerie ließ ihn nie richtig an die Ware. Dafür freute sie sich immer, wenn Frank kam, durch ihr Geschäft streifte und sie mit ihm reden konnten.

Am liebsten aber war er beim Altstoffhändler auf der Putjatinstraße.

Zu DDR - Zeiten konnten alle Leute Flaschen, Gläser, Papier, Zeitungen, Bücher, Lumpen und teilweise sogar Schrott zu diesem bringen. Heute nennt man das Recyclinghof oder Wertstoffsammelplatz. Der entscheidende Unterschied bestand nur darin, dass es früher Geld für alles gab, heute müssen wir dafür bezahlen, um unseren Müll loszuwerden. In den letzten Jahren gehen wieder viele Gemeinden und Städte dazu über, das "Belohnungssytem" für Wertstoffe zu beleben und es gibt heute tatsächlich wieder Sammelstellen, an denen Papier, Bücher, Flaschen, Gläser und ähnliches gegen Bares abgegeben werden können. Allerdings erhält man heute nur einen symbolischen Geldbetrag, so wird ein Kilogramm Zeitungen mit gerade einmal 15 Euro Cent gehandelt. Entsprechend wenig werden diese Annahmestellen frequentiert.

Da ging es auf dem Sammelplatz vom alten Wilhelm, so der Name des einzigen Altstoffhändler in Kleinzschachwitz, schon anders zu. Sein Grundstück lag etwas abseits der Hauptstraße, entfernt in einem kleinen Wäldchen. Um dorthin zu gelangen, mussten alle, ihre mit Altstoffen beladenen Karren, Fahrräder oder Anhänger über einen schmalen holprigen Weg bis zum Grundstückseingang schieben. Dieses war eingezäunt mit einem alten löchrigen Metallzaun, der keinem Dieb Einhalt geboten hätte. Zu jener Zeit war dies allerdings auch nicht notwendig, hielt sich die Sehnsucht nach fremdem Eigentum doch in Grenzen.

Frank verbrachte Stunden bei Wilhelm und half ihm Bücher, Papier, Pappe oder Lumpen zu sortieren. Als Lohn durfte sich Frank immer etwas aussuchen und so brachte er oft alte Bücher, Radios oder schöne unbekannte Ersatzteile mit nach Hause.

Als Wilhelm eines Tages das Tor nicht mehr öffnete und Monate später ein anderer, jüngerer Händler einzog, verlor der Platz seinen Reiz.

Etwas zu sammeln gefiel Frank schon immer. Am Besten war es, wenn er ohne großen Aufwand einen großen Nutzen erzielen konnte. So zum Beispiel bei der Altpapiersammelaktion zur Unterstützung der sozialistischen Bruderländer oder gefangener Kämpfer, wie zum Beispiel Angela Davis. Diese Aktionen veranstaltete die Pionierorganisation in der Schule des Öfteren.

Bei derartigen Aktionen war er immer unter den besten Sammlern. Dies war aber auch nur so, weil er im Gegensatz zu seinen Klassenkameraden nicht von Tür zu Tür gehen mußte, um nach Zeitungen zu betteln, sondern er holte sich nach Schulschluss immer das eine oder andere Paket Zeitungen aus dem Sammelraum, um es am nächsten Tag im selben Raum wieder bei einem Lehrer abzugeben. Schließlich wohnte er in der Schule und saß damit an der Quelle.

Irgendwann ließ die Sammelwut der Schule nach und es wurde mehr Wert auf Geldspenden gelegt. Im Gegensatz zu den Tonnen von Papier konnten diese besser gehändelt werden.

Als Wilhelm nicht mehr war, erinnerte sich Frank daran, dass dieser immer gern angeln ging. Da Frank die Nachmittage sowieso fast immer alleine verbringen musste, fasste er eines Tages den Entschluss, ebenfalls angeln zu gehen. So zog er los und trat in den Angelverein ein.

Dies war schon damals die Voraussetzung, dass man überhaupt angeln durfte. Im Verein wurde oft geübt, Köder anzustecken, Teigköder zuzubereiten und vor allem wurde das Auswerfen geübt. Da gab es regelrechte Wettbewerbe, die Frank aber mied wie der Fisch das trockene Land. Es fehlte und fehlt ihm noch heute am nötigen Ehrgeiz, um sich an Wettkämpfen zu beteiligen.

Er stand oft lieber stundenlang alleine am Elbufer, beobachtete den Schwimmer seiner Angel, ruckte ab und zu selbst an der Angel, um den Eindruck eines Bisses zu simulieren und zog dann ohne Fang ab. Obwohl Frank sonst die Unruhe in Person war und keine 5 Minuten still halten konnte, immer und sofort ein Erfolgserlebnis brauchte, konnte er stundenlang, auch bei Dauerregen, am Wasser stehen, angeln, vor sich hin träumen und nichts fangen. Und brachte er doch mal ein Rotauge mit nach Hause, weigerte sich Mutter Hilde, dieses in der Badewanne mehrere Tage zu halten, damit es genießbar wurde. So landete Frank´s bescheidener Fang meist gleich auf dem Müll.

Eines Tages jedoch war ihm Petrus, der Schutzpatron der Fischer und Angler, mehr als wohlgesonnen. Wie so oft fuhr Frank mit der Fähre auf die Pillnitzer Seite der Elbe, packte seine Angel aus und versuchte sein Glück in der Nähe des Fähranlegers. Nachdem sich auch Stunden später kein Fisch an den Haken traute, kramte Frank sein Angelzeug zusammen und fuhr mit der Fähre wieder zurück auf die Dresdner Seite.

Auf Grund der späten Stunde und des miesen Wetters war außer ihm nur ein Mopedfahrer auf der Fähre. Frank betrachtete das Moped neidvoll. Es war eine Simson S50 in grün. Er malte sich aus, wie es wäre, mit so einem Gefährt zur Schule zu fahren. Da würden die Mädchen Augen machen und alle würden ihn bewundern. Als er das Moped so ansah, fiel ihm die schwarze Aktentasche auf, welche auf dem Gepäckträger festgeschnallt war. Und was echt merkwürdig war, rechts und links lugte etwas Schwarzes heraus. Fast hätte man meinen können, da lägen zwei tote Schlangen drin. Noch in seine Gedanken vertieft gab es einen Ruck, Frank sah auf und bemerkte, dass die Fähre angelegt hatte. Kaum war die Schranke geöffnet, brauste das schöne grüne S50 davon. Frank nahm seine Tasche und die Angel und trotte nach Hause.

    Kurze Zeit später hatte er das Kopfsteinpflaster der Fährzufahrt verlassen und den asphaltierten Teil der Straße erreicht, als er wenige Meter vor ihm etwas langes schwarzes auf der Straße liegen sah. Vorsichtig näherte er sich dem Gegenstand. Neugierig betrachtete er, was da auf der Straße lag. Weit und breit war keine Menschenseele zu sehen und so konnte er auch niemanden fragen, was das ist. Schließlich siegte seine Neugier. Frank nahm seinen Angellappen aus der Tasche, fasste damit das Ding an und steckte es in seine Tasche. Dann setzte er seinen Weg fort. Zwar bemerkte er das langsam fahrende Moped, das ihm nur wenige Augenblicke später entgegenkam, aber Frank dachte sich nichts dabei. Als er sah, dass der Fahrer offenbar etwas suchte, blickte er zu Boden und beschleunigte seine Schritte.

    Zu Hause angekommen, war er schier außer Atem. Hilde fragte besorgt, was los sei. Wortlos holte Frank das schwarze Ding aus seiner Tasche und legte es auf den Tisch. Mutter machte ganz große Augen und fragte fast ängstlich, woher Frank den Aal hatte. „Gefangen", sagte Frank grinsend. Mutter wollte nun von ihm wissen, wo er einen geräucherten Aal gefangen hatte, denn dies sei absolute Mangelware. Selbst Max konnte keinen solchen Fisch bei seinem Fischhändler im Kleinzschachwitzer Dorf bekommen.

Dann erzählte Frank die ganze Geschichte. Als er fertig war, wuschelte Hilde auf seinem Kopf herum und sagte nur: „Der ganze Vater!", schüttelte ihren Kopf und legte den geräucherten Aal in den Kühlschrank. Am Abend freuten sich dann Mutter und Vater über den tollen Fang und ließen sich den Fisch schmecken. Frank hatte nichts davon, er angelte zwar, aber Fisch stand definitiv nicht auf seinem Speiseplan. Das änderte sich erst Jahre später durch ein Erlebnis in Südafrika.

Um die Zeit als Frank den Aal gefunden hatte, durfte er auch das erste Mal allein auf den Rummel gehen. Dass es auf diesem nicht nur Fahrgeschäfte wie Karussells, Geisterbahnen und Autoskooter sowie viele Imbissstände mit Zuckerwatte, Bratwurst oder Liebesäpfeln gab, wurde ihm schnell klar.

Wenn Frank wieder einmal auf den Rummel wollte, ging er immer zuerst zu Vater, um nach Geld zu fragen. Dieser hatte im allgemeinen mehr für Frank´s Aktivitäten übrig als Mutter. Nur wenn es nach Franks Ansicht zu wenig Geld vom Vater gab, musste er zwangsläufig auch Mutter anbetteln. Später erarbeitete er sich dann sein Rummelgeld selbst.

Jedesmal wenn er Vater nach Geld für den Rummel fragte, musste er sich immer erst anhören, dass Vater von seinem Vater 50 Pfennige bekommen hat und damit den ganzen Tag unterwegs war. Frank verdrehte jedesmal die Augen, denn er brauchte heute mindestens vier bis fünf Mark, um den ganzen Tag beschäftigt zu sein.

Frank war sich sicher, wenn er mal Kinder haben würde, die brauchten bestimmt auch nur 5 Mark! Mehr würde es sowieso nicht geben und mit seiner Frau würde er auch reden, dass sie den Kindern kein Extrageld gibt.

Bevor sich Frank auf den Weg zum Fučikplatz (heute Strassburger Platz) machte, führte ihn sein Weg immer erst zum Bäcker an der Straßenbahnendhaltestelle. Dort holte er sich für 10 Pfennige Kuchenränder, welche dann später in der Bahn genüsslich verspeist wurden. Nur wenn er Pech hatte und es waren viele Eierscheckenränder in der Tüte, holte er sich gleich auf dem Rummel nochmals etwas zu essen. Denn diese mochte er nicht so.

So ein Rummelbesuch war immer ein ganz besonderes Erlebnis. Alleine genoss es Frank, durch die zahlreichen Reihen der Schausteller zu schlendern und sich alles genau anzusehen. Dabei riskierte er auch ab und zu mal einen Blick hinter die Wagen. Dort fand er immer allerlei nützliche Dinge. Unter anderem brachte er von seinen Ausflug mal ein Messer, eine Taschenuhr und eine leere Tasche mit. Die Eltern schimpften aber jedesmal und warfen die Sachen in den Müll.

Bei einem seiner Rundgänge fand Frank eine noch brennende Zigarette, hob sie auf und tat es dem Vater gleich - er zog daran. Sofort musste er fürchterlich husten, außerdem drehte sich ihm alles kurze Zeit später. Auf Grund dieser Erfahrung sollte er nie wieder eine normale Zigarette in die Hand nehmen. Für besondere Rauchwaren zeigte er sich viele Jahre später wieder aufgeschlossen.

Die Jahre vergingen und Frank ging weiter fleißig angeln und auf den Rummelplatz. Doch an schulischen Dingen fand er einfach keinen großen Gefallen. Seine Zensuren waren immer mittelprächtig, nur mit Zahlen konnte er sehr gut umgehen. Mit Rechtschreibung stand und steht er bis heute auf Kriegsfuß. Da änderten auch die zahlreichen Nachhilfestunden nichts. Bei diesen fand er eher gefallen an seiner Mitschülerin, welche ihm Nachhilfe gab, als an der richtigen Satzstellung oder Kommasetzung. Genau diese Mitschülerin sollte aber noch für einigen Unterhaltungswert in Frank´s Leben sorgen - positiv wie negativ, doch dazu später mehr.

Wie jedes Jahr, so kamen auch 1978 wieder Soldaten der Nationalen Volksarmee in die Schulen, um unter den Jugendlichen der 9. und 10. Klassen Nachwuchs für die NVA zu rekrutierten. Genauer gesagt wurden sogenannte 10- bzw. 25ender gesucht - also junge Männer, die sich für eine 10- bzw. 25-jährige Berufslaufbahn bei der NVA verpflichten wollten. Frank wusste aus der Erfahrung der letzten Jahre, dass diesen Freiwilligen großes Ansehen und Respekt entgegen gebracht wurde. Auch war später mit gewissen Vorteilen bei der Wohnungsvergabe und ähnlichem zu rechnen. Frank witterte darin seine Chance, eine gewisse Anerkennung und Respekt von seinen Mitschülern zu erhalten.

Dafür wollte er aber keineswegs 25 Jahre zur Armee. Er wollte auch nicht einen Tag in einer Stube mit zehn anderen Rekruten untergebracht sein und nur das machen, was sein Vorgesetzter wollte. Auf sportliche Aktivitäten hatte er schon gar keine Lust.

Nun stellte es sich als Glück heraus, dass er im zarten Alter von 3 Jahren an einer versteckten Lungenentzündung erkrankte. Damals stand es nicht gut um ihn und alle mussten mit dem Schlimmsten rechnen, doch er überstand die Krankheit, behielt aber eine gewisse Kurzatmigkeit und Leistungsschwäche der Lungenaktivität zurück. Später diagnostizierten die Ärzte dann Asthma.

Dank einiger sehr schöner Kuraufenthalte, zum Beispiel an der Ostsee, in den Bergen der Hohen Tatra und an der jugoslawischen Adriaküste, war sein Asthma in den letzten Jahren immer weiter zurück gegangen.

Frank verstand es, die ganzen Jahre die Krankheit bei diversen Gelegenheiten für seine Zwecke einzusetzen. Unter anderem reichte es immer für eine Befreiung vom Sportunterricht oder eine Sonderbehandlung beim Schwimmunterricht.

Als in der Schule nun Freiwillige für die Berufslaufbahn bei der NVA gesucht wurden, war Frank einer der ersten, der sich für 25 Jahre NOVA - Dienst meldete. Das machte er aber nur, weil er die Aussage seines Lungenarztes im Hinterkopf hatte, dass er auf Grund seiner Erkrankung wohl nicht zur Armee eingezogen werden könne.

Beim nächsten Fahnenappell wurden die Namen der zukünftigen Berufssoldaten vor der gesamten Lehrer- und Schülerschaft bekannt gegeben. Alle Kandidaten standen in der ersten Reihe. Frank war einer von ihnen und strahlte wie ein Honigkuchenpferd. Allerdings musste er feststellen, dass ihn nicht alle Mitschüler dafür bewunderten. Die Blicke der Lehrer sprachen eine andere Sprache. Vor allem aber gefielen ihm die Blicke zahlreicher Mädchen, für die ein junger NVA - Soldat offenbar etwas ganz Besonderes bedeutete.

Als einige Wochen später der Klassenlehrer vor die Klasse trat und verkündete, dass Frank leider nicht Berufssoldat werden konnte, da sich inzwischen herausgestellt hatte, dass er aus gesundheitlichen Gründen für dienstuntauglich erklärt worden war, schwankten die Kommentare zwischen Mitleid von den Mädchen aufgrund der schweren Krankheit und Bewunderung von den Jungs für den cleveren Schachzug.

Somit hatte Frank für kurze Zeit sein Ziel erreicht, auch wenn sich die Vorteile dieser Aktion in Grenzen hielten. Aber immerhin durfte er sich einige Monate später, ein halbes Jahr früher als alle anderen, um eine Lehrstelle bewerben.

Bevor es dazu kam, ging die gesamte Klasse auf Klassenfahrt.

Wie es damals üblich war, ja schon fast obligatorisch, entschied man sich für ein Zeltlager. Allerdings befand sich das nur im schnöden Spreewald.

An vieles aus dieser Zeit kann oder will sich Frank heute nicht mehr erinnern, nur eine Begebenheit hat sich ihm eingebrannt:

Frank vergötterte seine Mitschülerin Andrea. Diese gab ihm in den letzten Jahren immer wieder Nachhilfe in Rechtschreibung, wenn auch mit sehr mäßigem Erfolg. Natürlich hatten seine Mitschüler Wind von der Schwärmerei bekommen. Nun drängten sie ihn, Andrea seine Gefühle zu gestehen. Immerhin wäre dies seine letzte Möglichkeit. In wenigen Monaten endet die gemeinsame Schulzeit und dann würde man sich aus den Augen verlieren, argumentierten sie.

Frank allerdings zierte sich. Erstens war er wirklich unheimlich schüchtern, zweitens war er nicht das Sinnbild eines schönen jungen Mannes und drittens stotterte er ein wenig, wenn er aufgeregt war. Schließlich gab er dem Druck seiner Mitschüler nach, nahm all seinen Mut zusammen und dann kam der Augenblick der Wahrheit. Frank befand sich mit drei seiner Kumpels im Zelt und die redeten fast ununterbrochen auf ihn ein. Einer steckte immer wieder seinen Kopf raus und sondierte die Lage. Als dann Andrea mit zwei ihrer Freundinnen quer über den Platz kam und auf das Zelt der Jungs zuging, schoben die anderen Frank zum Zelteingang. Wie ein nasser Sack plumpste er zu Boden. Mit den Füßen im Zelt, mit Kopf und Oberkörper außerhalb, kam er auf dem Rücken zum Liegen. Da lag er nun wie ein Käfer auf dem Rücken und zappelte nervös mit den Beinen. Als die Mädchen knapp an seinem Zelt vorbei gehen wollten, nahm er all seinen Mut zusammen und sprach Andrea an. Diese blieb kurz stehen, drehte sich zu Frank und blickte ihn grinsend von oben herab an. Vor lauter Aufregung brachte Frank nur eine blöde Frage raus: „Ich wollte mal fragen, ob du mit mir gehen willst?" Andrea und die beiden anderen Mädchen kicherten, dann sagte Andrea: „Nein". Ohne ein weiteres Wort gingen die drei grinsend und kichernd weiter und ließen einen verstörten und hochroten Frank zurück. Die Jungs im Zelt und die halbe Klasse bogen sich vor Lachen.

Sie hatten Frank einen tollen Streich gespielt und ihn vorgeführt.

Jahrzehnte später, es muss 1999 gewesen sein, traf Frank Andrea wieder. Das Blatt hatte sich gewendet und ... doch davon zu gegebener Zeit mehr.

Diese missglückte Liebeserklärung prägte Frank's weiteren Lebensweg entscheidend. Er blieb sein Leben lange sehr misstrauisch gegenüber sogenannten Freunden. Er würde nie (oder kaum) eine echte Freundschaft zu einem seiner Geschlechtsgenossen aufbauen können. Auch sein Verhältnis zu Mädchen blieb lange Zeit schwierig!

Einige Monate vor Schuljahresende rückte dann die Zeit der Bewerbungen näher und Frank stieß zum ersten Mal an seine Grenzen.

Eine Lehrstelle für seinen Traumberuf zu bekommen, hätte er sich einfacher vorgestellt. Bestimmt hätte er etwas fleißiger in der Schule sein müssen und sich nicht so sehr auf sein Glück verlassen sollen. Ähnlich wie Max durch sein Berufsleben, hatte Frank sich in den letzten Jahren durch die Schule ge..., naja sagen wir mal geschaukelt!

Um seinen Traum vom Koch verwirklichen zu können, hätte es allerdings weit bessere Zensuren gebraucht als die, die nun auf dem Abschlusszeugnis standen. Überall wo er sich vorstellte, um eine Lehrstelle als Koch zu bekommen, hätte er mindestens ein 2er Zeugnis haben müssen. Selbst für Plan B, eine Ausbildung zum Kellner, war er in der Schule einfach zu faul gewesen und so vergingen die Monate, ohne dass er eine Lehrstelle fand und das, was ihm angeboten wurde, wollte er nicht.

Schließlich wurde die Zeit knapp und die Bewerbungsfrist näherte sich dem Ende. Bei einem der zahllosen Gespräche bei der Berufsberatung offerierte die nette Dame dann einen Ausbildungsplatz als Fahrzeugschlosser Spezialisierungsrichtung Straßenbahninstandhaltung bei den Dresdner Verkehrsbetrieben. Frank stöhnte innerlich auf und konnte sich mit dem Gedanken an solch eine Ausbildung überhaupt nicht anfreunden. In Ermangelung an Alternativen entschied er sich dann doch für diese Lehre.

Er hatte nicht etwa Angst vor der körperlichen Arbeit, das war kein Problem. Immerhin hatte er sich während seiner Jungendzeit schon immer etwas Geld bei diversen Hilfsarbeiten dazuverdient.

Auch bei Vater gab es die ein oder andere Mark zu verdienen. Zum Beispiel schaufelte Frank Kohlen in den Schulkeller. Und das war nicht ohne! Vor den Kellerfenstern wurden zwischen 5 und 10 Tonnen Kohle bzw. Briketts gekippt und diese mussten dann mit Hilfe einer Kohlengabel durch die Luken in den Heizungskeller geschaufelt werden. Frank machte diese körperliche Arbeit durchaus Spaß, wenn er sonst, wie die meisten Teeanger, eher zu nichts Lust hatte, hatte er bei dieser Arbeit immer Zeit und Muße zum Nachzudenken. Ihn schreckte es eher ab, nun die nächsten Jahre immer das selbe machen zu müssen.

Nach der enttäuschenden Lehrstellensuche hielt Vater etwas ganz besonders für Frank bereit.

Max war von einem Bekannten ein Motorrad zum Kauf angeboten worden. Obwohl er schon seit einem schweren Unfall, bei dem Hilde schwerste Verletzungen am Bein erlitten hatte, kein Motorrad mehr gefahren war, brannte das Feuer und die Leidenschaft für die Zweiräder nach wie vor in ihm. Nun wollte er dies an seinen Sohn weitergeben und da erschien ihm das Angebot geradezu wie ein Zeichen. Max kaufte eine 4 Jahre alte, schwarze MZ ES 150 mit weißem Tank und brauner Sitzbank!

Eines Tages rief er Frank zu sich erklärte ihm, dass Geburtstag und Weihnachten zwar erst in einigen Monaten sein werden, er aber jetzt schon eine kleine Überraschung für ihn habe. Während dieser kleinen Ansprachen waren beide zur Garage gegangen. Dann öffnete Max ganz langsam das Tor.

Frank traute seinen Augen kaum und war völlig aus dem Häuschen. Er konnte es nicht fassen, dass da tatsächlich ein Motorrad stand. Sofort setzte er sich darauf, startete es und drehte eine zaghafte und wacklige Runde über das Schulgelände.

Max war an der Garage stehen geblieben und hatte fast Tränen in den Augen, als er sah, wie sich Frank freute. In diesem Augenblick ahnte er, dass Frank die „Möchtegern-Rennfahrer-Tradition" der Ludwigs weiterführen würde.

In den kommenden Wochen hatte Frank kaum Zeit, sich um seinen Schulabschluss zu kümmern. Viel wichtiger waren ihm doch das Fahrtraining auf dem heimischen Schulhof und die Erlangung der Fahrerlaubnis.

Diese absolvierte er bei der Fahrschule Melkus ohne Schwierigkeiten, von einer ernsthaften Ermahnung und dem beinahe Ausschluss aus der Fahrausbildung einmal abgesehen.

Frank hatte die theoretische Ausbildung und Prüfung bereits bestanden und drehte bereits seine ersten Runden auf dem Hof der Fahrschule. Dort waren diverse Straßen, Kreuzungen, Ampeln und verschiedene Verkehrssituationen nachgestellt. Insgesamt übten ca. 6 bis 7 Motorradfahrer an diesem Tag auf dem Hof. Selbstsicher drehte er seine Runden. Der Umgang mit der eigenen Maschine auf dem heimischen Schulhof hatte ihm schon viel Erfahrung eingebracht. Außerdem war er es ja gewohnt, anders zu sein und so war er der einzige Fahrschüler, der selbstbewusst seine Kreise über den Hof zog.

Auf dem Übungsgelände näherte er sich dann einer "gleichrangigen Kreuzung". An der hielten bereits zwei Fahrschüler mit ihren Maschinen, sahen sich ausgiebig und umständlich nach rechts und links um und hielten Ausschau nach anderen Fahrzeugen. Frank wunderte sich darüber, zumal nicht nur der Kreuzungsbereich sondern der gesamte Hof der Fahrschule wunderbar einsehbar war. So nutzte er die Gunst der Stunde und die ca. 2 m breite Lücke zwischen den Motorrädern, spähte vorsichtshalber noch einmal nach rechts, gab Gas und preschte zwischen den stehenden Motorrädern hindurch über die Kreuzung. Sofort pfiff der Fahrlehrer und rief Frank zu sich.

Frank konnte die Aufregung des Fahrlehrers nicht verstehen, schließlich war alles frei und der Platz zwischen beiden Maschinen reichte fast für ein Auto! Der Fahrlehrer jedoch machte Frank zur Schnecke und drohte mit dem Entzug der Fahrerlaubnis noch bevor er sie hatte. Die Ansprache half, nun riss er sich zusammen und bestand die Führerscheinprüfung nach wenigen praktischen Fahrstunden ohne Probleme.

Die Geschichte der nächsten Jahre wird zeigen, dass Frank noch lange ein verschobenes Bild von Verkehrssicherheit hatte und dieses zu einigen heiklen Situationen führte.

1979 war es eher ungewöhnlich, dass ein 17jähriger eine 150ccm Maschine fuhr. Entsprechend fühlte sich Frank wie der King von Kleinzschachwitz und präsentierte stolz seine neue Errungenschaft im ganzen Ort!

In die Schule durfte er glücklicherweise nicht fahren, das hatten die Eltern untersagt, ansonsten hätte sein Ego wahrscheinlich noch weiter abgehoben. Es reichte so schon aus, wenn er zu Nachmittags-Veranstaltungen mit dem Motorrad kam!

Für Frank jedoch sah die Zukunft rosig aus. Erst musste noch schnell der Schulabschluss geschafft werden, die Ferien genossen werden und dann konnte das Leben doch endlich beginnen. Mit dem Motorrad zur Berufsschule fahren, das würde das Größte werden. Alle würden ihn bestaunen und bewundern. Leider sagte ihm damals niemand, dass es nicht gut ist, wenn man für materielle Dinge bewundert wird und sein Selbstbewusstsein daraus nährt!

1979 - *Zwischenzeit*

Nachdem der Lehrvertrag unterzeichnet war, genoss Frank die letzten Ferienwochen noch einmal, tobte sich in der leeren Turnhalle aus, streifte durch das Lehrerzimmer und amüsierte sich, was Lehrer so alles ihren Schülern wegnahmen und in ihren Schränken lagerten. Von Tennis- und Gummibällen aus dem Westen, diversen Spielsachen bis hin zu Plastiktüten von Aldi und Co war alles vertreten. Beim Anblick des Schrankinhaltes konnte Frank oft nur den Kopf schütteln über so viel Verlogenheit. Genau diese Lehrer, welche den Kindern die bunten, mit diverser Werbung bedrucken Einkaufstüten wegnahmen, saßen später bei Hilde am Kaffeetisch und nahmen ebensolche Tüten als kleine Geschenke von Hilde entgegen.

Obwohl Hilde und Max in der SED waren, bekamen sie regelmäßig Westpakete von der Verwandtschaft aus Köln und München. Deren Inhalt wurde von Hilde stets sondiert und dann verteilt. Dabei achtete sie immer darauf, dass auch das Lehrerkollegium nicht leer ausging. Eine Tasse Jacobs Krönung war auf jeden Fall immer mit drin. Selbst wenn der Westbesuch in der Schule zu Gast war, gaben sich die Lehrer die Klinke in die Hand. Fast alle kamen, um mit dem Klassenfeind zu schwatzen.

Hilde verstand es dabei immer, die Fäden zu führen und der Dreh- und Angelpunkt zu sein. Sie organisierte den Tausch von Liebes-, Arzt- und Heimatromanen, bevorzugt vom Bastei Verlag und sie war es, die bestimmte, welche Informationen an wen weitergegeben wurden.

Max hielt sich, was dies betraf, eher im Hintergrund. Wenn ihm der Trubel zu groß wurde, zog es ihn eher in seinen Keller. Entweder um etwas zu reparieren oder um "nachzuheizen".

Während Hilde selbst bei den Parteiversammlungen immer versuchte, die Geschicke in der Hand zu behalten, indem sie alle Anwesenden mit Kaffee (aus dem Westen) und selbst gebackenem Kuchen verwöhnte, zog es Max bei diesen Veranstaltungen vor, seine Spiegelbrille (ebenfalls aus dem Westen mitgebracht) aufzusetzen, seinen Kopf nachdenklich in eine Hand zu stützen und ein kleines Nickerchen zu halten.

Weder Max noch Hilde interessierten sich besonders für Politik oder "die Partei". Seit Hildes Verhaftung in München gehörte sie einfach dazu. Als Hausmeisterehepaar in einer Schule wurde eine Partei-, nein nicht irgendeine, sondern die SED-Zugehörigkeit erwartet, was letztendlich auch seine Vorteile hatte.

Immerhin durften Max und Hilde schon Ende der 70er und Anfang der 80er Jahre zu ihrer Verwandtschaft in die Bundesrepublik reisen. Und diese Reisen bzw. die Erzählungen danach prägten Frank´s Weltbild von DDR und BRD.

Wenn Mutter oder Vater von ihren Westreisen zurück kehrten, berichteten sie stets von einem völlig normalen Leben im Westen. Beide sahen schon immer nicht nur die bunte, schillernde Seite des Lebens im Westen, sondern auch die Andere.

Als Max von seiner ersten Reise zu seinem Bruder Thomas aus Köln zurückkehrte, erzählte er, dass die Familie relativ bescheiden in einer einfach Mietwohnung lebte, seine Schwägerin arbeitslos war und sie nur einen kleinen VW Golf führen, in dem weit weniger Platz war, als in seinem Moskwitsch. Weiter berichtete er, dass es schon das Eine oder Andere mehr in den Läden zu kaufen gab als im Osten, und dass alles bunt war und überall Werbung zu sehen war. Oft wusste er auch nicht, wohin er zuerst sehen sollte. Und niemand musste sich nach Erdnüssen oder Apfelsinen anstellen. Aber sein Bruder Thomas musste auch jeden Morgen aufstehen, zur Arbeit fahren und sehen, wie er seine Familie durchbrachte! Deutlich spürte Max, wie schwer es seinem Bruder fiel, die Fassade "vom reichen Bruder aus dem Westen" aufrecht zu erhalten.

Max konnte sich schon vorstellen, dass diese bunte Welt voller Waren und Verlockungen erhebliche Begehrlichkeiten im Osten weckte, und dass sich viele zu dieser "Kaufen und Haben Welt" (wie er sich ausdrückte) hingezogen fühlten.

Aber arbeiten mussten alle - ob Ost oder West. Max betonte bei jeder Gelegenheit, dass seine Verwandtschaft zwar Westgeld besaß und es auch mehr und andere Sachen zu kaufen gab, dennoch hätten diese ebenfalls ihre Sorgen und Problemchen. Außerdem ließe sich hüben wie drüben gut leben, man müsse nur richtig zu leben wissen, sagte er mit einem verschmitzten Augenzwinkern des öfteren.

Dazu passt auch eine Anekdote, die Max immer mal wieder erzählte, aber natürlich nur, wenn Hilde nicht dabei war.

Bei einem seiner Westbesuche nahm ihn sein Bruder mit in ein Bordell, in kein gewöhnliches Bordell, sondern in eins mit allen Schikanen.

Nachdem sein Bruder und er das Etablissement betreten hatten, wurden sie freundlich, fast überschwänglich begrüßt und zu einem Drink an die Bar eingeladen.

Auf dem Weg dorthin stellte Max fest, dass es wirklich alles gab. Es gab Essen, Trinken, ein schönes Ambiente und jede Menge schöne und sehr freundliche Frauen. Max fielen fast die Augen raus. Er sah Frauen jeden Typs, große, kleine, dicke, dünne, welche mit kleinen Brüsten, mit großen und sogar mit sehr großen! Alle waren nur leicht bekleidet oder sogar barbusig. Max war begeistert!

Nachdem sie bereits nach Betreten der Räume von einigen netten und durchaus hilfsbereiten Damen skandiert wurden, kamen nun, da sie an der Bar Platz genommen hatten, noch mehr auf sie zu.

Als diese merkten, dass Max trotz seines bayrischen Dialektes aus dem Osten kam, wurden alle noch etwas freundlicher, neugieriger und "netter". Max genoss diese Aufmerksamkeit! Dann schlug ihm eine vor, sich zwei Damen auszusuchen und ihnen in das Badezimmer zu folgen. Selbstverständlich ließ sich Max das nicht zweimal sagen. Bereitwillig folgte er zwei Damen seiner Wahl, wobei er wie immer eher kräftige mit großen weichen Brüsten bevorzugte, zum Badezimmer.

Dort angekommen, musste er feststellen, dass die Bezeichnung Badezimmer nicht ganz das wiedergab, was er darunter verstand. Es war ein wahrer Badetempel! Der Raum war riesig, dunkel gefließt, mit einer großen Dusche, einer großen runden Badewanne in der Mitte und einem noch größeren Bett im hinteren Teil ausgestattet.

Die beiden Damen fingen an, ihn spielerisch zu entkleiden. Schon dabei stieg seine Erregung. Als sie ihn anschließend zu der großen runden, mit milchig warmem Wasser gefüllten Wanne führten, konnte er sein Glück kaum fassen. Max stieg in die Wanne und die Damen seiften ihn mit einer duftenden Creme ein.

An dieser Stelle der Erzählung machte Max immer eine längere Kunstpause, um die Spannung zu erhöhen und um anschließend fortzufahren, dass er dann nach Hause gehen konnte!

Regelmäßig sahen ihn seine Zuhörer erst verdutzt an, dann, nachdem sie die Pointe verstanden hatten, brachen sie in schallendes Gelächter aus. Max's Männlichkeit hatte der geballten Frauenpower und den geschickten, sehr professionellen Damen nicht viel entgegen zu setzen. So endete der Bordell - Besuch für Max mit Vorwürfen seines Bruders, wie "Mann" nur so blöd sein konnte und sich bereits in der Badewanne und nur den Händen der Frauen hinzugeben. Schließlich habe er, Thomas, viel Geld für den Ausflug bezahlt.

Max jedoch hatte es trotzdem gefallen und er hatte eine wichtige Lektion über den Westen erhalten: "Zeit ist Geld und im Westen gibt es wenig Zeit für viel Geld!

Thomas erklärte ihm später, dass dies eine bekannte Masche der Damen war, schnell mit wenig Aufwand und ohne Verkehr vorzeitig die Herren der Schöpfung zufrieden zu stellen. Selbstverständlich wurde anschließend trotzdem die volle Summe fällig.

Dank solcher Geschichten und Erlebnisse lernte Frank frühzeitig beide Seiten der Medaille zu betrachten. Er versuchte immer, Dinge und Ereignisse realistisch zu betrachten, so auch später seine Sicht auf Ost und West.

Obwohl seine Eltern sich immer ein wenig mehr um ihre Schule als um die Sorgen und Nöte ihrer Kinder kümmerten, wuchs Frank behütet aber selbständig auf. Er genoss sehr viele Freiheiten, manchmal vielleicht sogar zu viele. Gepaart mit dem Unternehmungsgeist, dem Organisationstalent und dem Humor, der ihm von Max vermittelt wurde, konnte nun das richtige Leben mit einer Ausbildung in einem, naja, nicht gerade Traumberuf beginnen.

Doch bevor es mit dem Leben so richtig losging, wollte er noch ein Abenteuer erleben. Halt! Eigentlich wollte er immer Abenteuer erleben.

In der Garage stand zwar das Motorrad, aber das wäre zu einfach. Lange musste er nicht überlegen. Zwischen der ersten Idee und der Ausführung lagen dann auch nur Sekunden. Jahre später behaupteten seine Arbeitskollegen sogar, er würde seine Ideen erst umsetzen und sie dann erst haben!

Mitte 1979 wohnte seine Lieblingsschwester Christa mit ihrem Mann und Kind in Hohenstein Ernstthal in der Nähe von Karl - Marx Stadt (dem heutigen Chemnitz).

Es waren Schulferien und Frank langweilte sich, als ihm die Idee kam, er könnte doch seine Schwester besuchen, aber nicht einfach so, sondern mit dem Fahrrad.

Ohne zu zögern holte er sein Fahrrad aus dem Keller und begann, es reisefertig zu machen. Als Vater kam und wissen wollte, wohin er denn wolle, erzählte ihm Frank von seiner Idee. Der Einwand des Vaters, dass es schon Sonntagnachmittag sei und es immerhin über 100 km bis zu seiner Schwester sind, wischte Frank beiseite. Auch als Vater ihn an den Streckenverlauf erinnerte, immerhin waren sie diese Strecke schon unzählige Male mit dem Auto gefahren, schreckte Frank nicht ab. Er hatte bereits alles eingepackt, was ihm notwendig erschien: etwas zu essen, zu trinken und Flickzeug fürs Rad. Aus seiner Sicht stand damit dem Ausflug nichts mehr im Wege. Max wusste, dass es zwecklos war, dagegen zu reden, schließlich war Frank alt und selbständig genug (er war vor einigen Monaten 16 geworden), um auf eine solche Reise zu gehen.

Fröhlich schwang sich Frank gegen 15 Uhr auf sein Rad, welches in keiner Weise mit heutigen Fahrrädern vergleichbar war. Aber immerhin hatte es wenigstens eine Gangschaltung. Damit sollten die Berge doch gut zu schaffen sein.

Aus Dresden raus ging es das erste Mal kräftig bergan. Dann fuhr Frank weiter über die Fernverkehrsstraße 173 nach Freiberg. Schon auf diesem ersten Teilstück begann er das ganze Unternehmen anzuzweifeln und sich zu fragen, warum er nur diese Strapazen auf sich nahm. Das ewige Berge hoch, Berge runter hatte ihn zermürbt und er war jetzt bereits am Ende, obwohl er bisher nur ein Drittel des Weges geschafft hatte und jederzeit hätte umkehren können. Doch ein Aufgeben kam für ihn nicht in Frage.

Kurz hinter Freiberg holte ihn das Pech ein - der hintere Reifen hatte einen Platten. Der war zwar schnell geflickt, aber danach war nichts mehr wie vorher. Die Luft im hinteren Reifen wollte einfach nicht mehr recht halten und so musste er laufend anhalten und Luft nach pumpen.

Als er endlich Karl-Marx Stadt erreichte, war es bereits dunkel, doch das Ziel noch immer weit. Obwohl Frank etwas Geld dabei hatte, konnte er Sonntagabend nichts damit anfangen. Einzig seine Schwester konnte er anrufen, um ihr mitzuteilen, dass sich die Ankunft noch verzögern würde. Diese unterschätzte ihren Bruder, hielt das Ganze für einen schlechten Scherz und ging schon kurz nach dem Anruf zu Bett.

Frank quälte sich derweil weiter durch die Großstadt und erreichte nach unzähligem Nachpumpen des Hinterreifens gegen 1 Uhr nachts die Wohnung seiner Schwester.

Vorsichtig schlich er um das Haus und suchte die Klingel. Als er sie endlich fand und betätigte, musste er feststellen, dass diese abgestellt war. Er musste erneut auf Entdeckungstour um das Haus gehen. Verzweifelt suchte er nach einer Möglichkeit, sich bemerkbar zu machen. Vorsichtig klopfte er an verschiedenen Fenstern. Schließlich dauerte es aber noch einmal fast eine halbe Stunde, bis endlich jemand Notiz von ihm nahm und die Vorhänge zur Seite schob. Dann sah er in das verschlafene Gesicht seiner Schwester.

Am Boden zerstört und erschöpft, mit einem platten Reifen und völlig verdreckten Händen war er endlich am Ziel angekommen. Und dann schimpfte seine Schwester auch noch mit ihm, wie man nur so dumm sein kann und Sonntagnachmittag mit dem Rad von Dresden nach Hohenstein Ernstthal fuhr. Sie müssten doch am nächsten Morgen alle arbeiten und hätten keine Zeit, sich um ihn zu kümmern. Frank meinte, das mache nichts, er würde sich die paar Stunden schon beschäftigen. Wenn er sich wenigstens einen Tag hier ausruhen dürfte, dann hätte er genügend Kraft getankt und könnte wieder nach Dresden zurückfahren. Nach der kurzen Standpauke richtete Christa ein Gästebett her und wenig später fiel Frank in einen festen, tiefen und traumlosen Schlaf.

Er schlief bis zum nächsten Nachmittag durch. Dann half ihm Christas Mann Dietmar, sein Fahrrad wieder auf Vordermann zu bringen und so trat Frank bereits am darauffolgenden Tag mit frischer Luft in Lunge und Rad den Rückweg an. Was er noch nicht ahnte: dieses Mal würde noch mehr schief gehen und er würde sein Zeil ohne fremde Hilfe nicht erreichen.

Schon die ersten Kilometer, nachdem er bei seiner Schwester losgefahren war, liefen alles andere als am Schnürchen.

Das Wetter war eigentlich super, der Wind jedoch blies kräftig, noch dazu direkt von vorne, so dass Frank eher schleppend voran kam.

Als er Karl-Marx Stadt erreichte, wurde es etwas leichter, die Großstadt bot einen gewissen Schutz vor dem Wind. Doch sobald er die Stadt wieder verlassen hatte, begannen die Anstrengungen von Neuem. Zu allem Überfluss hatte er noch weit vor Freiberg wieder einen platten Reifen.

Gerade war er einen Berg zügig runtergefahren und wollte mit dem Schwung nun die nächste Steigung bezwingen, als er merkte, dass sein Hinterrad wackelte. Frank musste anhalten, stieg ab besah sich das Rad und entdeckte den Plattfuß. Er setzte sich an den Wegesrand und verfluchte seine Idee, mit dem Fahrrad zu seiner Schwester gefahren zu sein. Aber alles Selbstmitleid half in diesem Fall nichts und so nahm er das Rad, stellte es kopfüber auf das Feld und begann, den Schlauch auszubauen und erneut zu flicken.

Diesmal hielt die Luft überhaupt nicht, obwohl er reichlich Klebstoff auf das Loch gestrichen und einen ausreichend großen Flicken darüber gelegt hatte. Er pflasterte den Schlauch regelrecht mit Flicken zu, aber ohne Erfolg. Kaum hatte er den Schlauch eingebaut, das Rad wieder umgedreht und fuhr los, war die Luft wieder raus. Er hätte schreien können vor Wut auf den Schlauch, das Rad und sich selbst! Es half alles nichts, Handys gab es noch nicht und hier draußen in der Pampa auch keine Telefonzelle. Er musste das Rad bis Freiberg schieben, zumindest wenn es bergauf ging. Sobald es bergab ging, schwang er sich auf sein lädiertes Rad und ließ sich ungeachtet des platten Reifens ins Tal rollen.

Die erste Telefonzelle fand er erst im Freiberger Zentrum. Von da aus rief er zu Hause in der Schule an und fragte, ob Vater ihn abholen könnte. Doch dieser musste erst noch einige Besorgungen für die Schule erledigen, bevor er in Richtung Freiberg starten konnte. So blieb Frank nichts weiter übrig, als sein Fahrrad weiter schiebend und rollend in Richtung Dresden zu bewegen.

Endlich, am späten Nachmittag, sah er Vaters Moskwitsch schon von weitem zügig näher kommen. Vater schimpfte mächtig, dass er extra bis hier raus fahren musste, nur um die Schnapsidee seines Sohnes auszubügeln. Aber schließlich verluden sie das Rad im Kofferraum, Frank setzte sich erschöpft ins Auto und Vater gab Gas. Die Zeit drängte, Max musste wieder zurück zu seiner heiß geliebten Schule!

So endete das Abenteuer Fahrradausflug zu seiner Schwester nicht nur mit Muskelkater und einem hochgradigen Erschöpfungszustand, nein auch das Rad hatte arg gelitten.

Frank hielt es außerdem für ein Unglücksrad, deshalb ignorierte er es in den nächsten Wochen und irgendwann hatte er es ganz vergessen. Außerdem hatte er doch sein geliebtes Motorrad, das würde ihm bestimmt mehr Glück bringen!

Zu der Erkenntnis, dass er, genauso wie seine Kinder, kein Glück mit Fahrzeugen hatte, gelangte er erst fast 35 Jahre später!

1979 bis 1981 - *Lehrjahre sind Herrenjahre*

Trotz des neuen Motorrades wollte es mit der Anerkennung nicht so recht funktionieren. Frank überlegte oft, woran es lag. Am besten konnte er nachdenken, wenn er alleine war und alleine war er auf dem Dach der Schule. Das war sein Reich, dorthin kam außer ihm niemand!

So kletterte er eines Tages wieder einmal übers Dach, auf der Suche nach einem ruhigen Fleckchen. Er musste vorsichtig sein - nicht weil er Angst hatte auszurutschen und 40 m in die Tiefe zu stürzten - nein, er musste aufpassen nicht auf einen Dachziegel zu treten und diesen zu beschädigen. Es bestand die Gefahr, dass Teile davon zu Boden fielen und Vater die Bruchstücke fand. Dann wüsste er genau, wo Frank wieder steckte und es würde Mecker geben. Hunderte Male hatte Vater schon geschimpft und ihm verboten, durch die Dachlukenfenster auf das Schuldach zu klettern, um dort rum zu spazieren. Aber der Kick war für Frank einfach zu groß. Ganz alleine so weit über allem und allen, das war ein herrliches Gefühl. Und wie er die Blicke der Passanten genoss, wenn sie ihn auf dem Dach herumspazieren sahen! Oft konnte er in ihre Gesichter sehen und diese sprachen Bände. Einige sahen erstaunt aus, andere wieder ängstlich. Wenn Bewunderung in ihren Gesichtern geschrieben stand, erfüllte es Frank mit Stolz und sein Ego wuchs gleich wieder ein paar Zentimeter.

Er hatte es in der Zwischenzeit tatsächlich gelernt, seine Alleinstellungsmerkmale gut einzusetzen, natürlich nicht immer zu seinem Vorteil. Etwas

Besonders zu sein, hatte sich ihm so eingebrannt, dass er selber schon daran glaubte, obwohl es dazu keinerlei Grund gab.

Eigentlich war an ihm alles eher durchschnittlich und das ist nicht negativ gemeint. Nur wenig gab es, was ihn von anderen abhob. Dazu zählte seine Körpergröße - mit damals schon 1,89 m war er relativ groß und nicht schlank, sondern spindeldürr. Außerdem hatte er wenig bis gar keine Scheu, die falschen Mädchen anzusprechen. Wie viele andere Jugendliche, wäre auch er gern etwas Besonderes gewesen, nur funktionierte dies eher mit Taten als mit materiellen Sachen. Das aber lernte er erst viel später.

Nach einigem Suchen fand Frank endlich einen geeigneten Platz auf dem Dach und setzte sich vorsichtig auf eine der Dachgauben. Obwohl es noch früh am Tag war, spürte er bereits, wie die Sonne brannte und die Dachziegel schon heiß wurden. Kaum, dass er saß, und die Augen vor der grellen Sonne geschlossen hatte, hoben seine Gedanken vom Dach ab und er ließ die letzten Monate vor Ausbildungsbeginn noch einmal Revue passieren.

Der Schulabschluss, seine Radtour, das neue Motorrad, all das waren Erlebnisse, an die er sich trotz allem gern erinnerte. Etwas anderes hatte es mit der Schlägerei auf sich - auf dieses Intermezzo hätte er gerne verzichtet, obwohl Schlägerei eigentlich der falsche Ausdruck war.

Frank war von einem einige Jahre älteren Mitschüler mit einem Fausthieb niedergeschlagen worden. Worum es genau ging, wusste er schon nicht mehr. Aber bestimmt ging es um ein Mädchen. Aus irgendeinem Grund war Frank entweder Thomas (so hieß der Schläger), seinem Mädchen oder dem eines seiner Freunde zu nahe gekommen. Erst hatten sie ihn beschimpft, dann hatten sie sich über ihn lustig gemacht und schließlich nahm Thomas Frank die Brille weg und versetzte ihm einen Faustschlag ins Gesicht, so dass er zu Boden ging. Thomas und seine Kumpels beleidigten ihn nochmals, dann verschwanden sie.

Was beide zu diesem Zeitpunkt nicht wissen konnten: Jahre später würden sich ihre Wege wieder kreuzen und in diesem Fall hatten sich die Vorzeichen umgekehrt. Nun war es Thomas, der bei Frank saß, weinte und ihm sein Leid klagte. Heute erinnert ein Schlager von Juliane Werding Frank oft an einige Situationen aus seiner Jugendzeit: "... und am Ende - lache ich über dich!" Doch davon ahnte er 1979, als er auf dem Dach der Schule saß, noch nichts.

Frank kniff die Augen zusammen und versuchte, direkt in die Sonne zu sehen. Dann musste er unwillkürlich lächeln, als er an seine erste fast Freundin dachte. Bitschie, so nannte er sie, war für ihn die erste Freundin, sie sah dies vielleicht anders.

Mutter gefiel es überhaupt nicht, dass Frank immer nur zu Hause rumsaß oder angeln ging. Und so besorgte sie ihm eines Tages kurzerhand Eintrittskarten für die Disco am Samstag im Kulturhaus Sachsenwerk in Niedersedlitz. Um sicher zu gehen, dass er wirklich hinging, beauftragte sie einige Jungs aus der Schule, ihren Frank mal mitzunehmen. Ihm blieb also nichts anderes übrig, als sich schick anzuziehen und sich Samstagabend vor dem Kulturhaus mit den anderen zu treffen. Lust hatte er überhaupt nicht, solche Großveranstaltungen waren und sind nichts für ihn. Aber na ja, nun war er einmal hier und jetzt konnte er auch tanzen gehen.

Wie befürchtet, ließ es sich schleppend an. Die Musik war gut, Mädchen waren eigentlich auch genug da, aber ...! Wie die meisten anderen Jungs lehnte Frank lässig und gelangweilt an einer der unzähligen Säulen und beobachtete die Tanzfläche. Dann fiel ihm eine kleine Gruppe Mädchen auf. Zu viert standen sie beisammen und unterhielten sich. Dann wechselte die Musik und drei der Mädchen verschwanden auf der Tanzfläche. Übrig blieb ein ca. 1,65 m großes schlankes Mädchen mit dunklen Haaren und braunen Augen. Mit anderen Worten, sie passte genau zu seiner Vorstellung einer perfekten Freundin. Deshalb nahm Frank seinen ganzen Mut zusammen, ging zu ihr und fragt sie, ob sie mit ihm tanzen würde. Sie sah ihn von oben bis unten an, dann meinte sie: "Warum nicht!" Frank konnte es kaum glauben, dass ein so schönes Mädchen mit ihm tanzte. Er schwebte im siebten Himmel und rückblickend war es schon Liebe auf den ersten Blick, auch wenn er damals noch nicht wusste, was Liebe wirklich bedeutet!

Den ganzen Abend tanzten und schwatzten sie, sie verstanden sich auf Anhieb blendend. Frank erfuhr, dass sie Kerstin hieß, ihre Freunde sie aber nur Bitschie nannten (von ihrem Nachnamen - zum Glück kannte damals niemand die englische Version) und dass sie eine Ausbildung zur Kindergärtnerin begonnen hatte.

Dann, spät in der Nacht, jeden Augenblick würde das letzte Lied gespielt werden und das Kulturhaus schliessen, drang die Stimme von Paul McCartney aus den Lautsprechern. Er sang Mull Of Kintyre. Die Tanzfläche füllte sich mit Liebespärchen, die eng umschlungen zum Takt der Musik über die Tanzfläche schwebten und mittendrin tanzten Frank und Bitschie! Wie selbstverständlich und als wären sie seit Monaten ein Liebespaar sahen sich beide in die Augen und küssten sich. Frank hob ab und fand sich im siebten Himmel wieder. In diesem Moment war ihm klar, für diese Frau würde er alles tun! Auf diesen Augenblick hatte er schon ewig gewartet. Nun würde alles anders werden, endlich hatte auch er eine Freundin.

In den nächsten Wochen zeigte sich aber, dass er für die Liebe noch viel zu unerfahren war und somit alles ziemlich schnell wieder zerstörte.

Für seine Bitschie tat er einfach alles und dies war wörtlich gemeint. Egal worum es ging, er machte nur das, was sie wollte und dies wiederum gefiel ihr nicht. Sie wollte keinen Freund, der an ihrem Rockzipfel hing wie ein junges Hündchen. Frank brachte sich überhaupt nicht ein, immer fragte er nur, was sie wollte. Deshalb dauerte die Freundschaft auch nur ein paar Wochen, dann beendete Bitschie das Ganze. Für Frank war das Ende sehr schmerzvoll, dafür aber auch lehrreich und dies in vielerlei Hinsicht.

Wenige Tage später verhalf ihm Alkohol, die Trennung kurzzeitig zu vergessen. Dafür wurde er an den darauffolgenden Tagen durch Kopfschmerzen und Übelkeit sowohl an den Alkohol als auch an die Trennung erinnert.

Seinen 18. Geburtstag feierte er bei seinem Bruder Jürgen und dessen Frau. Dieser meinte es gut mit ihm und schenkte Frank immer wieder einen Wodka nach. Frank trank gierig und ohne zu Zögern. Schnell merkte er eine gewisse Leichtigkeit und er wurde ausgesprochen locker und lustig. Ohne es wirklich zu merken, ging diese Leichtigkeit mit jedem weiteren Glas Wodka in eine gewisse Schwere über.

Es war das erste Mal, dass Frank so viel Alkohol trank. Entsprechend reagierte sein Körper nach einem halben Liter Wodka mit Gleichgewichtsstörungen, gefolgt von Übelkeit. Noch ein Glas genügte und er rutschte am Küchenschrank entlang auf den Boden. Mit der Flasche in der Hand kniete er auf allen vieren vor Christine, seiner Schwägerin, und wollte etwas sagen. Worte schafften es allerdings nicht mehr aus seinem Mund, dafür schoss der Schweinebraten mit Klößen und Rotkraut vom Abend im armdicken Strahl aus seinem Mund vor ihre Füße. Dann klappte er zusammen wie ein Taschenmesser, sabberte noch ein wenig vor sich hin, bevor er gänzlich auf den Küchenboden rutschte und in seinem Erbrochenen einschlief.

Jürgen und Christine wussten nicht, ob sie lachen oder weinen sollten, entschieden sich dann aber doch für ersteres. Anschließend halfen sie Frank hoch, wuschen ihn und legten ihn auf das Schlafsofa.

Die nächsten Tage waren die schlimmsten seines Lebens, aber doch heilsam. In den nächsten Jahren würde er nie wieder so viel Alkohol trinken, dass er einen solchen Filmriß erleiden würde.

Nach der Trennung suchte er in den folgenden Wochen oft seinen Lieblingsplatz auf dem Dach der Schule auf, grübelte und zerfloss vor Selbstmitleid. Wenn er geahnt hätte, dass sein Liebeskummer noch viel schlimmer werden würde, hätte er über diese Episode nur gelächelt.

Plötzlich wurde es ganz schön warm auf dem Dach. Frank erhob sich und spazierte ein letztes Mal von einem Ende des Daches zum anderen. Durch das offene Dachfester kletterte er wieder ins Innere. Dann ging er durch die rechte Hälfte des riesigen Dachbodens, der von seiner Familie privat genutzt wurde, überquerte den in der Zwischenzeit abgetrennten und zu einem Wohnraum ausgebauten "Rattenflur", um dann den Schulboden, also den linken Teil des Daches, zu betreten. Dieser diente der Schule zur Aufbewahrung aller möglichen und unmöglichen Dinge. Dieser Teil des Bodens war viel interessanter, hier konnte Frank Stunden damit zubringen, in alten Klassenbüchern zu blättern, die Zensuren der ihm zum Teil bekannten Schüler zu studieren, die Einträge oder Notizen zu lesen, die sich die Lehrer zu ihren Schülern gemacht hatten und in beschlagnahmtem Schülereigentum zu stöbern.

Eigentlich sollten die beschlagnahmten Sachen den Schülern am Schuljahresende wieder zurückgegeben werden, aber dies vergaßen nicht nur die Lehrer oft, auch die Schüler versäumten es, die Sachen wieder einzufordern. Und so hatten sich im Laufe der Jahre unzählige Kisten mit allem nur denkbaren Spielzeug, Messern, Westartikeln und Sonstigem angesammelt. Sich durch dieses Sammelsurium an Alltagsdingen und Kuriositäten zu wühlen, war für Frank einfach großartig.

Da es sich bei all dem Zeug um abgelegte Sachen handelte, welche höchstwahrscheinlich nie wieder jemand einfordern würde, war es nicht verwunderlich, dass Frank immer mal wieder ein neues Kartenspiel besaß. Waren es doch Skatkarten sowie diverse Quartettspiele, die am häufigsten unter den Sachen zu finden waren. Am interessantesten für ihn waren natürlich die "Westspiele", diverse Auto- und Motorrad - Kartenspiele beispielsweise. Neben diesen Kisten hatten es Frank immer wieder unterschiedliche Schränke mit Unterrichtsmaterialien angetan, egal ob diese aus dem Chemie-, Physik- oder Biologieunterricht stammten. Alle waren es wert, in regelmäßigen Abständen durchstöbert zu werden. So fanden sich auf diesem Dachboden neben unzähligen Tierpräparaten auch auseinandernehmbare Modelle vom menschlichen Körper sowie Skelette und Chemikalien aller Art.

Irgendwie überkam Frank an diesem Tag das Gefühl, endgültig Abschied zu nehmen - Abschied von dieser Schule, Abschied von einem großen Abenteuer.

An der Tür zum Flur angekommen, drehte er sich ein letztes Mal um, sah die wenigen Sonnenstrahlen, welche durch die trüben Dachfenster einfielen und die vielen, teilweise verstaubten, ausgestopften Tiere, die Schränke voller Klassenbücher und die unzähligen anderen Kisten gefüllt mit Schulmaterial in ein mystisches Licht tauchen. Wie ein Foto speicherte er diesen Anblick in seinem Kopf ab und ging über den Flur zurück in seine beiden Zimmer.

Schon seit einigen Jahren bewohnte Frank zwei Dachgeschosszimmer, welche direkt am "Rattenflur" lagen und durch Dachluken "Zugang" zum Dach boten. Vor geraumer Zeit hatte Max ein neues, großes Zimmer auf dem privaten Teil des Dachbodens ausgebaut. Eigentlich sollte Frank dort einziehen, ihm jedoch waren die zwei kleinen Zimmer mit ihren schrägen

Wänden und den winzigen Dachluken viel lieber. Und so wurde das "neue" Zimmer als Gästezimmer genutzt, welches überwiegend vom Westbesuch oder Christa und ihrer Familie, wenn diese zu Besuch waren, in Anspruch genommen wurde.

Frank liebte seine Zimmer und er liebte die Unordnung in seinen Zimmern, aber nur bis zu einem gewissen Punkt. Zum großen Bedauern von Mutter erreichte er diesen Punkt weder durch Hinweise, noch durch Schimmel auf Essenresten, noch durch Socken und Unterwäsche, die sich im ganzen Zimmer verteilten. Auch ernsthafte Ermahnungen oder meckern halfen nichts, es gab nur zwei Ereignisse, die ihn zum Aufräumen bewegen konnten. Dies war zum einen Besuch, doch auch da wurde nicht für jeden aufgeräumt und zum zweiten war es der eigene Antrieb, der ihn doch ab und an veranlasste, seine Zimmer zu säubern und aufzuräumen.

Er betrat das erste seiner beiden Zimmer. Ein Sofa, zwei kleine Schränke, ein großer Schreibtisch und das geliebte Dachlukenfenster befanden sich dort. Dann gab es eine kleine, schmale Tür, die kaum 1,80 m hoch und nur 50 cm breit war. Frank musste immer den Kopf einziehen, um in sein "Schlafzimmer" zu gelangen. Zwei niedrige Schränke, ein großes Bett, ein Nachtschränkchen und zwei kleine Dachfenster, das war das ganze Zimmer.

Jetzt, da die Sonne so gleißend durch die Fenster fiel, war es unheimlich warm und stickig in den Räumen. Doch wenn es regnete und die Tropfen auf die Fenster und die Dachziegel fielen, war es traumhaft kuschlig und urgemütlich in seinem Reich.

Heute war das Zimmer sogar aufgeräumt und so fiel es ihm leicht, seinen Lehrvertrag rauszuholen und nochmals durchzulesen. Nach wenigen Minuten hatte er ihn zum x-ten Mal gelesen und fragte sich, ob es eine gute Entscheidung gewesen war, genau diese Ausbildung vor zwei Jahren begonnen zu haben.

Seine Augen suchten das andere Schreiben auf dem Schreibtisch. Dann entdeckte er, was er gesucht hatte - sein Facharbeiterzeugnis.

Es war der 18.06.1981 und in gut zwei Wochen würde er eine neue Aufgabe beginnen. Frank saß auf dem Sofa in seinem Zimmer, direkt über ihm befand sich das kleine Dachfenster. Die Sonne hatte sich verzogen und dunkle Wolken waren aufgezogen. Als er so durch das Dachfenster blickte, erkannte er sogar die ersten Tropfen. Schnell wurden es mehr und die niederprasselnden Tropfen waren beruhigend. So schweiften seine Gedanken zurück und er dachte an die vergangenen 2 Jahre und was in dieser Zeit alles passiert war.

Wider Erwartung hatte ihm die Ausbildung zum Fahrzeugschlosser doch Spaß gemacht. Er konnte schrauben, drehen und hämmern. Am Ende des Tages hatte er nicht nur schmutzige Hände, nein, er hatte auch etwas geschafft. Das Schrauben an den Straßenbahnen gefiel ihm, nur die theoretische Ausbildung und die Arbeiten in der Lehrwerkstatt fand er tot langweilig, völlig überflüssig und außerdem wusste er doch sowieso, wie es geht. Beinahe hätte seine Ausbildung ein vorzeitiges Ende gefunden, wenn er nur nicht so feige gewesen wäre. Wie hätte sich dann wohl alles entwickelt, wenn er auf den Theaterleiter gehört und nach Leipzig zur Aufnahmeprüfung bei der Schauspielschule gefahren wäre!?

Während der Ausbildung konnten, besser sollten, sich alle Lehrlinge noch für zusätzliche Kurse anmelden und Frank wusste von den älteren, dass es bei den Lehrern Pluspunkte brachte, wenn ihre Schützlinge ein oder zwei weitere, nicht schulische Kurse belegten. Auch hatte er in Erfahrung gebracht, dass in der Theatergruppe immer mehr Mädchen als Jungen waren. Somit stand für ihn spontan fest, er würde sich für den Theaterkurs anmelden.

Das Schauspielern war ihm nicht so fremd. Tatsächlich fand der Kursleiter sogar, dass Frank durchaus Talent hatte. Besonders gut fand er ihn in dramatischen Liebesstücken, ebenso konnte er Gedichte ganz passabel rezitieren. Wenn dies sein Deutschlehrer aus Schulzeiten erfahren hätte, er hätte es nicht geglaubt. War Frank doch immer zu faul, ein Gedicht zu lernen und beim freien Sprechen verhaspelte er sich oft. Aber irgendwie und aus irgendeinem Grund war da vor einigen Monaten ein Knoten geplatzt.

Frank fand in der Theatergruppe einen festen Platz. Zu übermäßigem Ruhm sollte es nie kommen, dafür war die Truppe einfach zu unbedeutend und zu klein, aber Spaß bereiteten die Proben und Aufführungen immer.

Eines Tages drückte ihm der Kursleiter Herr Fendrich eine Anmeldung zum Vorsprechen an der Leipziger Schauspielschule in die Hand. Er wusste genau, dass Frank das schmeicheln würde, aber auf der anderen Seite hatte er Bedenken, dass Frank zu feige wäre, um sich wirklich anzumelden. Damit dieser keine Möglichkeit hatte, die Anmeldung zu vergessen, nahm er ihn bei der nächsten Probe beiseite und füllte mit ihm gemeinsam das Formular aus.

Wenige Wochen später erhielt Frank ein Schreiben mit der Aufforderung, in genau acht Tagen in Leipzig zum Vorsprechen zu erscheinen. Er war hin und her gerissen. Der eventuelle Erfolg wäre schon toll, aber plötzlich vor fremden Leuten zu stehen, frei zu sprechen und auch noch eine Rolle zu spielen! Nein das traute er sich dann doch nicht. Er wollte lieber ein unerkanntes Talent bleiben.

Nun musste er nur noch einen Grund finden, um nicht nach Leipzig zu fahren. Dafür stieg er aufs Schuldach und grübelte. Schließlich kam ihm die rettende Idee. Er konnte doch kurz vor Abfahrt einen Asthmaanfall haben und krank werden. Er wusste, dass ein solcher Anfall nie lange dauerte, aber um die Abfahrt des Zuges zu verpassen, würde es reichen.

Der Tag der Abfahrt nach Leipzig war gekommen und Frank lag zu Hause in seinem Bett und japste nach Luft. Hilde musste in Leipzig anrufen und Franks Teilnahme absagen. Herr Fendrich wusste nicht recht, was er sagen sollte, kannte er doch Frank´s Angst vor dem Vorsprechen und gleichzeitig sein schauspielerisches Talent. Am Ende musste er einsehen, dass er Frank nicht zu seinem Glück zwingen konnte. Eine Chance, seinem Leben eine andere Wendung zu geben, war dahin, aber es warteten noch genügend andere auf Frank!

Abgesehen von seinen schauspielerischen Fähigkeiten war auch er, wie viele andere Jungen in seinem Alter, von sich und seinen Fähigkeiten mehr als überzeugt.

Bei der Arbeit gefiel ihm eins überhaupt nicht: wenn nicht gearbeitet werden konnte, weil Ersatzteile fehlten. Dann kam sein Organisationswille durch und er fing an, seine Umgebung verrückt zu machen und an allen möglichen Stellen nach dem fehlenden Teil zu suchen. Wenn er es gefunden hatte, egal in welchem Bahnhof oder in welcher Abteilung, versuchte Frank, das Teil zu bekommen.

Selbstverständlich stieß er damit gerade bei den älteren Kollegen nicht wirklich auf Gegenliebe. Diese hatten sich doch schon an den alltäglichen Trott gewöhnt und genossen den geregelten Arbeitsablauf. Schwierig wurde es, als Frank eines Tages - er war erst seit wenigen Monaten im ersten Lehrjahr - ein Ersatzteil, welches er dringend für die Reparatur eines Drehgestells, so heißt das zweiachsige Gestell, von dem es zwei Stück unter jeder Straßenbahn gab, benötigte, und dies bei einem Kollegen versteckt unter seinem Arbeitstisch fand. Damals kam es fast zur Schlägerei, weil Frank das Teil wollte und der Kollege es nicht hergab. Zum Pech von Frank stellte sich heraus, dass der andere Parteimitglied war und die ganze Sache etwas verdreht darstellte. Am Ende bekam Frank, nur weil er seine Arbeit machen wollte, eine Abmahnung.

Aber das erschütterte ihn nicht, im Gegenteil - es stachelte ihn eher an, weiter zu machen. Damals ahnte er nicht, dass alle Firmen nach einem bestimmten System funktionierten und entweder, er würde mitspielen oder am Rande stehen. Fast 35 Jahre sollte es noch dauern und viele Arbeitsstellen kosten, bis er es endlich schmerzlich am eigenen Leib spüren und verinnerlichen würde!

Doch damals, mit 16, 17 Jahren glaubte er noch, die Welt verändern zu können, und zahlte vorerst mit einer Abmahnung.

Kurz vor Ende der Ausbildung schrammte Frank dann haarscharf an einer erneuten Abmahnung oder mehr vorbei.

Die "alten" Lehrlinge, zu denen er dann auch gehörte, wollten den neuen mal zeigen, was so geht. Und so schnappten sich seine Kumpels und er eine Gasflasche vom Schweißer, befestigten diese auf einem hölzernen Wagen und ...! Unter großem Gejohle und Gelächter wollten sie nun zeigen, dass sie eine neue Art von Antrieb entdeckt hatten. Paul, der größte und kräftigste aus der Truppe, nahm einen Vorschlaghammer, stellte sich seitlich neben den Wagen, hob den Hammer über seinen Kopf und mit einem gezielten Schlag köpfte er die Gasflasche. Seitlich vom Wagen hatten sie eine Art Fahrspur gebaut. Diese war so angelegt, dass der Wagen samt Gasflasche auf den nächsten 150 m freie Fahrt durch die Halle hatte. Zwar standen rechts und links neben der geplanten Strecke Straßenbahnen, aber da waren mindestens 5 m Platz nach jeder Seite und die Abgrenzungen aus Holzbohlen sollten ihr Übriges tun, um das Gefährt in der Spur zu halten. Wie sich wenige Sekunden später zeigte, hatten alle eine Kleinigkeit übersehen.

Als Paul die Flasche köpfte, entwich das Gas schlagartig und der Wagen setzte sich ruckartig in Bewegung, wobei dies vielleicht der falsche Ausdruck ist. Der Wagen flog förmlich davon und dutzende staunende Augenpaare verfolgten seine Bahn. Zum Glück war der Wagen relativ schwer und so behielt er seine geschätzte Fahrtrichtung bei. Mit weit aufgerissenen Augen glotzten alle auf den Wagen und folgten ihm auf der vorhergesagten Strecke. So sah niemand das kommende Unheil. Denn irgendwann war die auf 150 Meter geschätzte Fahrstrecke zu Ende und das Ende der Halle erreicht.

Es war Herbst, draußen tobten die ersten kalten Stürme und ließen den nahenden Winter erahnen und so waren die großen Hallentore der Werkstatt geschlossen. Mit einem ohrenbetäubendem Lärm krachte der Wagen samt Flasche dagegen und schoss durch das riesige Tor. Zum Glück aller stand unmittelbar dahinter ein ausrangiertes Drehgestell. In diesem blieben sowohl die Flasche als auch der Wagen stecken! Das letzte Gas entwich mit einem gurgelnden, zischenden Laut, dann war Stille.

Paul kam als erster zu sich und schrie alle an, sofort aufzuräumen und den Wagen und die Flasche im Schrott zu entsorgen.

Glücklicherweise war gerade Schichtübergabe und die fand immer am anderen Ende der Halle statt. So hatte niemand etwas bemerkt.

Nachdem alles soweit aufgeräumt war, zerstreuten sich alle und gingen über verschiedene und zum Teil große Umwege zur Schichtübergabe ans andere Ende der Halle.

Was von der Aktion blieb, war einzig ein großes Loch im Tor. Später standen dutzende ahnungslos kopfschüttelnde Kollegen, die sich nicht erklären konnten, was vorgefallen war, vor dem Tor.

Auch eine intensive Befragung der Lehrlinge brachte keine Aufklärung. Und so wurden kurzerhand alle Lehrlinge zur Samstag - Arbeit verpflichtet, um das Tor zu reparieren.

Wochen später kam die Sache doch raus, da aber kein Einzelner verantwortlich gemacht werden konnte, mussten alle gemeinsam nochmals ran und in mehreren Wochenendeinsätzen die Halle aufräumen und die Außenanlagen in Ordnung bringen.

So hatte der ganze Vorfall letztendlich auch etwas Gutes. Der Zusammenhalt der Truppe wurde gestärkt, die Halle aufgeräumt und die Außenanlagen? Naja, die hatten es nicht so gut getroffen, denn noch zu Beginn der Arbeiten begann es zu schneien und eine schöne weiße Schicht Schnee bedeckte die Außenfläche.

Als dann im Frühjahr der Schnee schmolz und alles noch genauso rumpelig aussah, wie Monate zuvor, erinnerte sich niemand mehr an die geforderte Strafarbeit. Die Sache war vergessen und die Lehrlinge hatten es perfekt ausgesessen!

Der Regen war inzwischen stärker geworden. Frank verließ sein Zimmer, ging in die Küche und holte sich eine Limo. Dann setzte er sich wieder auf sein Sofa und schmunzelte bei dem Gedanken an die Gasflaschen - Aktion. Er sah erneut auf sein Facharbeiterzeugnis und musste sich eingestehen, dass es keine schlechte Zeit war - die Lehrzeit!

Teilweise waren es eben doch Herrenjahre! Nur in Bezug auf das andere Geschlecht, traf der Spruch "Lehrjahre sind keine Herrenjahre" nicht zu, hatte er doch in dieser Zeit seine erste richtige große Liebe gefunden! Und so wurden zumindest die letzten Monate seiner Ausbildung doch noch "Herren - Jahre".

Mit gemischten Gefühlen erinnerte er sich daran, wie er völlig zu Unrecht in den Ruf eines Frauenhelden gelangte und sich vom Theaterschüler zum „Weiber-Organisator" entwickelte.

Durch seine ersten Erfahrungen mit Bitschie, aber vor allem durch die Arbeit in der Theatergruppe hatte er keine Scheu mehr, Mädchen anzusprechen.

Nur fehlte es ihm an Erfolg. Obwohl er sich als "Frauenorganisator" (so die stilvolle Bezeichnung) einen Namen gemacht und damit auch die Anerkennung seiner Kumpels verdient hatte, war für ihn selbst noch keine dabei rausgesprungen. In den zweifelhaften Ruf des Frauenverstehers und -organisators gelangte Frank nicht zuletzt durch sein schauspielerisches sowie grafisches und gestalterisches Talent.

In seiner Ausbildungsgruppe herrschte natürlich absoluter Frauenmangel. Fahrzeugschlosser war zu seiner Zeit ein reiner Männerberuf. Da die Truppe aber immer mal wieder bzw. regelmäßig Tanzveranstaltungen oder wie es neumodisch hieß - eine Disco durchführen wollte, brauchte es dutzende von Mädchen. Nicht nur Frank, sondern alle hielten es für sehr mühsam, wenn jeder einzelne in seinem Freundeskreis rumfragte und so versuchte, Mädchen für die Straßenbahner - Disco zu gewinnen. Die Erfolgsaussichten in diesem Fall gingen eh´ fast gen Null. Deshalb hatte sich Frank eine neue Taktik überlegt: Man müsse ganze Mädchenklassen einladen.

Einen ersten Versuchsballon startete er zu Fasching 1980. Ohne groß nachzudenken, gestaltete er eine große Collage mit Zeitungsausschnitten und gemalten Elementen als übergroßes Plakat. Dann überlegte er, in welcher Berufsschule bzw. in welchen Ausbildungsberufen überwiegend Mädchen zu finden waren. Und als er Mutter zu Hause beim Nähen und Socken stopfen beobachtete, hatte er die Idee!

Er nahm sein Plakat, setzte sich auf's Motorrad und fuhr zu einer anderen Berufsschule als der seinen. Dort wartete er bis kurz nach Stundenbeginn, dann klopfte an und trug dem Lehrer leise sein Anliegen vor. Sowohl dieser als auch später die gesamte Klasse waren überrumpelt und überrascht.

Frank hatte sich eine Klasse von Schneiderinnen ausgesucht. Nach dem kurzen Gespräch mit dem Lehrer durfte er sein Plakat in der Klasse aufhängen. Außerdem durfte er die Veranstaltung - wie man heute sagen würde - promoten! Wort- und gestenreich lud er die gesamte Klasse zur Faschingsveranstaltung in den Straßenbahnhof Dresden - Tolkewitz ein! Dabei versprach er allen das Blaue vom Himmel.

Am Tag der Veranstaltung waren seine Kumpels begeistert. Aus deren Sicht war die Aktion ein voller Erfolg. Es herrschte zum ersten Mal Frauenüberschuss!

Allerdings war genau dies auch das Problem. Denn die Schneiderinnen würden nie wieder zu einer Disco in den Straßenbahnbahnhof Tolkewitz kommen. Nicht nur, dass sie zahlenmäßig überlegen waren, auch fanden sie die Auswahl an männlichen Teilnehmern eher fragwürdig, um nicht zu sagen unterirdisch. Offenbar hatten sie mehr erwartet als einen Haufen Ölfüße (wie die Lehrlinge "liebevoll" genannt wurden).

In den nächsten Monaten klapperte Frank alle möglichen Mädchenklassen ab und füllte so immer wieder den Partykeller seiner Truppe - aber eben nie nachhaltig!

Eines Tages stürzte er sich aus lauter Verzweiflung auf eine gemischte Klasse. Und wieder schaffte er es, eine Zusage zur nächsten Party zu erhalten. Diesmal hatte er sich an der Berufsschule für Gastronomie das erste Lehrjahr der Köche gegriffen.

Als Frank sah, wie wenig Jungs in dieser Klasse waren, verfluchte er seine Faulheit in der Schule noch mehr. Das wäre seine Welt gewesen - eine Ausbildung zum Koch und einer von drei Jungs unter 23 Mädchen. Bei dem Gedanken schlug seine Fantasie Purzelbäume!

Aber egal, nun war es wie es war! Wie üblich, kamen fast alle aus der Kochklasse zur Party, aber diesmal kam es anders. Nein, nicht dass diese Mädchen nun öfter kommen wollten, auch diese Klasse würde nicht wieder kommen. Es würde nur eine Frage der Zeit sein, bis sich das "Herrenniveau" der Tolkewitzer Straßenbahn - Partys rumsprechen und zu einem Ausbleiben der Mädels führten würde. Diesmal aber war ein Mädchen dabei, welches Frank sofort auffiel und seine Blicke sogar erwiderte!

Frank kümmerte sich an diesem Abend nicht um die Party, er hatte nur Augen für Bruni, so hieß das Mädchen mit den langen dunklen Haaren und den fröhlichen Augen. Beide fanden Gefallen aneinander und so entwickelte sich aus der Discobekanntschaft seine erste große Liebe.

Nun hatte er seine Zeugnisse aus der Hand gelegt und sah auf die Uhr. In wenigen Minuten würde Bruni zu ihm kommen. Er wollte mit ihr reden, denn in zwei Wochen sollte Frank seine Ausbildung beenden und dann wollte er endlich seinem Traumberuf nachgehen. Schon lange suchte er nach einer Möglichkeit, als ungelernter Kellner eine Anstellung zu finden.

Durch Beziehungen hatte er von einer Stelle im Handwerker- heim Helmsdorf erfahren. Dort konnten Bäcker ihre Meisterprüfung ablegen. Außerdem richtete das Haus auch Schulungen und kleinere Veranstaltungen aus. Vor drei Wochen war er mit dem Motorrad hingefahren und hatte sich bei der Oberkellnerin, sie hieß Susanne, vorgestellt. Durch seine freundliche offene Art, und weil Helmsdorf am Ende der Welt bzw. am Rand der Sächsischen Schweiz lag und kaum einer dort arbeiten wollte, bekam er den Job ohne viel Federlesen.

Nun war noch die Frage: Was würde Bruni dazu sagen? Sie kannten sich erst ein paar Monate und die Liebe brannte noch immer wie am ersten Tag. Sie wusste schon lange von seinen Plänen, nach der Ausbildung eine andere Arbeit aufzunehmen. Doch nun wurde es ernst und er würde die Woche über nicht in Dresden sein. Würde ihre Liebe einer Wochenendbeziehung gewachsen sein?

1981 - 1985 - *Das erste Mal oder alles das erste Mal?*

Was war das für eine Silvesterfeier! Das erste und einzige Mal in seinem Leben war Frank richtig betrunken und sein Bruder Jürgen hatte ihm dabei geholfen. Der allerdings war immer noch 5 Jahre älter und vertrug einfach mehr.

Am Abend des 31.Dezember 1984 war Frank froh, dass dieses Jahr endlich zu Ende ging. Er hoffte auf ein besseres neues Jahr und darauf stieß er in den letzten Stunden viel zu viel an. Doch eigentlich verging er fast in Selbstmitleid und er wusste, dass die Aussichten für das nächste Jahr nicht besonders waren. Obwohl die Vorzeichen nichts Gutes verhießen, wurde 1985 eins der entscheidendsten Jahre - nein eigentlich das entscheidende Jahr in seinem Leben!

Am 01. Januar lag er gegen Nachmittag noch immer im Bett seiner neuen Wohnung. Kopfschmerzen plagten ihn, sein Magen wollte nach wie vor nach oben und er versuchte sich krampfhaft an den Silvesterabend zu erinnern. Doch dies gelang ihm nicht, dafür drängten sich die Bilder der vergangenen Jahre nach vorn.

Zu groß war der Schmerz noch immer, zu groß die Wut über sich selber, über Bruni und und und. Selbstmitleid war so schön und endlich gab ihm jemand Recht, auch wenn es nur sein eigenes Ego war. Dabei waren die letzten Jahre zeitweise die schönsten seines bisherigen Lebens und doch waren es auch die schmerzvollsten.

Da seine Gedanken es nicht schafften, zum letzten Abend zurück zu kehren, schweiften sie noch weiter zurück. Der Alkoholschleier gab nach und in seiner Erinnerung hatte er an jenem Tag frei, an dem er in seinem Zimmer in Kleinzschachwitz saß und auf Bruni wartete, um ihr seine neuen Berufspläne vorzustellen. Bei dem Gedanken an Bruni spürte er sofort wieder diesen Schmerz in seiner Brust. Damals, ja damals im Sommer '81 war die Welt noch in Ordnung. Fast körperlich konnte er noch das Klingeln an der Wohnungstür und den anschließenden Begrüßungskuss spüren, obwohl alles schon fast 4 Jahre zurücklag.

Im selben Moment als es klingelte, stürzte Frank aus seinem Zimmer. Wenige Sekunden später riss er die Tür auf und begrüßte seine Bruni mit einem langen Kuss. Als sie diesen liebevoll erwiderte, wusste er, dass sie seine Berufspläne verstehen würde.

Kaum waren sie in Frank's Zimmer verschwunden, begannen beide heftig zu schmusen und sich zu küssen. Ausnahmsweise war es Frank, der Bruni zärtlich auf Abstand hielt und ihr sagte, dass er mit ihr reden müsse.

Dann erzählte ihr Frank von seinen Plänen, in wenigen Wochen im Handwerkerheim Helmsdorf als Kellner anfangen zu wollen. Er sagte ihr auch, dass er am Wochenende immer zu Hause sein würde und während der Schulferien könnte er auch teilweise unter der Woche nach Hause kommen. Im Handwerker- heim würden überwiegend Lehrgänge und Meisterprüfungen für Bäcker stattfinden und selbige waren eben nur wochentags anwesend. Entgegen aller Befürchtungen freute sich Bruni für ihn und zeigte viel Verständnis. Sie ermutigte ihn sogar, über diesen Weg und die Erwachsenenqualifizierung eine Lehre als Kellner an einer Abendschule zu absolvieren. Frank war überglücklich, nahm seine Bruni in die Arme und sie schmusten weiter bis spät in den Abend.

Wenige Wochen später hatte Frank seinen letzten Arbeitstag als Fahrzeugschlosser. Bei der Abschlussfeier wurde er mehrfach gefragt, in welchem Straßenbahnhof er nun eingesetzt würde. Oft konnte er sich um eine Antwort drücken. Er wollte einfach nicht, dass alle dachten, ihm hätte die Lehre nicht gefallen und deshalb würde er den gewählten Beruf bereits einen Tag nach dem offiziellen Ausbildungsende wechseln. Doch ab und an musste er doch erzählen, wie es in wenigen Tagen weitergehen würde. Je später der Abend wurde, um so mehr Leuten musste er die Geschichte von einer tollen Zeit im Straßenbahnhof und dem großen - aber - erzählen! Er wollte etwas anderes, er wollte kellnern!

Zwei Tage später war es wieder einmal soweit, Frank erwartete seine Bruni vor seinen Zimmern. Es war der Tag, bevor er das erste Mal nach Helmsdorf fahren würde.

Dieser Abend sollte ein ganz besonderer werden. Frank hatte das Gefühl, dass beide mehr wollten als nur kuscheln und knutschen. Zwar hatte das Thema bisher keiner angesprochen, aber die Küsse und Berührungen wurden immer intensiver. Wenn Frank's Hand neugieriger wurde, ließ sie dies zu, denn auch ihre Hände waren in den letzten Wochen auf Entdeckungstour gegangen und hatten dabei schon mehrfach Schaden angerichtet. So kam es beispielsweise vor, dass Frank trotz sommerlicher Temperaturen beim Verlassen von Bruni's Zimmer einen überlangen

Pullover anziehen musste. Von ihren Eltern gab es dafür oft Kopfschütteln und verständnislose Blicke.

Frank hatte sein Zimmer aufgeräumt, Kerzen aufgestellt und eine Platte aufgelegt. Am liebsten hätte er ja eine Dixieland- oder Jazz- Platte aufgelegt, aber das war damals nicht ihre Musikrichtung. In dieser Beziehung schien Bruni eher konservativ zu sein. Deshalb hatte Frank eine Platte mit klassischer Musik aufgelegt. Außerdem hatte er einen Teller mit kleinen Schnittchen vorbereitet. Soweit sollte Frank an fast alles gedacht haben.

Bevor Frank sie ins Zimmer führte, verband er ihr die Augen, immerhin sollte es eine richtige Überraschung werden. Bruni kicherte, als sie vorm Zimmer stand und Frank ihr vorsichtig ein Tuch über die Augen legte und es hinterm Kopf zusammenband.

Sie war aufgeregt und nervös, hörte sie doch die sanfte Musik hinter der Tür. Sie wusste nicht, was sie erwarten würde und sie war hin und her gerissen zwischen Sehnsucht, Verlangen und den Erwartungen der Anderen. Sie liebte ihren Frank, er war witzig, unternehmungslustig, charmant und er trug sie auf Händen. Außerdem war er ihre erste ganz große Liebe. Auch wenn sie erst wenige Monate zusammen waren, fühlte sie sich schon sehr mit ihm verbunden. Sie genoss seine Aufmerksamkeit und konnte es immer kaum erwarten, wieder mit ihm zusammen zu sein. Doch war sie schon bereit für den letzten Schritt, das große Geheimnis der Liebe zu erkunden? Noch war sie in der Ausbildung und diese wollte sie unbedingt erst abschließen.

Außerdem waren da ihre Eltern. Denen hatte sie Frank selbstverständlich schon vorgestellt und sie waren ganz angetan von ihm, auch wenn Vater noch skeptisch war. Ihm war Frank nicht beständig und ernsthaft genug. Dabei war es genau das, was Bruni so an ihm liebte. Er steckte voller Ideen und lustiger Sprüche. So viel wie mit ihm hatte sie noch nie gelacht und ihr gefiel der Gegensatz zu ihrem Vater, der immer relativ ernst und bedacht war. Frank hingegen sprudelte gerade über vor Unbeständigkeit. Noch ahnte sie nicht, dass ihr genau dies, Jahre später zu viel werden würde.

Dann spürte sie, wie sich die Tür öffnete, leise Musik und ein leichter Parfümgeruch empfing sie. Sie spürte, dass es dunkel war im Zimmer und ein angenehmer Schauer lief ihr über den Rücken.

Frank hielt Bruni's Hand und führte sie vorsichtig ins Zimmer. Was sie wohl denken mochte? Er freute sich jedenfalls, seine Bruni hier zu haben und ganz alleine mit ihr zu sein. Frank lenkte sie vorsichtig um den kleinen Tisch in Richtung Sofa. Dabei wäre Bruni fast an den belegten Schnittchen hängen geblieben. Mit beiden Händen hielt er sie fest und küsste sie.

Nun wurde Bruni unruhig, sie wollte sehen, was los war und so nahm Frank ihr die Augenbinde ab. Als Bruni's Augen sich an das schummrige Licht gewöhnt hatten, blickte sie sich um und ein strahlendes Lächeln breitete sich auf ihrem Gesicht aus. Nun war sie es, die Frank küsste.

Beide setzten sich aufs Sofa, hielten sich in den Armen und küssten sich.

Gerade wollte Frank's Hand auf Wanderschaft gehen, als plötzlich die Zimmertür aufflog und Mutter im Türrahmen stand.

Frank und Bruni lösten sich augenblicklich voneinander und starrten Hilde an. In Frank stieg so etwas wie Wut hoch und er verfluchte sich, dass er die Tür nicht abgeschlossen hatte. Dann schoss ihm durch den Kopf, dass die Tür gar keinen Schlüssel hatte. Das würde er ganz schnell ändern müssen. Mit einem schelmischen Lächeln sagte Mutter: "Ohhh, ich wollte nicht stören! Hallo Bruni, schön, dass du wieder mal da bist." Frank verdrehte die Augen und er wusste, dass die schöne Stimmung nun hin war. "Soll ich euch etwas zu Essen machen?" fragte Hilde im unschuldigsten Ton. Weder Bruni noch Frank antworteten, beide sahen verdutzt auf die Platte mit Schnittchen, welche Frank vorbereitet hatte. Als Hilde den Blicken folgte, zog sie erstaunt die Augenbrauen hoch, wurde rot und verließ mit einem: "Oh, da war aber einer fleißig. Na dann einen schönen Abend noch." das Zimmer.

Nachdem sich die Tür hinter Mutter geschlossen hatte, herrschte Grabesstille, dann fingen beide an zu lachen und machten sich über die belegten Brote her.

Als nur noch Krümel übrig waren, sahen sich Frank und Bruni in die Augen und ...! Und Frank begann vor Aufregung zu quatschen wie ein Wasserfall. Unterbrochen wurden seine Reden nur von einem gelegentlichen Kuss. Zu mehr sollte es an diesem doch denkwürdigen Abend nicht kommen.

Schließlich wurde es Zeit und Bruni musste gehen. Wie so oft war sie schon zu lange bei ihm und Vater würde schon ungeduldig warten.

Frank brachte Bruni schnell mit dem Motorrad nach Hause und schnell ist hier wörtlich zu nehmen. Eigentlich mochte es Bruni, mit Frank Motorrad zu fahren, da konnte sie sich so schön ankuscheln. Aber sein Fahrstil trieb ihr schon ab und zu den Angstschweiß auf die Stirn. Nicht, dass er unsicher gefahren wäre, das bestimmt nicht, denn genau wie Max hatte Frank Benzin im Blut, und genau wie er fuhr Frank riskant, schnell, aber sicher. Aus diesem Grund stieg selbst sein Bruder Jürgen nur ungern bei ihm auf!

Als Frank Bruni nach Hause fuhr und ihr die kühle Sommerluft ins Gesicht wehte, dachte sie an die Zeit, die kommen würde und wie es sich anfühlen würde, wenn ihr Schatz die ganze Woche über nicht da wäre. So schön es war mit Frank zusammen zu sein, kostete es doch viel Zeit. Nun würde sie endlich wieder Zeit für sich und andere Dinge finden! Dann dachte sie nicht weiter nach, schmiegte sich noch etwas enger an ihn und versuchte, die rasante Fahrt zu verdrängen.

Am nächsten Morgen musste Frank zeitig aufstehen, um mit dem Bus nach Helmsdorf zu fahren. Dort angekommen, zeigte ihm Susanne, die Oberkellnerin, sein Zimmer und das Haus. Sie erklärte ihm, wo alles seinen Platz hatte und besprach mit ihm den Tagesablauf.

Schnell hatte er alle notwendigen Handgriffe gelernt und verinnerlicht, wo sich alles befand. Den Umgang mit Gästen brauchte er nicht zu lernen, den hatte er geerbt. Ebenso wie Max war auch Frank der geborene Entertainer und so war die Arbeit als Kellner eher Berufung als Beruf. Dank seiner freundlichen und offenen Art knüpfte er schnell Kontakte zu den Bäckern, die im Handwerkerheim ihre Meisterprüfungen vorbereiteten und später ablegten.

Wenn Frank abends bediente, kam er schnell mit den Gästen ins Gespräch. Sobald diese das eine oder andere Bier getrunken hatten, fingen viele von ihnen an, mit ihren Rezepturen zu prahlen. Jeder hatte natürlich das beste Rezept. Am meisten wurde immer über

Lebkuchenrezepte diskutiert. Zum Leidwesen von Bruni ergatterte er bei solch einer Gelegenheit ein todsicheres Rezept zur Lebkuchenherstellung. Später rollte sie mit den Augen, wenn im Februar bereits Teig in einer Schüssel angerührt und dann bis zum Winter in dieser gelagert wurde. Genau wie Frank es notiert hatte, wurden die Lebkuchen dann gebacken. Weil sie anschließend knüppelhart waren, wurden diese im nächsten Schritt monatelang in einer Dose gelagert, um weich zu werden. Monate später, als die Küche aufgeräumt wurde, entdeckte Bruni die Lebkuchen und, ohne dass Frank es mitbekam, fanden sie den Weg aller ungenießbaren Dinge. Während des monatelangen Reifeprozesses hatten diese sich standhaft geweigert, auch nur ansatzweise weich zu werden!

Susanne hatte Frank und Bruni noch gewarnt, die Rezepte ohne Fachwissen auszuprobieren. Frank allerdings zeigte sich zu dieser Zeit noch relativ beratungsresistent.

Die Oberkellnerin Susanne, welche einige Jahre älter war als Frank und für die er regelrecht schwärmte, war so etwas wie die gute Seele der ganzen Kellnercrew. Wenige Wochen nach Frank fing Dietmar, ebenfalls Oberkellner seines Zeichens, im Handwerkerheim an. Zwischen den beiden Oberkellnern knisterte es gleich und aus der Schwärmerei der beiden wurde noch viel mehr!

Im Handwerkerheim Helmsdorf wurden viele Produkte selber hergestellt, unter anderem stellten die Küchenmitarbeiter Joghurt, Quark und teilweise auch Käse her. Eines Tages begab es sich, dass der Chef mittags in der Küche erschien und meckerte, dass sich

Gäste über zu wenig und zu geschmacksneutralen Käse beschwert hätten.

Der Chef des Hauses, Herr Friedrich - ein kleiner untersetzter Mann mit vom übermäßigen Alkoholgenuss geröteten Gesicht und wirrem Geist - hätte vielleicht auf den Rat seiner Oberkellnerin hören sollen, dann wäre der Käse vielleicht im Glas geblieben.

Herr Friedrich würde jetzt dafür sorgen, dass da mal ein wenig Schwung reinkäme. Er schnappte sich ein großes Glas mit Schraubverschluss, nahm einige Stücke Harzer Käse aus dem Kühlschrank, füllte damit das Glas bis zur Hälfte, gab Zwiebeln, Möhren, Sellerie und einige Gewürze dazu. Die Köche und Kellner sahen sich verwundert an, aber keiner wagte ein Wort zu sagen. Dann verschwand er kurz um gleich darauf mit einer Flasche Hochprozentigem in der Hand zurück zu kehren. Er nahm einen großen Schluck, dem Aussehen nach handelte es sich um Weinbrand, dann füllte er das Glas damit auf. Er verschloss das Glas, schüttelte alles kräftig durch und stellte es in eine Ecke direkt unter die Heizung. Die ersten Kellner hatten sich angewidert abgewendet und die Küche verlassen, als der Chef lauthals verkündete, der Käse im Glas würde nun ein - zwei Tage reifen und dann würden alle sehen und schmecken, welch ein Virtuose er in der Küche sei. Verstohlen blickten sich die Mitarbeiter an und grinsten verschmitzt.

Die Arbeit in der Küche verlief in den nächsten Tag normal weiter und schnell hatten alle das Glas vergessen.

Es waren Wochen vergangen, als der Chef mit hochrotem Gesicht in die Küche platzte und alle Mitarbeiter zusammenrief. Er hatte offenbar Ärger gehabt, diesen mit Alkohol noch verstärkt und nun brauchte er ein Ventil. Er ging durch die Küche, schimpfte über den Dreck und die Unordnung, die nicht vorhanden waren. Alles machte er schlecht, er suchte in jeder Ecke nach etwas, das er den Mitarbeitern hätte vorwerfen können. Plötzlich hielt er inne, zeigte auf das Glas unter der Heizung und beschimpfte den Küchenchef, was dies für eine Sauerei sei und was überhaupt in dem gelblich, milchigen Glas wäre. Alle sahen sich an und jeder wußte sofort, dass es das Käseglas vom Chef war! Keiner sagte einen Ton und so stürzte Herr Friedrich auf das Glas zu, nahm es an sich und schüttelte es, in der Hoffnung den Inhalt zu identifizieren. Mit dem Glas in der Hand wetterte er weiter gegen die Küchenmannschaft. Deutlich konnten alle sehen, dass sich der Deckel des Glases bedrohlich wölbte. Als sich der Chef dann über das Glas beugte und versuchte den Deckel abzuschrauben, breitete sich eine Mischung aus Schadenfreude und Entsetzen auf den Gesichtern der Umstehenden aus. Dann geschah es: mit der linken hielt er das Glas fest und mit der rechten Hand öffnete er den Deckel oder besser gesagt, er legte die Hand auf den Deckel und machte nur eine kurze Drehbewegung. Im selben Moment gab es einen Knall, seine Hand wurde vom Inhalt des Glases nach oben, gegen sein Gesicht geschleudert und der Inhalt des Glases entleerte sich in einer gelblichen, zähflüssigen Fontäne auf seinem Körper und in seinem Gesicht.

Dann hielten alle den Atem an, denn ein unerträglich scharf - süßlicher Gestank aus altem Käse und Alkohol erfüllte die Küche.

Der Chef stand wie angewurzelt in der Mitte des Raumes. Er war über und über mit der stinkenden

Käsemasse bedeckt. Auch einige Mitarbeiter hatten etwas abbekommen und versuchten nun eiligst, die klebrigen Reste von ihren Sachen zu wischen. Dann hörten sie, wie der Chef nach Atem rang, blass wurde und alle konnten sehen, wie sein Körper anfing zu zucken. Plötzlich öffnete er seinen Mund und kotzte im breiten Strahl direkt in die Küche. Wie auf Kommando hielten sich alle die Hand vor den Mund, entweder vor Entsetzen und Ekel oder um nicht laut loszulachen. Wahrscheinlich war es eine Mischung aus allem. Und als wäre die ganze Situation nicht schon skurril genug gewesen, verdrehte der Chef die Augen und stürzte zu Boden. Keiner der Umstehenden sagte ein Wort oder bewegte sich und gerade, als der Küchenchef sich aufraffen und seinem Chef helfen wollte, bewegte dieser sich wieder, rappelte sich auf und verließ mit patschenden Schritten wortlos die Küche.

Waren es die Erinnerungen an den üblen Geruch in der Küche des Handwerkerheims oder war es der eklig faulige Geschmack in seinem Mund, der Frank aus seinen Träumen riss? Mit Mühe setzte er sich aufrecht ins Bett, dann versuchte er aufzustehen.

Kaum stand er neben dem Bett, da schien es ihm, als würde sich alles um ihn herum in Bewegung setzen. Er hatte das Gefühl, dass seine Wohnung gleich wegfährt und so ließ er sich zurück auf das Bett fallen. Kaum dass er lag, ließ er vorsichtshalber ein Bein aus dem Bett baumeln. Es sollte gegen den Schwindel helfen und tatsächlich drehte sich das Zimmer langsamer, schließlich kam es sogar ganz zum Stillstand.

Vorsichtig schloss er die Augen und wollte schlafen. Doch noch immer war ihm schlecht und die Wohnung drohte auch schon wieder davon zu fahren. Der Schlaf kam nicht, er musste sich an etwas anderem festhalten und so griff er nach Erinnerungen - Erinnerungen an eine schöne Zeit, an die Zeit, als er seine Bewährungsprobe bei Bruni's Vater bestehen musste.

Obwohl sie erst einige Wochen zusammen waren, hatte Bruni bereits Frank's Eltern und Frank Bruni's Eltern und ihren Bruder kennengelernt. Im Gegensatz zu späteren potenziellen Schwiegereltern hatten Bruni's Eltern Frank sehr herzlich in ihrer Familie aufgenommen. Schon nach den ersten Besuchen zeigte sich, dass es bei Bruni zu Hause anders lief als er es kannte. Hier drehte sich die Familie noch um die Kinder und Bruni's Eltern beschäftigten sich mit ihren Kindern. Er staunte nicht schlecht über die Art der Beschäftigung - in der Familie wurde gesungen und musiziert. Frank hingegen war schon immer unmusikalisch und nicht sehr Musik affin.
 Selbstverständlich änderte dies nichts am guten Verhältnis zu Bruni's Eltern. Außerdem erzählte Bruni immer wieder begeistert von den vielen Wanderausflügen mit ihrer Familie. Bruni's Vater hatte außerdem schon einige bemerkenswerte Reisen in alpines Gelände unternommen und erzählte immer wieder voller Hingabe von diesen Erlebnissen.
 Monate später schlug Bruni's Vater eine Wanderreise für einige Tage in die tschechische Bergwelt vor. Und zwar sollten nur er und Frank verreisen. Frank sah der Reise eher mit gemischten Gefühlen entgegen, erstens stand er schon damals nicht auf solche „Männertouren" und zweitens konnte er sich des Eindrucks nicht

erwehren, dass er einem "Tauglichkeitstest" unterzogen werden sollte.

Er wußte, dass Bruni's Vater ein leidenschaftlicher Wanderer war und dies im urtümlichsten Sinne. Gewandert wurde bei ihm mit großem Rucksack, übernachtet wurde in einfachen Hütten und Essen gab es aus dem "Blechnapf"!

Diese Urlaubsart kannte Frank überhaupt nicht. Bedingt durch den Motorradunfall vor vielen Jahren, konnte Frank's Mutter nicht mehr lange laufen, ihr rechtes Bein musste damals fast amputiert werden und die Ärzte waren froh, es überhaupt erhalten zu können. So waren Hilde und Max mit Frank immer im Auto unterwegs.

Dessen ungeachtet freute sich Frank auf die "Prüfungstour", auch wenn er nicht ahnte, was kommen würde. Sie fuhren mit dem Zug von Dresden nach Turnov (in Tschechien) und von dort mit dem Bus weiter ins Böhmische Paradies. Von der Bushaltestelle aus mussten sie noch 5 km wandern und das mit den schweren Rucksäcken. Endlich erreichten sie eine kleine Holzhütte.

Als Frank diese betrat, wurde ihm mulmig zumute. Wie sollte er das hier 1 Woche aushalten? Mit dem Vater seiner Freundin auf engstem Raum lebend ohne Heizung, warmes Wasser, Strom und außerdem hatte er jetzt schon Heimweh und Sehnsucht nach Bruni!

Tatsächlich wurden sie nicht so richtig warm miteinander. Da halfen auch die gemeinsamen Wanderungen nichts. Frank hatte das Gefühl, dass es Bruni's Vater ähnlich erging. Immer wieder gab es Fangfragen nach den Zielen und Vorstellungen, welche Frank vom Leben und einer Familie so hatte. Das war nun so gar nichts für ihn; er lebte immer im jetzt, hier und heute. Was morgen kommen könnte, daran verschwendete er in diesem Lebensabschnitt keinen Gedanken. So richtig zufriedenstellend waren Frank´s Antworten offenbar nicht, denn zum Ende des Urlaubs wurde es stiller, es gab kaum noch Fragen, geschweige denn Antworten.

Schließlich verging die Woche aber doch und endlich konnte Frank seine Bruni wieder in die Arme schließen. Er hatte es überstanden und hoffte, so etwas nie wieder machen zu müssen!

Trotz allem hatte die Tour auch ihr Gutes, er fühlte sich nun endgültig in der Familie angekommen und aufgenommen!

Ein lautes Krachen riss Frank aus seinen Erinnerungen und holte ihn in die Gegenwart zurück.

Kurz darauf hörte er fröhliches Kinderlachen von der Straße. Die Nachbarsfamilie war nach Hause gekommen, die Trabitür wurde zugeschlagen und nun rannte der kleinen Thomas zur Haustür.

Frank's Gesicht verzog sich schmerzhaft, er stellte sich das Gesicht seiner kleinen Susi vor. Wo rannte diese wohl gerade durch die Gegend und würde sie lachen oder ihren Papa vermissen? Er lag hier in seinem Bett, wußte nichts über sie und durfte sie nicht sehen. Seit Bruni sich von ihm getrennt hatte, war ihm der Umgang mit Susi verboten.

Nur wenn diese dabei war, durfte er sie sehen. Immer wieder fragte er sich, warum nur - Susi war doch ein absolutes Wunschkind und Papas Liebling! Was hatte er nur falsch gemacht? Warum musste das ihm passieren? Warum hat sich Bruni wirklich von ihm getrennt? War er so ein Arschloch gewesen? Fragen über Fragen gingen ihm durch den Kopf, aber mit denen wollte er sich jetzt nicht beschäftigen.

Er mußte weiter gegen den Schwindel und die Kopfschmerzen ankämpfen. Die Erfahrung der letzten Minuten lehrten ihn, dass dies am besten funktionierte, wenn er an Susi und die schönen Zeiten dachte.

Wie von selbst flogen seine Gedanken zurück, zurück zu jenem schicksalhaften Monat Ende 1981.

Bruni war im Sommer 17 und er gerade 19 Jahre alt geworden. Sie war vom Sternzeichen Löwe und er Schütze. In allen Horoskopen stand, dass sie sehr gut zusammenpassen würden und ihnen eine herrliche gemeinsame Zukunft bevor stehen würde. Tatsächlich war ihre Liebe in den letzten Monaten noch enger und stärker geworden.

In den letzten Wochen versuchten beide immer wieder, den entscheidenden Schritt zu gehen und endlich miteinander zu schlafen. Doch es blieb beim gegenseitigen anfassen. Auch wenn es dabei oft bis zum Ende ging, wünschten sich doch beide endlich mehr!

Und dann kamen die Weihnachtstage 1981. Das Handwerker- heim hatte von Weihnachten bis Neujahr geschlossen und Frank somit einige Tage zusammenhängend frei. Bruni hatte keine Schule und musste nur an zwei Tagen arbeiten.

Sie verabredeten sich, die Weihnachtstage jeweils zu Hause bei den Eltern zu verbringen. Den ersten Feiertag wollten sie dann bei Bruni's Eltern und den zweiten bei Frank's Familie erleben. Da Bruni sich ihr Zimmer mit ihrem Bruder teilte, hatten sie am ersten Weihnachtsfeiertag keine ruhige Minute. Außerdem hielt die Familie Bruni und Frank die ganze Zeit in Atem.

Als sie am nächsten Tag bei Frank waren, sah die Sache schon anders aus. Mutter Hilde hatte zum Mittag Sauerbraten, Rotkohl und Semmelklöße gekocht. Danach kamen Bruni's Eltern noch zum Kaffeetrinken und es schien, als würden sie heute auch keine Zeit füreinander haben.

Nach dem Abendessen hatten Bruni und Frank endlich Gelegenheit, sich von der Gesellschaft zu verdrücken. Kaum waren sie in Frank's Zimmer verschwunden, fingen sie wie wild an zu knutschen. Plötzlich schob Frank Bruni zärtlich von sich weg, stand auf, ging zur Tür und drehte den Schlüssel im Schloss um. Bruni lächelte ihn an. Sie musste auch nichts sagen, denn beide waren froh, dass Frank sich endlich einen Schlüssel für sein Zimmer besorgt hatte.

Dann ging er wieder zu seiner Liebsten, nahm Bruni's Kopf liebevoll zwischen seine Hände und beide sahen sich in die Augen. Ohne ein Wort zu sagen nickten sie sich leicht zu und verschwanden anschließen im hinteren Zimmer.

Für Frank war es die Nacht der Nächte. So wie Bruni sich danach an ihn schmiegte und ihn ansah, war auch sie glücklich!

Wann immer es ging, trafen sie sich in den nächsten Tagen in Frank's zweitem Zimmer, um ihre Erfahrungen auszubauen und die neue Zweisamkeit zu genießen.

Mit Beginn des neuen Jahres nutzte Frank jede sich bietende Gelegenheit, um von Helmsdorf wieder nach Dresden zu kommen. Blieb er sonst meist die ganze Woche im Handwerkerheim, nutzte er nun jede halbwegs brauchbare Möglichkeit, um nach Dresden zu fahren und sich mit Bruni zu treffen.

Verhütung war für Beide kein Thema. Sowohl Frank als auch Bruni wünschten sich ein Kind, um ihre Liebe zu besiegeln.

So kam was kommen musste, Bruni wurde schwanger. Als sie es erfuhr, war sie trotzdem hin und her gerissen. Sie freute sich auf das Kind und sie wußte, dass sowohl Frank als auch seine Eltern überglücklich sein würden. Doch was würden ihre Eltern sagen? Schließlich war sie noch in der Ausbildung, diese würde sie zwar in wenigen Monaten beenden, aber wie sollte es dann weitergehen? Wo sollten sie leben? Bei ihren Eltern war kein Platz, bei Frank war zwar genügend Platz, aber Frank's Mutter würde das Enkelkind von ihrem Frank keine Sekunde in Ruhe lassen und es verwöhnen, wo es nur ging. Außerdem arbeitete Frank noch immer als Kellner in Helmsdorf. Und sie, würde sie dann alleine in Dresden sitzen?

Aber Bruni wäre nicht Bruni, wenn sie sich davon hätte schrecken lassen. Schon als sie beim Frauenarzt saß, machte sie Pläne, wie und wo ihre kleine Familie leben könnte.

Als Frank einige Tage später wieder aus Helmsdorf heim kam, fand er eine Bruni vor, die einfach nur Glück ausstrahlte. Verwundert fragte er sie, warum sie so aufgekratzt sei. Wortlos und mit Tränen in den Augen fiel sie ihm um den Hals, küsste ihn und flüsterte in sein Ohr: "Hallo Papa!"

Frank schob sie von sich, sah sie an, dann strahle er und beide fielen sich glücklich in die Arme. Und schon fingen sie an Zukunftspläne zu schmieden.

So gesehen war Susann ein richtiges Wunschkind, wenn auch nicht wirklich geplant!

Wie erwartet, waren Frank's Eltern total aus dem Häuschen. Ihr Nachzügler, der Kleine, das Nesthäkchen, sollte Papa werden. Mutter Hilde bereitete sofort alles Nötige und Unnötige vor, damit die Drei bei ihnen einziehen konnten. Doch daraus würde nichts werden, da waren sich Frank und Bruni einig.

Bruni's Eltern nahmen das Ganze nicht so euphorisch auf. Sie meldeten die erwarteten Bedenken an und alle sollten doch gemeinsam überlegen, was nun zu tun wäre.

Während Bruni und alle anderen noch überlegten, fing Frank schon an, die ersten Tatsachen zu schaffen. Ganz oben auf seiner Liste stand eine eigene Wohnung für die kleine Familie und so organisierte er als erstes eine Wohnung.

Das "organisieren" ist hier wörtlich gemeint. Von seinem Oberkellner Dietmar hatte er erfahren, wo eine Wohnung in Dresden leer stand.

Damals war es so, dass man eine Wohnung nicht nur über's Wohnungsamt und mit viel Geduld bekommen konnte, nein es gab auch andere Wege. Da waren zum einen die guten Beziehungen oder man war verheiratet. Falls das alles nicht ging, blieb nur noch die Parteizugehörigkeit. Doch dafür bestand noch keine Notwendigkeit und als sie bestand ... kam alles anders.

Selbstbewusst zog er wenige Wochen später los und stattete der KWV Nord (Kommunale Wohnungsverwaltung Nord) einen ersten Besuch ab. Gemäß seinem Motto - immer nett, freundlich und doch bestimmt, fragte er nach der Wohnung, welche ihm

Dietmar genannt hatte. Und siehe da, er bekam auf Anhieb den Schlüssel für die kleine 3 Raum - Wohnung in Dresden Pieschen.

Bruni wohnte noch bei ihren Eltern im Dresdner Stadtteil Striesen und Frank in Kleinzschachwitz, beides Stadtteile mit einem guten Ruf, wobei Striesen als noch bessere Wohngegend galt als das eher ländliche Kleinzschachwitz.

Pieschen hingegen war schon immer ein Arbeiterwohnviertel. Als noch viele kinderreiche Familien in dieser Gegend wohnten, wurde der Stadtteil im Volksmund auch "Fick-Pieschen" genannt.

Frank war es völlig egal, wo sie eine eigene Wohnung haben würden, Hauptsache er konnte bald mit seiner Liebsten zusammenziehen und seine eigene kleine Familie gründen. Bruni stand der Wohnlage schon eher skeptisch gegenüber. Klar, aus dem behüteten Striesen nach Pieschen zu ziehen, sah sie eher als Kulturschock und nicht als Grundlage für eine Familie.

Am Nachmittag holte er Bruni an ihrer Arbeitsstelle im Haus Altmarkt ab und beide fuhren nach Pieschen um sich die Wohnung anzusehen.

Die Straßenbahn brachte sie bis zur Haltestelle Oschatzer Straße. Von dort schlenderten sie durch das Viertel, bis sie die Mohnstraße erreichten. In dieser ruhigen Seitenstraße mit Kopfsteinpflaster und kaum Durchgangsverkehr lag im Erdgeschoss die Wohnung.

Voller Erwartungen schloss Frank die Haustür auf. Es roch kühl und feucht im Hausflur, aber das war durchaus normal in den Altbauten der damaligen Zeit. Der Fußboden war gefliest, an den Wänden hingen ordentlich aufgereiht die Briefkästen und an der Decke prangte ein herrlicher Stuck. Es war eben ein typischer Dresdner Altbau aus der Jahrhundertwende.

Dann standen beide vor der Wohnungstür und Frank war aufgeregt. Um das zu vertuschen und um Bruni einen Gefallen zu tun, gab er ihr den Schlüssel. "Schließ du auf, es bringt bestimmt Glück!" sagte Frank und ahnte nicht, wie dicht Glück und Kummer in dieser Wohnung beisammen sein würden.

Bruni trat zuerst ein und sah einen kleinen Flur, links als erstes Zimmer die Küche, dann ein Kinderzimmer und rechts vom Flur die Schlaf- und die Wohnstube, das war's. Alles in allem sah die Wohnung recht übersichtlich aus. Badezimmer gab es keins, die Toilette erreichte man nur über das Treppenhaus. Noch während Bruni sich die Wohnung ansah, ging Frank nach draußen, um die Toilette zu inspizieren. Diese bestand aus drei Kabinen für je eine Mietpartei. Die Kabinen lagen direkt nebeneinander, waren nur durch dünne Holzwände getrennt, hatten ein Gemeinschaftsfenster und keine Heizung!

Frank ahnte sofort, dass dies Bruni nicht gefallen würde, deshalb verließ er schnell den Raum. Schon auf dem Weg zurück in die Wohnung grübelte er an einer Lösung für das "Toiletten-Problem".

Die Wohnung an sich war nicht schlecht, Wohn- und Schlafzimmer zur Straßenseite, Kinderzimmer und Küche zum Hof. Nur die Gegend gefiel Bruni eben nicht so, obwohl Geschäfte, Kino und eine Poliklinik in unmittelbarer Nähe waren und alles fußläufig gut erreichbar war.

Frank war schon vor der Besichtigung begeistert und er wollte die Wohnung unbedingt. Noch während er mit

Bruni durch die Räume ging, richtete er jeden einzelnen davon bereits ein.

Bruni's Gesicht spiegelte allerdings eher Frust statt Lust wider, alleine die Toilette war ihr ein Graus! Um auf diese zu gelangen, müsste sie erst im Erdgeschoss aus der Wohnung hinaus, an den Briefkästen vorbei durch eine kleine Tür, einen Gang entlang und dann in die Kabine rechts außen gehen. Bei dem Gedanken, eventuell nachts diesen Weg gehen zu müssen, gruselte es ihr. Sie sprach mit Frank über das WC - Problem. Er hatte sich aber schon auf den Einwand vorbereitet und im Handumdrehen präsentierte er eine Idee, wie Bruni die Wohnung doch als Traumwohnung empfinden könnte.

"Ich könnte hier im Flur einen Durchbruch zum dahinter liegenden Toilettenraum machen, eine Tür einbauen und schon haben wir quasi eine Wohnung mit Innentoilette! Was sagst du?" Bruni sah ihn verwundert an, dann lächelte sie und sagte: "Das würdest du für mich tun?" "Nicht nur für dich, ich will nachts auch nicht durchs Treppenhaus auf's Klo gehen!" erwiderte Frank und grinste dabei schelmisch.

Bruni gab sich geschlagen, vertraute ihrem Frank und so entschlossen sich die beiden, die Wohnung zu nehmen.

Einige Gespräche bei der KWV und zwei Schachteln Pralinen später hielt Frank den Wohnungsschlüssel in der Hand. Nun galt es, das Versprechen mit der Toilettentür einzuhalten und umzusetzen.

Schon vor der Unterzeichnung des Mietvertrages hörte sich Frank in seinem Bekannten- und Freundeskreis intensiv nach einem Maurer um. Ein Loch in die Wand zu brechen war die eine Sache und das traute er sich durchaus zu, eine Tür fachmännisch einzusetzen eine andere.

Bevor er einen Maurer fand, hatte er schon die passende Tür gefunden und geliefert bekommen. Wieder hatte ihm Dietmar, der Oberkellner und Freund von Susanne, geholfen. Dieser hatte einen Freund und dessen Vater einen Bekannten, der Bruder von diesem kannte den Schwiegersohn von ... - oder irgendwie so - einer hatte eine Tür und die stand plötzlich vor der Wohnung. Diese war zwar sehr schmal, würde aber perfekt zu dem Toilettengang passen.

Blieben immer noch die Probleme Maurer und Maurermaterial! Aber wie so oft ging es über 10 Ecken, denn der Bruder von einem Bäcker aus Helmsdorf hatte einen Bekannten und die Nichte von dessen Schwager kannte einen Maurer.

Frank traf diesen nur wenige Tage später in einer Kneipe in Dresden. Dieser erzählte ihm, dass er in Prohlis auf einer Großbaustelle arbeitet. Das Material zu bekommen, sei kein Problem, nur müsse Frank es selber in geeigneten Behältern abholen. Außerdem bot Manfred, so hieß der Maurer, ihm an, sowohl den Türrahmen als auch die Tür fachmännisch einzusetzen. Frank sollte sich nur um das gesamte Material und genügend Bier kümmern. Bei diesen Worten schmunzelte Manfred und klopfte Frank kräftig auf die Schulter. Er lachte nun schallend und Frank wurde es etwas mulmig. Später verabredeten sie sich für die kommende Woche auf der Baustelle in Prohlis. Frank hoffte nur, dass es Mani in seiner bierseligen Stimmung auch wirklich ernst meinte.

So weit so gut, dachte sich Frank nach dem Gespräch. Jetzt bekomme ich zwar Material, aber wie bekomme ich das von einem Ende Dresdens zum anderen? Immerhin lagen zwischen Prohlis und Pieschen locker 15 km!

Er überlegte und grübelte, ging in Vaters Werkstatt hin und her und schließlich entdeckte er in der Garage einen Fahrradanhänger. Der war seine Rettung, wenn auch nur zum Teil! Frank hatte kein Fahrrad mehr und an's Motorrad konnte er ihn schlecht anhängen. Lange Entscheidungswege waren noch nie sein Ding und da das Wetter nicht so schlecht zu werden schien, entschloss er sich, den Anhänger zu Fuß quer durch Dresden zu schieben. Die Idee an sich war ja genial, nur was kam am Ende dabei raus?

Der Tag, an dem Frank Zement, Sand und Mörtel abholen sollte war gekommen und er schob fröhlich lächelnd den Anhänger von Kleinzschachwitz nach Prohlis. Nach diesen ersten 5 km war er noch gut darauf. Das Wetter war gut, die Wege bisher ebenfalls und seine Füße taten ihm nicht weh. Im Prinzip war also alles perfekt. Dies jedoch sollte Stunden später ganz anders aussehen!

An der Baustelle angekommen, galt es Manfred zu finden und das auf einem Gelände so groß wie eine Kleinstadt (Prohlis war seiner Zeit eines der ersten großen Plattenneubaugebiete in Dresden). Für Frank war dies kein leichtes Unterfangen. Natürlich konnte er Mani nicht einfach vom Handy aus anrufen oder ihm eine Whats App senden, denn beides sollte es erst Jahrzehnte später geben.

Frank irrte zwischen Rohbauten und Sandhaufen hin und her, doch Manfred blieb unauffindbar. Schließlich sprach er einen Arbeiter an. Dieser sagte ihm, er solle sich doch einfach nehmen, was er brauchte, in seinen

Karren einladen und verschwinden. Toller Tipp, dachte sich Frank, woher sollte er wissen, was der Maurer braucht? Genau das sagte er auch dem Arbeiter und so kamen beide ins Gespräch.

Frank erfuhr, dass der Mann Karl hieß und als Brigadier auf der Baustelle arbeitete. Schließlich erzählte Frank ihm die ganze Geschichte mit der neuen Wohnung, dem Außenklo, seiner Freundin, die ein Kind erwartete und dass er nun eine Innentoilette für die neue Familie bauen wollte. Karl rührte die Geschichte und so half er Frank nicht nur beim Zusammenstellen der Materialien. Er bot ihm auch an, die Tür in zwei Tagen einzusetzen. Auf Frank's Frage nach dem Preis, bekam er ein verschmitztes Grinsen und die Antwort, dass zwei Kästen Bier reichen sollten.

Frank schmunzelte innerlich - offenbar sind alle Bauarbeiter gleich. Später musste er feststellen, dass manche noch gleicher sind!

Nachdem der Anhänger beladen war, fragte Karl, wo Frank sein Rad hatte. Als der ihm antwortete, dass er kein Rad dabei habe, sondern den Anhänger jetzt nach Pieschen schieben wollte, rollte Karl mit den Augen und sah Frank ungläubig an, sagte aber nichts weiter.

Die beiden verabschiedeten sich, frohen Mutes hob Frank die Deichsel an, stöhnte innerlich auf und zog los. Nach außen ließ er sich nicht anmerken, dass der Anhänger echt schwer war. Es würde bestimmt mehr als Überwindung kosten, diesen nun über fast 15 km quer durch Dresden zu schieben. Was er in diesem Moment nicht ahnte, es kostete mehr!

Mit einem Ruck setzte sich Frank in Bewegung. Im Weggehen versprach Karl ihm, in zwei Tagen bei ihm zu sein und die Tür einzusetzen. Aus den Augenwinkeln sah Frank noch, wie Karl ihm nachsah und den Kopf schüttelte.

Schon nach wenigen Metern wußte Frank auch, warum Karl den Kopf schüttelte. Auf dem Baustellengelände mit seinem sandigen Untergrund war es Schinderei, den schwer beladenen Fahrradanhänger in Richtung befestigter Straße zu ziehen. Doch wie würde es erst auf Kopfsteinpflaster und nach 15 Kilometern sein? Wieder gab er sich und dem Wagen einen kräftigen Ruck. Als er diesen über einen Sandhaufen zehren musste, verscheuchte er die schlechten Gedanken, faßte neuen Mut und zog weiter.

Und tatsächlich, als er wenig später die asphaltierte Straße erreicht hatte, lief es plötzlich um Längen besser. Gegenüber dem Baustellengelände ließ sich der Wagen nun fast schwerelos über den neu angelegten Fußweg ziehen. Doch die Freude über das zügige Vorankommen währte nicht lange. Der schöne neue Fußweg endete bereits nach wenigen hundert Metern und die Realität der Dresdner Straßen in den 80er Jahren hatte ihn eingeholt.

Als er die Dohnaer Straße erreicht hatte, überquert er diese. Dann zog und schob oder besser noch - holperte er über den Fußweg in Richtung Innenstadt. Immer wenn er Passanten begegnete, erntete er mehr als mitleidige Blicke. Es muss ein Bild des Jammers gewesen sein, als dieser spindeldürre Typ von 1,89 Größe und 70 kg, nur mit einer kurzen Hose bekleidet, einen Fahrradanhänger voller Zement, Sand und Mörtel vor sich her schiebend ihnen entgegen kam.

Nach dem Auf und Ab der letzten Minuten entschloss sich Frank, nicht den kürzesten Weg sondern den mit dem am besten ausgebauten Fußweg zu nehmen. Dieser führte ihn immer entlang der großen Straßen. Erst war es die Fernverkehrsstraße 172, dann ging es auf der Leningrader Straße (heute St. Petersburger) weiter, über die Dr.-Rudolf-Friedrichs-Brücke (heute Carola Brücke), dann einige hundert Meter entlang der Köpckestraße (heute wieder Große Meißner Straße), bis Frank samt Anhänger die Leipziger Straße erreichte.

In der Zwischenzeit hatte er bereits ca. zwei drittel des Weges hinter sich gebracht. Er drohte in seine Einzelteile zu zerfallen, so kaputt fühlte er sich. Daran änderte auch das aufmunternde Klingeln des einen oder anderen Straßenbahnfahrers nichts. Entweder hatte es sich herum gesprochen, dass da ein Verrückter mit einem Fahrradanhänger voller Sand quer durch Dresden läuft oder war ihm einer der Fahrer nun schon mehrfach begegnet?

Als Frank eine Pause einlegte, saß er am Rand des Fußwegs auf einer Mauer, hielt sich den schmerzenden Rücken und trank etwas. Dann betastete er seine Beine, er wollte sich nur vergewissern, dass er noch welche hatte. Vor Schmerzen spürte er weder Arme, Beine noch seine Füße. Dazu kam die Hitze, gefühlt mussten es doch mindestens 40° Grad sein, doch warum nur hatten die Leute dann noch dünne Jacken an, überlegte er. Es musste die Anstrengung sein, welche seine Wahrnehmung derart verwirrte.

Weil seine Schuhe drückten, kam er auf die glorreiche Idee selbige auszuziehen und einfach barfuß weiter zu marschieren. Gedacht - getan, seine Schuhe stellte er wie eine Trophäe auf den kleinen Berg aus Zement und Sand, der sich auf dem Anhänger türmte.

Bruni´s Lächeln vor Augen, wenn sie die neue Tür sah und sich darüber freuen würden, packte Frank voller Elan die Deichsel des Wagens und schob ihn weiter vor sich her.

Wenige Meter später wurde der Fußweg so schlecht, dass Frank sich entschloss, auf der Strasse weiter zu gehen.

Den Anhänger über das Kopfsteinpflaster zu schieben, stellte sich zwar als kraftaufwendig raus, aber seinen Füßen taten die schönen glatten Steine gut - so glaubte er zumindest!

Die Leipziger Straße schien kein Ende zu nehmen und als ihm ein entgegenkommender Straßenbahnfahrer freundlich zuwinkte und wiederholt die Klinge schrillen ließ, glaubte Frank, schon Tage unterwegs zu sein.

Schließlich erreichte er den Faunpalast, das Kino und gleichzeitig der Treffpunkt der Pieschener seit vielen Jahrzehnten. Kurz danach traf er auf die Oschatzer Straße. Nun wußte er, dass das Ziel war nicht mehr weit. Vorbei an einigen Geschäften zog er wieder seinen Anhänger hinter sich her. Die Blicke der Passanten entgingen ihm nicht, doch er hatte keine Kraft mehr, auf diese oder auf die ein oder andere Bemerkung zu reagieren. Wie eine Maschine setzte er einen Fuß vor den anderen und kam seinem Ziel so immer näher.

Nach mehr als fünf Stunden Fußmarsch quer durch Dresden erreichte er endlich die Wohnung auf der Mohnstraße.

Seine Füße betraten das kühle Treppenhaus, eine Woge der Erleichterung durchströmte seinen Körper. Es fühlte sich einfach nur herrlich an. Mit letzter Kraft zerrte er den Anhänger in den Hausflur. Dann setzte er sich sich auf die Treppenstufen. Vor Erschöpfung und Freunde zugleich schossen ihm Tränen in die Augen.

Als er sich einige Minuten später beruhigt hatte, spürte er, dass mit seinen Fußsohlen etwas nicht stimmte. Sie fühlten sich irgendwie merkwürdig an. Als er aufstehen wollte, versagten ihm seine Füße den Dienst. Mit schmerzverzerrtem Gesicht betastete Frank seine Fußsohlen. Entsetzt stellte er fest, dass beide Fußsohlen über und über mit Blasen bedeckt waren. Unterwegs die Schuhe auszuziehen und barfuß über das Dresdner Kopfsteinpflaster zu wandern, war offenbar doch keine so gute Idee gewesen.

Auf dem äußersten Rand der Ferse laufend oder besser gesagt humpelnd, erreichte er die nahe gelegene Konsum-Verkaufsstelle.

Die Verkäuferinnen, allesamt älteren Baujahrs sowie gestandene Frauenzimmer, umsorgten Frank umgehend und sehr liebevoll. Er erzählte ihnen, wie es zu den Blasen kam. Die Frauen bekamen ganz große Augen und das Mitleid schlug schnell in Mitgefühl um. Sie boten ihm nicht nur etwas zu trinken an, nein sie verbanden ihm auch die Füße und riefen ein Taxi.

Dieses brachte ihn kurze Zeit später zu einem Arzt. Von da aus ging es mit bandagierten Füßen im Krankenwagen und einer Krankschreibung in der Tasche zurück nach Kleinzschachwitz.

Viel Zeit hatte Frank allerdings nicht, seine Wunden zu lecken. Schon zwei Tage später musste er sich wieder zur neuen Wohnung begeben. Karl, der Bauarbeiter aus Prolhis, wollte doch heute kommen und die neue Tür einsetzen.

Als er an die Bezahlung von Karl dachte, hatte er auf seinem Weg von der Straßenbahnhaltestelle zur

Wohnung beim Konsum einen Zwischenstopp eingelegt und einen Kasten Bier gekauft.

Da er immer noch schlecht zu Fuß war, hatten die Konsum-Damen ihm einen kleinen Wagen geliehen, mit dem er den Kasten ohne Probleme nach Hause bringen konnte. Als er den Wagen zurück brachte, kaufte er eine Schachtel Halloren Kugeln. Diese schenkte er dann den Konsum-Damen als kleines Dankeschön für deren Hilfe. Überschwänglich, für Frank´s Geschmack auch zu intim, bedankten sich die Frauen bei ihm mit einer herzlichen Umarmung und einem Küsschen auf seine Wangen.

Als gegen Mittag von Karl noch nichts zu sehen war, begann Frank schon mal, den Putz von der Wand zu klopfen.

Bruni erschien am frühen Nachmittag und konnte miterleben, wie Frank gerade dabei war, die ersten Steine aus der Wand zu brechen. Sie erzählte ihm, dass sie gerade vom Frauenarzt kam und mit ihr und dem Kind alles in Ordnung war. Frank freute sich über die guten Neuigkeiten und auf sein Kind. Das spornte ihn noch mehr an, die Wohnung so gemütlich wie möglich für die kleine Familie vorzubereiten. Schließlich waren es nur noch wenige Monate, bis Bruni ihr gemeinsames Kind zu Welt bringen würde.

Keiner von beiden wußte zwar, ob es ein Junge oder Mädchen werden würde, aber beide waren sich über den Mädchennamen schon einig. Er fand Susi sehr schön, sie jedoch Susann und auf diesen einigten sie sich dann auch.

Bruni war gerade dabei, Frank´s "Laufwunden" zu versorgen, als es an der Wohnungstür klingelte. Frank humpelte zu dieser und öffnete die Tür. Er staunte nicht schlecht. Vor der Tür stand tatsächlich Karl, in der einen Hand hielt er eine alte Tasche, aus der diverse Maurerwerkzeuge herausschauten, in der anderen befand sich eine Flasche Bier. Doch irgendwie sah Karl heute anders aus. Unrasiert, wie er war, mit fettigen Haaren und einem Blick, der verriet, dass er schon einige Flaschen "gelbes Elend" (Feldschlößchen Bier) getrunken haben musste, stand er vor Frank. Als er den Mund zur Begrüßung öffnete, war es nicht zu überhören, das Lallen in seiner Stimme und der Geruch aus seinem Mund.

In der Hoffnung, dass Karl es noch schaffen würde die Tür einzusetzen, ließ Frank ihn eintreten. Sobald Bruni allerdings die volle Ladung der Alkoholfahne abbekommen hatte verdrehte diese die Augen, verabschiedete sich kurzerhand wieder von Karl, küsste Frank kurz zum Abschied und verschwand.

Kaum hatte Bruni die Wohnung verlassen, nahm sich Karl ein Bier und gab Frank Tipps, wie er die Ziegel aus der Wand nehmen und so den Durchgang schaffen konnte. Im Stillen verfluchte Frank die Idee mit der Tür schon jetzt. Die ganze Arbeit würde an ihm hängenbleiben. Nicht nur, dass ihm seine Füße noch immer höllisch schmerzten - die Blasen bildeten sich nur langsam zurück - nein, nun taten ihm auch die Arme und Hände weh. Schließlich war er es nicht gewohnt Putz von Wänden zu schlagen und Löcher in die Wände zu hacken.

Je größer das Loch in der Wand wurde, um so betrunkener wurde Karl. Als Frank die Ziegel soweit abgetragen hatten, dass eine ca. 60 mal 200 cm große Öffnung entstanden war, klopfte Karl ihm anerkennend auf die Schulter stolperte gegen die Öffnung und riß einige Steine mit raus. Jetzt hatte das Loch eher die Form eines Ei's, welches auf einer Seite aufgeplatzt war als die einer rechteckigen Türöffnung.

Karl benutzte den Durchgang als erster um zur Toilette zu gelangen. Frank hörte das Pinkeln und Rülpsen. Angewidert drehte er sich um und ging in die Küche.

Kurz darauf hörte er Karl zurückkommen und betrat wieder den Flur. Karl klopfte ihm nochmals auf die Schulter und mit den Worten: "Den Rest schaffst du auch allein!" verließ er schwankend und mit zwei Flaschen Bier in der Hand die Wohnung.

Kaum hatte sich die Tür geschlossen, lehnte Frank sich gegen die Wand, nahm den Kopf in beide Hände und hätte heulen können über das, was er sah. Er stand in der ersten gemeinsamen Wohnung und blickte durch ein unförmiges Loch im Flur auf die Toiletten von 3 Mietparteien. Zu allem Überfluss verließ gerade die alte Frau Hausmann in ihrer großformatig geblümten Nylonschürze schlurfenden Schrittes das hinterste Klo, lächelte Frank verlegen durch das Loch in der Wand an und verschwand im Hausflur. Dann zog eine herbe Duftwolke aus der hintersten Ecke zu Frank. Angewidert verließ er die Wohnung um an der frischen Luft tief durchzuatmen.

Ein halbe Stunde später kehrte er voller Tatendrang zurück. Schließlich konnte er die Wohnung nicht verlassen bevor die Tür nicht eingesetzt war.

Da stand er nun und sah durch das Loch in der Wand auf die Tür und die komischen Eisen, die mit der Tür geliefert worden waren. Fachleute sprechen wohl von einer Türzarge. Alles zusammen war für Frank ein einziges Rätsel, welches es nun umgehend zu lösen galt.

Er dachte an seine große Liebe, an das kleine Wesen, welches bald die Familie komplettieren würde, überlegte nicht länger und nahm das Einsetzen der Tür wieder in Angriff.

Am frühen Abend war es dann soweit. Frank ließ sich erschöpft auf dem von Ziegelresten, Zement, Sand und Dreck übersähten Fußboden nieder und betrachtete sein Werk. Der Türrahmen war mittels der komischen Eisen seitlich in der Mauer verankert. Um den Rahmen klebte das Zementgemisch wie alter Kuchenteig an der Wand und verdeckte die eingesetzten Eisen.

Mit Verputzen hatte das so wenig zu tun wie Maurer Karl mit Mineralwasser. Vertrauen hatte Frank selbst nicht zu seinem Werk. Ob die Tür nun halten oder sich sogar öffnen und schließen lassen würde, war noch immer fraglich. Ungeachtet aller Risiken machte er sich daran, die Tür einzuhängen.

Und tatsächlich, sie hing drin. Von sitzt gut, konnte aber keine Rede sein. Zu seinem Erstaunen konnte er die Tür sogar hin und her bewegen. Dann schraubte Frank noch schnell einen Riegel davor, nun ließ sie sich sogar verschließen. Ja richtig, der Zugang zur Wohnung über den Toilettenflur war nun durch einen kleinen Riegel gesichert. Frank hielt diesen für vollkommen ausreichend, zumal aus seiner Sicht Sicherheit schon immer überbewertet wurde!

Bis spät in die Nacht arbeitete er weiter an seinem Türprojekt. Ziel war es, die Mauer um die Türöffnung noch abschließend zu verputzen.

Als er nach Mitternacht erschöpft aber stolz die Wohnung verließ, hatte diese mehr Ähnlichkeit mit einem Schlachtfeld als mit einer Wohnung, in die in wenigen Wochen eine Familie mit einem Neugeborenen einziehen sollte. Aber die Tür war drin und endlich war es eine 3-Raum Wohnung mit Innen-WC!

Aus weiter Ferne nahm Frank ein Klingeln war, dann wurde es lauter und lauter. War er vor Erschöpfung im Flur neben seiner neuen Tür eingeschlafen? Nein, er hatte doch die Wohnung verlassen, oder? Kam das klingeln näher? Jetzt schien es, als klingelte es direkt neben seinem Ohr. Endlich schaffte es sein Geist, das Aufrichten des Körpers im Bett zu koordinieren. Jetzt musste nur noch das Klingeln lokalisiert werden. Mühsam blickte er sich im Zimmer um, dann sah er ihn - den Wecker!

Das Klingeln verursachte jetzt einen fast körperlichen Schmerz. Frank nahm seine restliche Energie zusammen, hob den Arm, ballte die Faust und schlug auf den Wecker. Schmerzvoll schrie er auf. Daneben, das blöde Ding klingelte noch immer. Wenn Gewalt nichts half, dann ging es halt nur mit Köpfchen. Er nahm sein Kopfkissen mit einer Hand und wischte den Wecker mit dem Kissen vom Nachtisch. Na toll, nun lag das Ding zwei Meter weg und klingelte nach wie vor. Es half alles nichts. Mit schwerem Kopf erhob er sich aus dem Bett, sank vor dem Wecker in die Knie und stellte ihn aus. So einfach war das also!

Auf allen Vieren krabbelte er zurück in sein Bett, doch nun fehlte sein schönes Kuschelkissen. Warum zum Teufel geht bloß wieder alles schief?

Frank setzte sich im Bett wieder auf und fing an zu überlegen, warum der Wecker geklingelt hatte. Wer hat den eingestellt und warum eigentlich? Er musste erst einmal in die Küche gehen und den Kopf unter kaltes Wasser halten, so konnte es ja nicht weiter gehen.

Bevor es Wasser auf den Kopf gab, floss erst einmal Wasser in den Kopf. Frank hatte Durst, viel Durst und das war ein gutes Zeichen.

Kurze Zeit später, sein Kopf war noch in ein dickes Handtuch gewickelt, fiel es ihm wie Schuppen von den Augen. Es war der 2. Januar 1985 und es war noch dunkel draußen. Trotz seines Alkoholschädels hatte er es gestern offenbar geschafft, den Wecker für heute zu stellen. Gut, er hatte nicht ganz die richtige Zeit getroffen, aber so hatte er noch über eine Stunde, um in Gang zu kommen, bevor er zur Arbeit musste. Er ging in die Küche, um sich einen Tee zu kochen. Der würde ihm helfen, auf die Beine zu kommen. Schon auf dem Weg in die Küche führten ihn seine Gedanken wieder zurück ins Schicksalsjahr 1982, lange vor seiner Tätigkeit als Hauptzusteller, zu der er sich nun aufraffte.

Schon als er erfahren hatte, dass er bald Papa werden sollte, hatte er sich Gedanken über seiner Arbeit gemacht. Wenn sie alle drei die neue Wohnung beziehen würden, wollte er nicht mehr in Helmsdorf arbeiten.

Von Dietmar wußte er, dass die Mitropa-Schiffsgaststätten jedes Jahr wieder Kellner für den Einsatz auf den Elbschiffen der Weißen Flotte suchten. Frank, leicht zu begeistern wie er war - äh ist - war sofort Feuer und Flamme. Immerhin lockte doch ein neues Abenteuer!

Im Juni nahm Dietmar Frank mit nach Dresden, um ihn bei seinen alten Kollegen vorzustellen und zu empfehlen. Dietmar selbst hatte schon mehrfach auf verschiedenen Schiffen der Weißen Flotte gearbeitet. Bei der Mitropa war er bekannt wie ein bunter Hund. So war es kein Wunder, dass Frank sich mit dem Personalleiter der Mitropa schnell einig wurde. Am 15.07. sollte es losgehen.

Am gleichen Abend noch traf sich Frank mit Bruni. Strahlend vor Glück berichtete er ihr, dass sie sich in Zukunft wieder jeden Tag sehen würden. Dann schlug er ihr vor, da die Wohnung soweit fertig sei, könnten sie doch auch schon zusammenziehen.

Frank war in seinem Element. Er plante, organisierte und überlegte schon, wer alles was machen musste. Bruni freute sich auch, doch im Inneren überlegte sie schon, ob das Alles gut ginge. Ihr ging das alles viel zu schnell. Sie war fasziniert, wie schnell Frank einen Plan für alles hatte, aber was würden ihre Eltern sagen, wenn er schon wieder die Arbeit wechselte? Er meinte es nur gut und wollte jeden Tag bei ihr und der Kleinen sein. Aber was wollte sie?

Als sie Frank zuhörte und seine Begeisterung sah, wischte sie ihre Bedenken schnell beiseite. Sie hatte Vertrauen zu ihm, er würde schon alles regeln.

Eigentlich wollte Frank sofort in Helmsdorf aufhören und die Zeit bis Dienstantritt bei den Schiffsgaststätten nutzen, um die Wohnung vorzurichten. Doch das Handwerkerheim Helmsdorf ließ ihn so schnell nicht los. In den Sommermonaten wurde das Haus sowieso immer geschlossen, da zu dieser Zeit keine Prüfungen stattfanden. Aber in den Wochen davor war noch viel los und so blieb Frank seinen Kollegen zuliebe dann doch bis zum 14. Juli.

Einen Tag später, er wohnte ja noch bei seinen Eltern in Kleinzschachwitz, fuhr er mit der Straßenbahn in die Innenstadt. Dort am Terrassenufer, direkt unter der Brühl'schen Terrasse, hatten die Mitropa Schiffsgaststätten ihren Sitz und da sollte sich Frank zum Dienstantritt melden. Zuerst bekam er weiße Hemden bzw. für die Arbeit am Tresen Schürzen. Schwarze Schuhe, Socken und Hose musste er selber mitbringen.

Dann begleitete ihn sein neuer Oberkellner Andreas auf die "Karl Marx". Dieses war ein Motor - Seitenrad - Fahrgastschiff, welches für bis zu 1012 Personen zugelassen war. Heute heißt es "D.Pöppelmann", wird als Hostel genutzt und liegt fest verankert am Rande der Dresdner Neustadt. Damals aber war es eines der modernen Schiffe der Weißen Flotte, die zwischen Meißen und der Sächsischen Schweiz verkehrten. Die Mitropa hatte auf den Ausflugsschiffen die Bewirtung der Gäste übernommen. Dabei waren die Kellnerjobs immer sehr begehrt. Es lockte nicht nur ein guter Verdienst und "Devisen-Trinkgelder", auch die Kennenlernquote des anderen Geschlechts war nicht zu verachten.

Als Frank an diesem Morgen mit dem Oberkellner zum Schiff ging, ahnte er von all dem noch nichts. Es dauerte auch einige Zeit, bis Frank sich auf dem Schiff und mit seinen Kollegen zurecht fand. Für ihn war es ungewohnt, dass jeder nur an sich und "seine" Gäste dachte. So herrschte beispielsweise bei der Ausgabe der Kaffeekännchen immer Gedränge. Die alten Hasen stellten sich nie an, sie gingen einfach vor, ließen sich ihr Tablett mit Kaffeekannen erneut füllen und verschwanden wieder auf den Oberdecks. Dagegen mussten die neuen Kellner oft eine halbe Stunde oder länger warten. Da aber jeder Kaffeeumsatz und Trinkgeld brauchte, fühlte Frank sich in seinem Gerechtigkeitssinn stark verletzt. Damit konnte sein Ego natürlich nicht lange hinter dem Berg halten und so dauerte es nicht lange und die alten Hasen zeigten ihm seine Grenzen. Sie sorgten einfach dafür, dass er oft bei den Arbeiten landete, die kein Trinkgeld einbrachten. Meistens bedeutete dies, dass er hinterm Buffet stehen und Getränke abfüllen musste.

Wenn er dann doch als Kellner unterwegs war, lernte Frank auch das ein oder andere neue „Verkaufsargument" zur Aufwertung der Trinkgeldkasse kennen. Der Preis für Bier wurde beispielsweise den Gästen wie folgt präsentiert: "So Männer, jetzt gibt's frisches Bier und ich meine Bier, richtiges Bier, kein gelbes Elend". Auf die Frage des Gastes, wieviel ein Bier kostet, sollte er immer antworten: "Einsachtundziebzig". Die meisten Gäste gaben dann zwei Mark, obwohl ein Bier nur achtundsiebzig Pfennige kostete. Außerdem wurde selbstverständlich "Gelbes Elend" und kein Radeberger ausgeschenkt.

Im Sommer fanden Eisbecher immer reißenden Absatz. Nur nach einem Gewitter war die Schlagsahne meist nicht mehr so, wie die Gäste sie eigentlich wollten. Doch dem Gästewillen wurde an solchen Nach-Gewitter-Tagen viel mehr geboten als schnöde Schlagsahne auf dem Eis. An diesen Tagen sollten die Kellner immer erzählen, dass die Schlagsahne leider aus sei, deshalb gebe es heute - im Sonderangebot - Früchtebecher mit Zitronencreme! Bei einer Kostprobe musste Frank selbst zugeben, dass die Sahne wirklich nur ein klein wenig säuerlich schmeckte. Den Namen Zitronencreme hatte sie wirklich verdient und alle -

vom Chef über die Köche und Kellner bis hin zum Gast - waren mit dieser Namenswahl zufrieden!

Nicht nur bei Kellnern sondern beim ganzen Personal sehr beliebt waren sogenannte Schlecht-Wetter-Fahrten. Einzige Voraussetzung war, dass es nicht zu viele solcher Fahrten gab. Sonst wurde der Geldbeutel zu stark belastet.

Wenn es schon bei der Abfahrt in Dresden regnete, trafen sich alle im Unterdeck. Dann wurde ausgelost, wer die wenigen Gäste bedienen musste. Meist waren die paar Touristen genauso drauf wie das Wetter. Für den Kellner bedeutete dies viel Lauferei für wenig Umsatz und kaum Trinkgeld. Alle, die nicht eingeteilt wurden, setzten sich anschließend an den Mannschaftstisch und spielten Karten, beliebt war 17 und 4. Der Verlierer einer jeden Runde musste einen kleinen Nordhäuser Doppelkorn trinken. So kam es dann auch, dass der eine oder andere bereits in Pillnitz wieder vom Schiff gebracht werden musste. Aber spätestens am Wendepunkt in Schmilka waren die meisten Köche und Kellner in einer Art Nebelfahrt gefangen. Wenn sich nun auch noch das Wetter änderte und die Touristen, welche mit dem Zug angereist waren, mit dem Schiff wieder nach Dresden wollten, war das weder gut fürs Geschirr noch für das Personal. Der gestörte Gleichgewichtssinn brachte viele Bier- und Limogläser zu Fall und den einen oder anderen Kellner zum straucheln!

Gleich zu Fahrtbeginn in Dresden von Bord gehen wollte aber auch keiner. Schließlich hofften alle auf einen Wetterumschwung und damit wieder auf Umsatz und Trinkgeld.

Touristen aus dem kapitalistischen Ausland waren natürlich heiß begehrt unter den Kellnern. Es gab sogar Kollegen, die ihre westliche Kundschaft an einen anderen Kellner verkauften. In diesem Fall glaubte der „Verkäufer" nicht daran, dass er Westtrinkgeld bekommen würde und nahm lieber die 10 oder 20 Ostmark vom „Käufer". Der zweite hingegen hoffte, seine Ostmark gut zu investieren und vielleicht 5 DM als Trinkgeld zu erhalten. Erst nach Besichtigung und einem kurzen Gespräch des Kellners mit den Westlern wurde der „Kaufpreis" vereinbart. Dadurch hatte der zweite Kellner die Chance, dass vermeintliche Geberpotenzial der Westtouristen besser abzuschätzen. Am teuersten waren immer die zurückhaltend und bescheiden auftretenden Westpärchen ohne Kinder. Bei diesen war die Chance auf ein ordentliches Trinkgeld relativ hoch. Am wenigsten bezahlt wurde hingegen für die Großspurigen, sich welterfahren gebenden Schwätzertypen, bei deren Gerede selbst die eigene Ehefrau die Augen 'gen Himmel verdrehen musste. Enttäuschungen und Fehleinschätzungen blieben dabei natürlich nicht aus.

Frank war einer der Kellner, die ihre Gäste nie verkauften, entweder er konnte und wollte einen Draht zu ihnen aufbauen oder eben nicht. Wenn es dann doch mal Westtrinkgeld gab, musste damit sehr bedacht umgegangen werden.

Die Kellner hatten zwei Möglichkeiten, dieses unter die Leute zu bringen. Möglichkeit eins - die schnelle und inoffizielle: Das Trinkgeld musste sofort nach Erhalt unauffällig in der Hosentasche verschwinden, niemandem durfte etwas davon erzählt oder gar damit geprahlt werden. Später ist man dann in den Intershop gefahren, den Verkäuferinnen dort wurde ein ausländischer Dialekt vorgegaukelt oder man flirtete mit ihnen. Nebenbei suchte man Ware aus, um dann ganz selbstverständlich die Westmark über den Tresen zu schieben und nun musste nur noch gehofft werden, dass niemand nach dem bundesdeutschen Personalausweis fragte.

Dieses Prozedere war notwendig geworden, da seit 1979 DDR Bürger - eigentlich - nur mit Forum Schecks im Intershop bezahlen konnten.

Deshalb gab es auch Möglichkeit zwei, die offizielle: Nach Dienstende und Verlassen des Schiffes ging man in die Verwaltung und legte die D Mark (oder was auch immer es an Devisen gab) auf den Tisch. Die Summe wurde in eine Liste eingetragen, anschließend bekam man FORUM Schecks im Gegenwert des Westgeldes. Damit konnte dann im Intershop mit ruhigem Gewissen eingekauft werden. Allerdings galt diese Methode als verpönt und spießig unter den Kellnern. Deshalb gaben fast alle nur einen kleinen Teil ihrer Westtrinkgelder in der Verwaltung ab. Dort nichts anzugeben, hätte fatale Folgen haben können und die Leitung der Mitropa wäre bestimmt misstrauisch geworden.

Kein Trinkgeld hingegen gab es meist bei großen Feiern oder geschlossenen Gesellschaften. Bei diesen Veranstaltungen mussten die Kellner gemeinsam mit der Küche und dem Büffet selber für eine Art Trinkgeld sorgen. Gruppen ab 30 Personen galten dafür als gute Möglichkeit, waren aber nicht gerade beliebt. Dafür hatten die Crews ihre Spezialisten, welche sich dann um solche Gruppen kümmerten.

Spezialist konnte nicht jeder werden, dafür musste man sich qualifizieren. Ein Kellner beispielsweise musste bei einer Gruppenveranstaltung dafür sorgen, dass die Gäste die Schnäpse nicht einzeln sondern nur flaschenweise bestellten. Außerdem mussten leere Schnapsflaschen möglichst schnell abgeräumt werden. Das Geschirr hingegen sollte lange auf den Tischen bleiben, so verloren die Gäste schnell den Überblick. Der Spezialist musste auch frühzeitig erkennen, wer am Ende die Rechnung bezahlte und ob sich die Person am Trinken beteiligte. Ebenfalls musste er als eine Art Alleinunterhalter auftreten und die Gäste immer bei Laune halten. Sollte dies alles nichts helfen und die Gäste vielleicht auch noch die leeren Flaschen sammeln, was eher selten der Fall war, musste die Küche aushelfen. Dann wurde eben die Suppe verdünnt oder die Soße bekam eine eher wässrige Konsistenz. Beliebt war auch, die Fleisch- oder Beilagenportionen geringfügig zu verkleinern.

Aber stopp! Nicht, dass jetzt jemand denkt, dort wurde im großen Stil manipuliert. Weit gefehlt, die Speisen oder Getränke wurden lediglich den Gästen angepasst, schließlich sollte nicht so viel Abfall produziert werden. Am Ende des Abends blieben so vielleicht ein, zwei Flaschen Schnaps oder etwas Fleisch übrig. Beides wurde bei der nächsten Kollegenfete von allen gemeinsam verzehrt. So trugen die Gruppenveranstaltungen auch zu einem großen Gemeinschaftsgefühl bei!

Manchmal konnte Frank auch mit dem Büffetier einen kleinen extra Deal aushandeln oder besser noch war es, wenn er selber am Büffet arbeiten musste. Dann hatte er den Überblick über die Getränke. Das war wichtig, denn bei der Arbeit auf den Schiffen lernte er die eine oder andere junge Frau kennen. Nichts machte einen besseren Eindruck und war in diesem Fall auch leichter, als jene dann zu einem Drink einzuladen. So kam man doch am leichtesten ins Gespräch.

Diese Methode war unter den Kellnern durchaus üblich und fast alle hatten damit großen Erfolg. Erfolg bedeutete in diesem Zusammenhang oft, dass die Kellner sich gleich auf dem Schiff mit den Damen vergnügten. Es kam auch vor, dass das Schiff nicht nach Dresden zurückkehren konnte, dann mussten alle auf dem Kahn übernachten. Dafür gab es einige Kajüten an Bord, nicht immer reichten diese aus oder waren schon belegt. Dann musste man sich sein Nachtlager auf einer der Bänke suchen.

Frank hingegen hatte immer Pech oder eben Glück, denn schließlich war er ja mit Bruni zusammen und würde bald Papa werden. Auf der anderen Seite war er jung und wollte sich und seine Möglichkeiten ausloten. Er kam schnell mit allen möglichen Frauen ins Gespräch. Aber die meisten wollten eh nur quatschen, viele fanden in ihm einen guten Zuhörer und die, die dann noch übrig blieben, waren ihm immer zu dick, obwohl der Ausdruck dick bei Frank schon bei einer eher "fraulichen Figur" losging. Er stand eben auf kleinere zarte Frauen und genau die waren es, die mit Frank nur reden wollten. So blieb es in seinem ersten Jahr auf dem Schiff beim Flirten.

Bruni empfand Franks erstes Jahr bei der Mitropa als sehr aufregend. Als er sie mit der Nachricht überraschte, dass er bald als Kellner auf einem Schiff der Weißen Flotte arbeiten würde, war sie nicht begeistert. Sie hatte schon zu viele Geschichten über diese Spezies von Kellnern gehört.

Nach nur einem knappen Jahr im Handwerkerheim nun schon wieder die Arbeit zu wechseln, gefiel ihr ebenfalls nicht.

Auf der anderen Seite war sie auch ein wenig froh darüber. Endlich würde er sich mehr um die Wohnung kümmern und sie könnten sich öfter sehen. Schnell merkte sie, dass dem allerdings nicht so war. Frank musste meist 7 Tage die Woche arbeiten und hatte nur selten ein oder zwei Tage frei. In denen hatten sie kaum Zeit für sich. Frank verbrachte die meiste Zeit in der Wohnung: dort musste noch alles gemalert und tapeziert werden. Helfen konnte sie ihm kaum dabei. Denn auch sie ging ja noch arbeiten und der Bauch wuchs und wuchs. Die Schwangerschaft machte ihr das Leben auch nicht gerade leichter. Zum Glücke hatte sie tolle Eltern und Schwiegereltern, die ihr halfen, wo immer es ging.

Dennoch machte sie sich immer wieder Gedanken, wenn Frank von seinen Erlebnissen auf dem Schiff erzählte. War er ihr treu? Bei der Arbeit waren doch die Versuchungen und die Möglichkeiten sehr groß. Wenn sie Frank vom Schiffsanleger abholte, hatte sie oft genug schon miterlebt, wie der eine oder andere seiner Kollegen mit einer fremden Frau im Arm von Bord ging.

Von gemeinsamen Treffen kannte sie viele seiner Kollegen und auch deren Frauen oder Freundinnen. Sie fragte sich immer, ob diese von den Eskapaden ihrer Männer wussten. Oder wurden sie laufend beschwindelt? Klar, auch Frank suchte bestimmt noch nach Selbstbestätigung. Auch ihm würde es bestimmt gefallen, eine hübsche Frau zu erobern.

Bruni überlegte oft, wie sie wohl reagieren würde, wenn ihr Frank mit einer anderen im Arm an ihr vorbei ging! Doch eigentlich hatte sie keinen Grund, eifersüchtig zu sein - das hingegen übernahm Frank. Bei dem Gedanken musste sie lächeln, denn wer würde sie in diesem unförmigen Zustand schon ansehen oder gar hübsch finden? Und trotzendem fragte Frank laufend, was sie so den ganzen Tag mache und mit wem sie sich traf. Oft genug zeigte er ihr auch, wenn ihm ein Besuch bei einem ihrer Kollegen oder ein Kaffeetrinken mit einem alten Schulfreund zu viel erschienen. Dann stritten sie sogar und seine Eifersucht machte ihr oft das Leben schwer. Doch die Versöhnung ließ nie lange auf sich warten.

Sie liebte ihren Frank und freute sich auf das Kind. Jetzt Anfang September ging die Schifffahrtssaison langsam zu Ende und Frank hatte mehr frei. Die Wohnung war auch fertig und in den nächsten Tagen würden sie endlich zusammen ziehen. Dann waren es nur noch wenige Wochen bis zum geplanten Geburtstermin.

Ende September '82 gingen die meisten Schiffe der Weißen Flotte in die Winterpause. Nur auserwählte Kellner durften nun noch auf den wenigen verbliebenen Schiffen fahren.

Frank wurde sozusagen in den Innendienst versetzt. Dies bedeutete ständig wechselnde Einsätze in unterschiedlichsten Mitropa-Einrichtungen. Außerdem hatte er nun oft frei. So kam es auch, dass er von Anfang Oktober an innerhalb mehrerer Wochen kaum

Einsätze hatte. Erst um die Weihnachtszeit wurde er wieder öfter eingesetzt.

Frank und Bruni kam das sehr gelegen, denn Anfang Oktober erblickte Susi, oder richtig Susann, das Licht der Welt.

Vom ersten Tag an war sie Papas Liebling, auch Franks Eltern vergötterten das erste Kind ihres Nachzüglers. In der Zwischenzeit hatten sie schon 12 Enkelkinder, aber Susi war ihr ein und alles. Wahrscheinlich würden sie diese genauso oder noch mehr verwöhnen wie ihren Frank. Auch Bruni´s Eltern und Geschwister waren überglücklich.

Nach dem Einzug in die gemeinsame Wohnung hatte sich die kleine Familie gut in ihrer neuen Wohnung eingelebt und die Innentoilette erwies sich als wahrer Glücksfall. Auf einen weiteren Glücksfall hätte Bruni in dieser Zeit gut verzichten können. Doch in den nächsten Wochen erwies sich Frank einmal mehr als unsteter, aber geschäftstüchtiger, Geist.

Zum Weihnachtsfest 1981 hatte Frank einen neuen RFT - Stern Radio Kassettenrekorder R 4100 von seinen Eltern geschenkt bekommen. Das für damalige Verhältnisse hochmoderne Teil kostete immerhin rund 700 Mark und entsprach damit einem überdurchschnittlichen Monatslohn. In den letzten Monaten hatte sich Frank dazu eine ansehnliche Sammlung an Kassetten zugelegt.

Noch im Frühjahr 1982 unternahmen Frank und Bruni einen Motorradausflug. Es ging in die Wälder rund um die Talsperre Rauschenbach und typisch für Frank fuhren sie nicht nur auf Straßen und Wegen - nein, es musste auch querfeldein und über Stock und Stein gehen. Das Ende vom Lied war, dass sie ganz langsam nach Hause fahren mussten, denn der Rahmen des Motorrades war gebrochen. Die schöne MZ, die ein Kollege erst vor wenigen Monaten mit einem handgemalten chinesischen Drachen auf dem Tank verziert hatte, musste verschrottet werden. Vielleicht wäre eine Reparatur möglich gewesen, doch dafür war Frank viel zu ungeduldig.

Durch Bruni's Schwangerschaft, die neue Wohnung, den Arbeitswechsel und und hatte Frank das Fahrzeugthema ganz aus den Augen verloren. Nun da Susi auf der Welt war, er Zeit zum Nachdenken und Grübeln hatte, überlegte er, wie er ohne Geld an ein Auto kommen könnte. Da fiel ihm der Gast aus der Mitropa Gaststätte im Neustädter Bahnhof wieder ein. Bei einem seiner Einsätze kellnerte er dort für einige Tage. Dabei lernte er einen jungen Mann kennen, der ihm nach einigen Bierchen erzählte, dass er auf der Bautzner Straße arbeitete und einen alten F9 Kombi abzugeben hatte. Für Frank war damit klar, dass der junge Mann bei der Stasi arbeitete, da sich deren Zentrale dort befand. Dies wiederum hinderte Frank in keiner Weise daran, mit ihm ins Geschäft zu kommen. Schließlich wußte er ja nicht, in welcher Beschäftigung er dort genau stand, er hätte ja auch nur Pförtner bei der Stasi sein können.

Frank suchte den Zettel mit der Adresse heraus, um wenig später Herrn Müller auf seinem Grundstück an der Döbelner Straße in Dresden zu treffen. Ihm war es egal, wo dieser Herr Müller arbeitete, Hauptsache er war bereit, seinen F9 Kombi zu tauschen, denn Frank wollte und konnte kein Geld ausgeben.

Die Verhandlungen gestalteten sich dann doch schwieriger als erwartet. Der Verkäufer wollte eher

Baumaterial für sein Haus als einen Stern Radio Rekorder. Aber Frank ließ nicht locker, der Kombi bot ausreichend Platz für die kleine Familie und er würde aus dem alten Ding schon ein Schmuckstück machen. Nachdem Herr Müller bei einem seiner Baustofflieferanten nachgefragt hatte, weil er den Kassettenrekorder weiter tauschen wollte, wurden sich er und Frank doch handelseinig. Frank bekam einen F9 Kombi in grün, Baujahr 1956 (eines der letzten Modelle) mit 900 cm³ Hubraum und einer Leistung von 30 PS im Tausch gegen einen Stern Radio Kassettenrekorder R4100, 8 Westkassetten, 4 eigenen aufgenommenen und 10 originalen DDR Kassetten.

Ohne viel Federlesens nahm Frank das Auto sofort in Besitz und fuhr mit diesem gleich nach Hause.

Damit begann eine Auto-Kauf-und-Verkauf Leidenschaft, die mehr als 20 Jahre anhielt, sehr viel Spaß machte, bei anderen aber auch viel Leiden schuf!

Bruni konnte es nicht fassen, Frank war nun schon über 3 Stunden weg. Er hatte den schönen Kassettenrekorder und einen Großteil der Musikkassetten aus der Wohnstube geholt und war mit den Worten: "Bin gleich mit einer Überraschung zurück!" durch die Tür verschwunden. Immer wieder neue Ideen, immer wieder etwas ändern, immer wieder etwas Neues! Was sie am Anfang noch toll fand, ging ihr langsam und gerade jetzt, kurz nach Susis Geburt, auf die Nerven. Dann dachte sie wieder, dass sie bestimmt nur wegen der Geburt zur Zeit so empfindlich reagierte. Frank meinte es doch nur gut und wollte ihr und dem Kind etwas bieten.

Dann hörte sie ein lautes Knattern vor dem Wohnstubenfenster. Sie zog die Gardine zurück und sah ein altes, großes, grünes Auto auf der Straße vorm Fenster stehen. Aus dem Auspuff quoll dunkler Rauch und der Fahrer gab immer wieder kräftig Gas. Bruni dachte noch: was für ein Idiot, sie war froh dass Susi gerade eingeschlafen war. Gerade wollte sie das Fenster öffnen und schimpfen, als sie Frank in dem Auto erkannte. Der saß auf dem Fahrersitz, lächelte, streichelte das Lenkrad und gab immer wieder Gas. Sie schüttelte den Kopf, zog die Gardine wieder zu und ging raus zu Frank und dem Gefährt.

In den nächsten Wochen verwandelte Frank das grüne Ungeheuer in eine niedliche Familienkutsche oder wie seine Arbeitskollegen es nannten - in ein rollendes Bordell! Er und Bruni hatten an den hinteren Seitenscheiben und der Heckscheibe kleine Gardinen und Übergardinen angebracht. Letztere konnte man sogar zuziehen. So war Susi vor der Sonne geschützt und Frank und Bruni konnten nicht so leicht gesehen werden, wenn sie sich mal zum kuscheln nach hinten verzogen.

Bei dem Gedanken erschrak Frank und hätte beinahe seinen Tee verschüttet. Über all dem Nachdenken hatte er nicht mitbekommen, wie er mit seinem Tee in die Wohnstube gegangen und sich aufs Sofa gesetzt hatte. Ein kurzer Blick auf seine Armbanduhr, dann lehnte er sich wieder vorsichtig zurück und genoss weiter seinen Tee. Er hatte noch mindestens 30 Minuten Zeit, bis er los musste. Und die Zeit wollte er nochmals in Erinnerungen verbringen.

Jetzt war er schon so weit zurückgegangen, dann würde er die vergangenen zwei Jahre auch noch Revue passieren lassen können.

Das erste gemeinsame Weihnachtsfest mit Bruni und Susi war einfach nur herrlich. Die Kleine war nun knapp 4 Monate alt und immer noch der ganze Stolz von Mama, Papa und allen Großeltern. Bruni hatte sich an das neue alte Auto gewöhnt und Susi quietschte immer vor Vergnügen, wenn der Motor ansprang und sie spürte, wie das rollende Wohnzimmer sich in Bewegung setzte.

Das Frühjahr 1983 kam und bald würde Frank wieder die Elbe hoch und runter schippern. Er freute sich schon, endlich wieder unterwegs zu sein. Was würde ihn wohl dieses Jahr auf der Elbe erwarten? Würde er wieder so viele Leute kennenlernen? Was ist wohl aus seinen Kollegen aus dem Vorjahr geworden?

Frank konnte es kaum erwarten, dass es wieder losging, hatte er doch die letzten Monate, seit Weihnachten, in einer langweiligen HO Gaststätte am Tresen aushelfen müssen. Auch mit Bruni war es nicht mehr so wie am Anfang. Er hatte das Gefühl, dass sie dabei war, sich zu verändern, nur in welche Richtung und warum, das konnte er nicht einschätzen. Seit Susis Geburt hatte die Liebe irgendwie nachgelassen oder verwechselte er hier Liebe und Sex? Egal, auf dem Schiff gab es wieder Abwechslung. Er würde wieder ganz der Alte sein können und flirten bis zum Abwinken.

Und genau so kam es dann auch. In seinem zweiten Jahr auf dem Schiffen der Weißen Flotte wußte er schon, wie es läuft, entsprechend galt er schon als alter Hase. Jetzt war er derjenige, der sich beim Kaffeekänchen fassen nicht mehr hinten anstellte. Jetzt stürmte er mit 2 Tabletts mit je 24 Kännchen Kaffee beladen auf das Oberdeck und rief: "Meine Damen und Herren. Ich präsentiere heute, nur hier und jetzt - frischen Kaffee! Stark wie Herkules, schwarz wie meine Füsse!" Dieser Spruch zauberte nicht nur ein Lächeln auf alle Gesichter, nein er öffnete auch die Portemonnaies. Die Leute kauften gern bei Frank, gab es doch immer ein Lächeln und einen lockeren Spruch dazu.

Im Sommer diesen Jahres konnte Frank auch seine Kenntnisse zum Thema: "Wie verwende ich Westgeld, um Einlass in ein gefragtes Restaurant zu erhalten?" vertiefen und diesbezüglich wertvolle Erfahrungen sammeln.

Es hatte sich Westbesuch angekündigt, Vaters Bruder Wolfgang und dessen Sohn aus Landsberg am Lech würden zu Besuch nach Dresden kommen.

Franks Eltern hatten vorgeschlagen, man könne doch den Westbesuch mal in ein richtig gutes Restaurant ausführen. Durch ihre Arbeit als Köchin, kannte sich Bruni in der Dresdner Gastronomie Szene sehr gut aus. Sie war es auch, die den Meißner Weinkeller vorgeschlagen hatte, welcher zu der Zeit eins der angesagtesten Speiselokale in Dresden war. Er befand sich auf der Flaniermeile „Straße der Befreiung" direkt am Goldenen Reiter. Dem Weinkeller eilte ein exklusiver Ruf voraus.

In der Hoffnung, seine Tätigkeit als Kellner würden helfen, ging er, zwei Wochen bevor alle zusammen essen gehen wollten, in seiner Kellnerkluft abends zum Meißner Weinkeller. Bereits im Vorraum wurde er von einem Herrn in einem sehr gut sitzenden Anzug begrüßt und nach seinem Begehren gefragt. Als Frank ihm geschildert hatte, worum es ging, wurde ihm mitgeteilt, dass eine Reservierung unter diesen Umständen nicht möglich sei. Was der nette Herr unter "diesen Umständen" verstand, war Frank schon klar, aber er würde kein Geld ausgeben, nur um mit dem Westbesuch hier essen gehen zu können.

Eineinhalb Wochen später, Wolfgang und sein Sohn Hardy waren schon ein paar Tage in Dresden, trafen sich alle im Stadtzentrum. Frank und Bruni boten sich als Stadtführer an und führten die beiden durch die Dresdner Alt- und Neustadt. Frank zeigte ihnen auch, wo sie essen gehen wollten und erklärte ihnen, dass dies nicht so einfach sei. Daraufhin meinte Wolfgang, dass sei überhaupt kein Problem, er wisse schon, wie das läuft.

Kurzerhand stiegen die vier die Treppen zum Weinkeller hinunter. Noch auf der Treppe konnte Frank beobachten, wie Wolfgang sein Portemonnaie zückte, einen 10 DM Schein herausnahm und diesen in seiner rechten Hand verschwinden ließ. Unten angekommen wurden alle freundlich begrüßt. Der nette Herr vom Einlass merkte sofort, dass Westdeutsche dabei waren. Was jetzt kam, kannte Frank von einigen seiner Kollegen. Der West-Trinkgeld-Instinkt erwachte in seinem Gegenüber, dessen Stimme wurde weich und sehr freundlich, fast schon unterwürfig. Hardy, der das Reden übernommen hatte, fragte nach einem Tisch für 6 Personen am kommenden Sonnabend. Der andere antwortete ausweichend, fragte nach dem Nachnamen von Hardy, sagte er wisse nicht genau, man müsse erst einmal sehen. Gerade Sonnabends ist es immer sehr voll. Er würde ja gerne einen Tisch für uns bereithalten aber ... na ja mal sehen. Dann verabschiedeten wir uns alle mit Handschlag von dem netten Herrn, zuerst

Bruni, dann ich, dann Hardy, zum Schluss Wolfgang. Als sich dessen Hand und die des Herrn vom Empfang berührten, zuckte das Gesicht des letzteren fast unmerklich, dann verzog sich sein Mund zu einem breiten Grinsen. Wir waren schon halb auf der Treppe, als er Wolfgang fragte, wann sie denn kommen wollten. Dieser drehte sich um und antwortete: so gegen 18 Uhr. Der andere antworte, er werde sehen, was er machen könne und lächelte uns hinterher. Tatsächlich waren wir am kommenden Sonnabend pünktlich 18 Uhr am Meißner Weinkeller. Wieder wurden wir von dem selben Herrn mit Handschlag begrüßt. Es brauchte keinen Namen, er wußte genau, wer wir waren. Mit den Worten: "Herzlich Willkommen im Restaurant Meißner Weinkeller" öffnete er die Tür zum Gastraum. Sofort eilten 3 Kellner herbei, um uns zu begrüßen. Sie alle hatten dieses gewisse „Westgeld"-Leuchten in den Augen, doch Frank hatte sich schon vorgenommen, ihnen einen Strich durch die Rechnung zu machen. Er würde versuchen, Wolfgang und Hardy das Westgeld abzutauschen und sowohl die Rechnung als auch das Trinkgeld in DDR Mark zu bezahlen. Da wiederum hatte Frank die Rechnung nicht mit den Einreisebedingungen für BRD Bürger in die DDR gemacht.

Nachdem alle zusammen fürstlich gegessen und getrunken hatten, ließ Wolfgang die Rechnung kommen. Das Leuchten in den Augen des Oberkellners wurde schon größer. Frank wartete noch auf eine gute Gelegenheit, um Wolfgang am Geben von Westgeld zu hindern. Der Kellner hatte die Rechnung auf einem kleinen silbernen Tablett gebracht, vor Wolfgang hingestellt und blieb nun direkt neben diesem stehen. Frank wurde unruhig: Wie sollte er Wolfgang nun die

DM abtauschen? Wolfgang fing in feinstem bayrischen Dialekt an zu erzählen, dass sie richtig froh waren, hier so gut gegessen und getrunken zu haben. Er hatte schon überlegt, was er mit den ganzen Ostmark machen sollte, die er an der Grenze umtauschen musste - immerhin waren das 25 DM pro Tag und Person, so mussten sie für 6 Tage 300 DM umtauschen. Mit diesen Worten nahm er ein Geldbündel aus seiner Jackentasche, zählte den Rechnungsbetrag plus Trinkgeld ab und legte die stolze Summe von 180 DDR Mark auf den Tisch. "Stimmt so", sagte Wolfgang und grinste den Kellner an. Diesem war das Lächeln plötzlich vergangen, damit hatte er nicht gerechnet. Ihm wurde ja zugetragen, dass es sich um Westdeutsche handelte, die schon mal 10 DM haben springen lassen und dies nur für die Tischreservierung. Die Enttäuschung beim Oberkellner saß tief, entsprechend kühl fiel seine Verabschiedung aus.

Alle 6 lachten später noch über das enttäuschte Gesicht des Kellners ohne zu ahnen, dass auch Max und Hilde bald so schauen würden.

Am nächsten Tag traten Wolfgang und Hardy ihre Rückreise an. Auf dem Weg zum Dresdner Hauptbahnhof wurde noch ein Zwischenstopp auf der Alaunstraße eingelegt. Dort gab es einen kleinen Kunstgewerbeladen, in dem Hilde schon Stammkundin war. Für jeden Westbesuch wurden in diesem Laden betende Hände gekauft. Ja richtig - handgeschnitzte betende Hände. Sowohl die Verwandtschaft in Bayern als auch die aus Köln waren erzkatholisch und so zierten die billigen Hände aus dem Osten so manche christliche Wand im Westen. Selbstredend brauchten die Landsberger die Hände nicht bezahlen. Im

Gegenzug hofften Max und Hilde natürlich auf ein wenig Westgeld.

Am Hauptbahnhof angekommen, stand der Zug nach München schon bereit. Alle verabschiedeten sich voneinander, Wolfgang bedankte sich nochmals ganz herzlich für die betenden Hände. Dann steckte er Max verstohlen noch einige Geldscheine zu, welche dieser sofort in seiner Tasche verschwinden ließ. Hardy und Wolfgang bestiegen den Zug, ein letztes Winken und der Zug verließ den Bahnhof. Kaum war der Zug außer Sichtweite, kramte Max die Geldscheine aus der Tasche. Hilde fing schon an aufzuzählen, was sie sich jetzt im Intershop gleich holen würden.

Max derweil sagte nichts, mit enttäuschtem Gesicht zeigte er Hilde die Scheine. Anschließend fuhren sie in den Konsum, dort gab es auch schöne Sachen - manchmal!

Frank und Bruni waren die Gewinner des Abends. Zwar hatte Frank kein Westgeld bei Wolfgang oder Hardy eintauschen können, aber Bruni und er waren endlich mal im Meißner Weinkeller zu Gast gewesen. Das Essen war ausgezeichnet, der Wein lecker und das Gesicht des enttäuschten Kellners Gold wert.

In den nächsten Wochen sah Frank seine Kellnerkollegen beim Umgang mit Westtouristen mit ganz anderen Augen. Einige waren tatsächlich richtig gierig auf diese Touristen und deren Währung, dass sie fast andere Menschen wurden. Sonst eher laut und großmäulig, wurden sie plötzlich ruhig, einschmeichelnd, fast unterwürfig. Frank konnte über solches Verhalten nur lächeln, er versuchte immer, alle Kunden gleich freundlich zu bedienen, obgleich er auch an sich etwas mehr Gesprächsbereitschaft feststellte, wenn er Westdeutsche bedienen durfte.

In diesem Jahr beendete Frank seine Kellnertätigkeit vorzeitig. Um seine Liebe und die Beziehung zu retten, wollte er die unstete Tätigkeit als Kellner aufgeben und sich eine ganz normale andere "spannende" Arbeit suchen.

Schon seit Wochen bröckelte die Beziehung zu Bruni, irgendwie war es kühl geworden. Frank war immer noch wie ein kleines Kind, er suchte täglich Spiel, Spaß, Spannung und Selbstbestätigung. Er wollte hören, spüren und erleben, dass er ein toller Kerl war. Das Leben war für ihn ein einziges Abenteuer. Lockerleicht dieses zu meistern und sich neue Herausforderungen zu beschaffen, dass war es, was er wollte!

Bruni hingegen war Mutter geworden. Ihre Unbeschwertheit, ihre Leichtigkeit waren seit Susis Geburt fast gänzlich verschwunden. Sie war ruhiger und verantwortungsvoller geworden. Wenn Frank so locker fröhlich von seinen Schiffsabenteuern erzählte oder wenn sie ihn am Terrassenufer am Schiffsanleger abholte und er sich lachend, vielleicht noch mit einem Küsschen, von seinen Kolleginnen verabschiedete, konnte sie nur den Kopf schütteln. Sie wollte eine ganz normale Familie. Dazu kam, dass die wirkliche Lust im Bett schon seit Monaten hinter Franks Vorstellungen von Zweisamkeit hinterher hinkte und die Schere drohte immer weiter auseinander zu gehen.

Nach langen Gesprächen versprach Frank, sich eine neue Arbeit zu suchen. Bruni wollte, dass er einer geregelten Tätigkeit nachging. Auch sollte die Versuchung, andere Frauen kennen zu lernen minimiert werden. Bruni traute Frank einfach nicht mehr über den

Weg. Seit er als Kellner auf den Schiffen arbeitete, war er noch mehr Hallodri und Lebemann geworden. Sparen, um sich später etwas leisten zu können, war für ihn undenkbar. Frank lebte nur im Hier und Jetzt. Bruni aber war der Meinung, dass sie doch beide Verantwortung für ihr Kind trugen.

Frank sollte und wollte nun seinen Teil dazu beitragen. Jürgen, sein Bruder, arbeitete schon sein einigen Jahren als Rangierarbeiter bei der Deutschen Reichsbahn auf dem Güterbahnhof Dresden Friedrichstadt. Vor einigen Monaten wechselte er zur Aufsicht Güterdienst, damit konnte er Frank einen vermeintlich guten Posten beim Güterbahnhof verschaffen.

Ab dem 01.09.83 war es dann soweit, Frank begann seine neue Tätigkeit bei der Deutschen Reichsbahn als Bremser, klingt komisch, kommt aber noch besser. Denn gleich zu Beginn musste Frank einen Lehrgang belegen, in dem ihm erklärt wurde, wie eine Lock ab- und angekoppelt und Bremsen kontrolliert werden. Nach Abschluss der Schulung trug Frank den vielsagenden Titel „Staatlich geprüfter Bremser".

Jahre später witzelte er immer noch über diesen Titel und dass er der einzige war, der die sozialistische Planwirtschaft bremsen durfte. Nur wenige Wochen später wurden ihm solche und andere kritische Bemerkungen zum Verhängnis oder verhalfen ihm zu seinem späteren Glück. Das bleibt eine Frage der Sichtweise.

In seinem neuen Job stimmte zwar das Geld, aber dafür hatte er Schichtdienst. Das wiederum gefiel ihm weniger. Denn die Schichten standen schon Jahre im

Voraus fest. Er arbeitete in der sogenannten „rollenden Woche"!

Bruni fand die neue Arbeit inklusive der Schichten sehr gut. Sie wußte Frank untergebracht und Frauen gab es da auch kaum. Außerdem hatte sie wieder mehr Zeit für sich und Susi. Leider half das ihrer Liebe zu Frank nicht auf die Sprünge. Sie selbst wußte nicht zu sagen warum, aber seit der Geburt hatte sich etwas verändert. Die Lust auf Frank, seine Lebenseinstellung, seine nie erwachsen werdende Art - fast alles an ihm gefiel ihr immer weniger. Sie hatte ihre Susi und das war das Wichtigste. Frank dagegen dachte immer nur an Abwechslung, Abenteuer, etwas erleben. Klar bezog er sie und Susi mit in seine Unternehmungen ein, aber es waren nicht die, von denen sie träumte.

Beide versuchten immer wieder, sich anzunähern. Bruni indem sie ab und zu Franks Drängen nachgab. Er hingegen suchte sich eine neue geregelte Arbeit, wollte dann sogar noch eine neue Wohnung suchen.

Dann hatte Frank eine neue Idee. Er fand, dass es Zeit wäre, in die SED einzutreten. Er versprach sich davon einige Vorteile. Eine neue Wohnung sollte doch locker drin sein. Vielleicht konnten er und Bruni dann endlich auch heiraten. Beruflich würde es vielleicht auch einen neuen Anschub geben. Bestimmt käme er dann wieder aus diesen blöden Schichten raus.

Wie immer wurde nicht lange gefackelt und so sprach er bei dem Parteisekretär der Güterabfertigung vor. Dieser zeigte sich angenehm überrascht und beide stellten gleich einen Antrag zur Aufnahme in die SED. Franks Eltern würden bürgen. Nun galt es nur noch 6 Monate durchzuhalten und dann sollte es aufwärts gehen.

Die Tätigkeit auf dem Güterbahnhof war allerdings keine gute Voraussetzung, um dieses Ziel zu erreichen. Franks Aufgabe bestand hauptsächlich darin, ankommende Güterzüge abzugehen, die Lok von den Wagons zu trennen, dann den ganzen Zug nach hinten abzugehen, um alle Bremsen zu kontrollieren. Bei abfahrenden Zügen musste entsprechend erst die Lok angekoppelt, dann das Anliegen der Bremsen und zum Schluß das Lösen der Bremsen kontrolliert werden. Für Frank war dies schon nach wenigen Wochen viel zu öde und die Langeweile machte seinem Gemüt zu schaffen.

Schnell fing er an, sich um andere Sachen zu kümmern. Das Essen in der Kantine beispielsweise sagte ihm überhaupt nicht zu, auch wie verschiedene Räumlichkeiten genutzt wurden, missfiel ihm. Es gab schöne große Räumlichkeiten, die ungenutzt leer standen beziehungsweise höchstens als Stuhllager oder ähnliches Verwendung fanden. Er hingegen wollte nicht nur die Räume für mehr kulturelle Zwecke verwenden - mal eine Theateraufführung, mal eine Disco oder eine Ausstellung - nein, er wollte auch das Essen revolutionieren und forderte mehr frisches Essen. Das wiederum hätte für die Kantinenmitarbeiter natürlich mehr Eisatz, mehr Arbeit und Aufwand für ihre Produkte bedeutet.

Mit anderen Worten, er wollte die Güterbahnhof-Welt umkrempeln. Dass er damit vielen Leuten auf die Füße trat und sich keine Freunde machte, störte ihn nicht. So kam, was unvermeidlich war: noch vor Ablauf der 6 Monatsfrist musste Frank beim Parteisekretär antreten. Mit den Worten: „Herr Ludwig, so geht das nicht. Sie können hier nicht alles durcheinander bringen. Ihre Ideen und Vorschläge in allen Ehren, aber diese passen nicht zu unseren sozialistischen Vorstellungen von Gemeinschaft. Außerdem haben sich diverse Parteimitglieder über sie beschwert. Es tut mir wirklich leid und es ist während meiner langjährigen Funktion als Parteisekretär auch noch nicht vorgekommen, aber wir müssen sie als Kandidaten der SED ablehnen! Hier sind ihre Unterlagen zurück. Vielleicht versuchen Sie es in ein paar Jahren, wenn sie etwas reifer geworden sind, noch einmal." Um es vorweg zu nehmen, Frank ist nicht reifer geworden, er hat es nie wieder versucht!

Vielleicht mutet es aus heutiger Sicht merkwürdig an, aber Frank hat danach keinerlei Schwierigkeiten mit irgendwelchen staatlichen Stellen gehabt. Oder besser gesagt: In seiner unbekümmerten Art sind ihm keine Veränderungen in seiner Umwelt aufgefallen und selbstverständlich hat er auch keinen Gedanken an eventuelle Konsequenten aus dieser Aktion verschwendet. SED Kandidatur hin oder her, er würde seine Ziele auch ohne Hilfe der Partei erreichen!

Doch die Ablehnung kratze ganz schön an seinem Ego, zumal er sich mit seinen Vorschlägen im Recht fühlte. Außerdem hatten ihn seine Kollegen doch dazu ermutigt, etwas zu verändern und sich für sie einzusetzen. Damals jedoch verstand er die Welt nicht mehr. Auch sein Bruder enttäuschte ihn in dieser Zeit. Wegen einer gefühlten Kleinigkeit, strich dieser ihm eine Prämienzahlung. Alles zusammen war zu viel für ihn, es war das Signal, die Arbeit zu wechseln.

Gleich an seinem nächsten freien Tag ging er zum Rathaus. Dort hingen Listen von Firmen aus, die diverse Arbeitsstellen anboten.

Teilweise war dafür eine Ausbildung notwendig, teilweise auch nicht oder man hatte die Möglichkeit im Rahmen der Erwachsenenqualifizierung, eine entsprechende Ausbildung nachzuholen. Frank studierte die Listen aufmerksam, dann bleiben seine Augen an einer Stellenanzeige ohne besondere Anforderungen hängen.

Die Deutsche Post, genauer das Hauptpostamt, suchte für den Einsatz im Postamt 6, Großenhainer Straße, einen Hauptzusteller. Einzige Voraussetzung war die Fahrerlaubnis für PKW´s und mindestens 1 Jahr Fahrpraxis.

Das war's, was er gesucht hatte, sofort machte sich Frank auf den Weg zum Hauptpostamt auf der Königsbrücker Straße. Als er sich dort vorstellte, verwies man ihn umgehend an das Postamt 6 auf die Großenhainer Straße.

Ohne zu überlegen, setzte er sich in die Straßenbahn und fuhr zu besagtem Postamt.

Hier stockte seine Bewerbung allerdings kurzzeitig, alle Verantwortlichen waren schon aus dem Haus. Er musste sich am nächsten Tag noch einmal im Postamt melden. Telefonisch vereinbarte er einen Termin mit dem Leiter. Dieser wußte schon Bescheid, hatte aber auf Grund der Weihnachtszeit erst in zwei Tagen einen Termin frei.

Frank war pünktlich zur Stelle, traf vor Ort auch gleich auf seine zukünftigen neuen Kolleginnen, bisher waren ausschließlich 4 Frauen als Hauptzusteller unterwegs. Diese erklärten ihm seine Aufgaben und Dienstzeiten. Dienstbeginn war täglich 5 Uhr, wenn er Samstag Dienst hatte 6 Uhr, Feierabend war 14 Uhr bzw. 12:30 Uhr.

Bis auf wenige Ausnahmen würde ihn seine tägliche erste Fahrt zum Hauptpostamt führen, wo er Briefe und Pakete für das Postamt abholen sollte. Im Postamt angekommen, würden alle gemeinsam die Pakete sortieren und den zuständigen Hauptzustellern zuordnen. Dann sollten Zeitungen und Briefe für die Zusteller ins Fahrzeug geladen werden, gegen 8 Uhr könnte dann seine Tour beginnen. Zuerst sollte er die Briefe und Zeitungen zu seinen Zustellern bringen, dann, falls auf der Tour vorhanden, Postabholstationen bestücken und zum Schluss Pakete ausfahren.

Frank fand die Tätigkeit sehr abwechslungsreich, er würde mit vielen verschiedenen Leuten zu tun haben, er konnte fast den ganzen Tag Auto fahren und das würde ihm schon gefallen. Die Frauen fand ihn auch sehr nett und freuten sich, endlich einen jungen Mann bei sich in der Truppe zu haben. Frank musste noch ein kleines Fahrtraining auf dem Barkas und dem TV 14 (ein Kleintransporter rumänischer Bauart) absolvieren, dann waren sich alle einig und er begann am 01.01.1984 seine neue Tätigkeit beim Hauptpostamt 6 auf der Großenhainer Straße!

Der Wecker klingelte schon wieder! Gut dass Frank ihn noch einmal gestellt hatte, jetzt musste er aber los, wenn er nicht wieder den alten Barkas fahren wollte. Er stand auf den TV 14, dieser war doch um Längen besser. Der hatte so etwas martialisches, so etwas urmännliches, der fuhr sich wie ein kleiner LKW! Und so ermahnte er sich nochmals, sich doch endlich umzuziehen und aufzubrechen. Frank zog sich also schnell um, nahm seine Tasche und verließ die Wohnung.

Seitdem er vor fast vier Monaten in eine neue Wohnung umgezogen war, wohnte er nur noch fünf Gehminuten vom Hauptpostamt 6 entfernt. Dort angekommen, wünschten sich alle erst einmal ein gesundes und erfolgreiches neues Jahr! Frank lächelte jedes Mal, wenn wieder eine seiner Kolleginnen kam und ihm ein besseres neues Jahr als das vergangene wünschte. Jede kannte seine Trennungsgeschichte, dieses auf und ab, das hin und her der Gefühle. Schließlich wurde es so schlimm, dass er sogar einige Tage krank war. Seitdem er die neue Wohnung hatte, war er auch in einer neuen Umgebung, hatte neue Bekannte und neue Bekanntschaften. Alles in allem schien es wieder aufwärts zu gehen.

Keine seiner Kolleginnen ahnte, wie oft er noch immer zu Hause auf seinem Bett lag, an Bruni, Susi und die alten Zeiten dachte, um dann vor Selbstmitleid fast zu vergehen.

Jetzt aber freute er sich auf den Tag, endlich wieder Auto zu fahren und mit seinen Zustellerinnen die neuesten Geschichten austauschen.

Nachdem er alles geladen hatte, musste er heute zuerst an die Postabholstation 3, um diese mit der Post für eine ganze Siedlung zu bestücken. Nun gut, dachte er sich, es ist nicht die beste Tour, dafür aber hab ich meine Ruhe. Er bestieg den TV 14, der Dieselmotor startete etwas holprig und eine blau schwarze Rußfahne stieg in den Morgenhimmel. Frank dachte noch, dass es nicht gut klang und es kein gutes Zeichen war, wenn der Tag so anfing.

Es war Januar, aber mit den Temperaturen von knapp unter 0 Grad sollte die Balkanziege doch gut klarkommen. Bis zur Abholstation ging auch alles gut.

Frank schaltete den Motor ab, nahm die sortierte Post und füllte damit die Briefkästen. Dann waren noch die Zeitungen dran und 30 Minuten später war er mit allem fertig.

Er stieg wieder ins Auto, drehte den Zündschlüssel und …nichts und! Es passierte nichts. Sollte dieses Jahr wieder so werden wie das letzte? Frank überlegte nicht lange, sondern ging zur nächsten Telefonzelle und rief im Postamt an. Der Postamtsleiter versprach, sich umgehend zu kümmern. Er würde sofort einen Werkstattwagen verständigen und zu ihm schicken. Frank solle sich keine Gedanken machen, Hilfe naht!

Das war leichter gesagt als getan. Frank ging zurück zu seinem Auto und stieg wieder ein. Allerdings wurde ihm schnell kalt, so dass er wieder ausstieg und anfing umher zu laufen. Er dachte an die Wünsche seiner Kolleginnen und was das letzte Jahr so alles gebracht hatte.

Obwohl es kaum 9 Monate her war, konnte sich Frank nicht mehr genau erinnern, wer, wann und warum Schluss gemacht hat. Die Silvesterfeier jedenfalls hatten er und Bruni schon getrennt verbracht, im März war dann endgültig Schluss. Es funktionierte einfach nicht mehr. Eines Tages beschlossen sie, Frank solle seine Möbel alle in die ehemalige Schlafstube räumen, Bruni und Susi würden dann die restlichen Zimmer bewohnen. Vielleicht würde eine räumliche Trennung ihnen helfen.

All seine Möbel in ein Zimmer zu räumen, gestaltete sich schwierig, aber für Frank, der Umzüge oder umräumen immer als Abenteuer und nicht als lästige Pflicht betrachtete, nicht unmöglich, obwohl seine

Eltern, Bruni und später auch Notärzte über das Ergebnis nur den Kopf schütteln konnten.

Das Zimmer war gerade einmal 2,50 m breit und 5 m lang. In diesem sollten immerhin ein ca. 2 x 2 m großes Doppelbett, zwei große alte Kleiderschränke, ein zweiteiliges Wohnzimmerbuffet aus den 1930ern, zwei Glasvitrinen, ebenfalls älteren Datums und ein schöner großer Schreibtisch Platz finden. Zum Glück war die Zimmertür mittig zwischen den Seitenwänden, so stellte er kurzerhand einen Kleiderschrank rechts, einen links, das Doppelbett darauf, die beiden Vitrinen nebeneinander, gegenüber das Buffet und unter das Fenster den Schreitisch. Ende, das Zimmer war voll. Ein Stuhl und eine Leiter passten gerade noch rein, der Stuhl für den Schreibtisch, die 3 m Leiter brauchte er, um in sein Bett zu gelangen. Frank empfand das Schlafen auf den Schränken in über 2 m Höhe als lustig, auch wenn er dort keine großen akrobatischen Experimente veranstalten dürfte! Aber mit wem sollte er hier noch experimentieren?

Bruni und er sprachen kaum noch ein Wort miteinander. Susi sah er ab und zu in der Wohnung, aber Bruni wollte nicht, dass er alleine mit ihr im Zimmer war oder gar etwas mit ihr unternahm. Auch durfte er die vormals gemeinsame Wohnstube nicht mehr betreten. Hilde und Max konnte die Kleine ebenfalls nicht mehr sehen, was beide besonders schmerzte, war doch Susi ihr Ein und Alles.

In den nächsten Wochen traute Frank seinen Ohren kaum: aus Brunis Zimmer nebenan hörte er immer öfter Dixieland Musik. Was war nur in sie gefahren, diese Musik mochte sie doch nicht, als sie noch mit ihm zusammen war. Und nun? Dann erfuhr er, dass sie sogar zu entsprechenden Konzerten ging. Frank konnte es nicht fassen, er war wie vor den Kopf gestoßen!

Dann kam der Tag im Frühsommer '84. Frank erinnerte sich noch ganz genau, es war ein Samstag. Er war früh aufgewacht, hatte Susi lachen und Bruni mit ihr reden hören. Dann waren sie aus dem Haus gegangen, Frank schlief wieder ein. Am späten Nachmittag, er stand gerade in der Küche und wollte sich einen kleinen Snack zubereiten, kam Bruni alleine zurück. Später hantierte sie ebenfalls in der Küche, irgendetwas bereitete sie vor. Frank nahm sein Essen und ging wortlos in sein Bett zurück. Später am Abend, er wollte gerade vom Bett steigen und sein Geschirr in die Küche bringen, klingelte es an der Wohnungstür. Noch ehe er reagieren konnte, hörte er Bruni zur Tür rennen. Nun lag Frank ganz still und lauschte. Was er dann hörte, schnürte ihm die Kehle zu und brach sein Herz endgültig. Er hatte es genau gehört, Bruni hatte einen neuen Freund und diesen nun in ihrer ehemals gemeinsamen Wohnung empfangen. In der Wohnung, in der so viele Erinnerungen, so viel Herzblut, so viel Schönes steckte, in der empfing sie einen neuen Freund.

Jetzt wurde ihm klar, was sie vorbereitet hatte. Bei dem Gedanken, dass sie nun einen Anderen küsst, im Arm hält oder gar noch mehr, das alles auch noch direkt nebenan, verlor er fast den Verstand. Frank, der eh schon immer eifersüchtig war, dem es immer schwer fiel, Bruni alleine irgendwo hingehen zu lassen, musste nun hören, wie sie einen Anderen küsste und in die Wohnstube führte. Als wäre das alles nicht schon genug, vernahm er kurze Zeit später auch noch Dixielandmusik aus dem Nachbarzimmer. Das war zu viel! Frank's Asthma meldete sich zurück, plötzlich bekam er kaum noch Luft, sein Herz raste und er fiel förmlich in sich zusammen. Sicherlich waren es keine körperlichen Beschwerden, es war die Seele, die schmerzte. Er konnte fühlen, wie mit Brustschmerzen und Atemnot sein Herz brach. Noch heute ist es für ihn eines der einschneidendsten Erlebnisse seines Lebens. Auch wenn er mit einem Abstand von über 30 Jahren durchaus seine Fehler sieht, bleibt ein „aber" zurück.

Damals jedoch erschien es ihm, als sei das Ende der Welt, das Ende des Lebens, das Ende überhaupt gekommen. Frank bekam keine Luft mehr, er musste raus und einen Arzt rufen. Mit Mühe stieg er die Leiter hinab, zog sich an und ging zur nächsten Telefonzelle, um einen Notarzt zu rufen. Zurück in seinem Zimmer quälte er sich in sein Bett, zog sich das Kissen über den Kopf und versuchte, nichts von der Musik aus dem anderen Zimmer zu hören. Auch als später die Notärztin an der Tür klingelte, bewegte er sich keinen Millimeter. Sollte doch Bruni an die Tür gehen, er würde ihr schon den Abend verderben. Oder würde sie Mitleid haben mit ihm? Würde sie ihn bedauern? Würde sie gar zu ihm zurück kommen? Frank hörte, wie der Ärztin die Tür geöffnet wurde, dann betrat sie sein Zimmer und rief: „Ist da jemand?" Japsend und nach Luft ringend meldete Frank sich aus dem Bett auf den Schränken. Die Notärztin ging unter dem Bett durch und sah zu ihm auf. Verdutzt fragte sie, was er dort oben mache und was ihm fehle. Mit wenigen Worten erklärte ihr Frank, dass er an Asthma leidet und derzeit kaum Luft bekommt. Er erklärte ihr weiter, sie solle doch bitte die Leiter von der Wand nehmen, die 2 m zum ihm hinauf klettern und ihm helfen. Die Frau schaute erst die

Leiter, dann die anwesenden Sanitäter an, schließlich nahmen letztere die Leiter hielten sie fest und die Ärztin stieg zu Frank ins Hochbett. Kurz untersuchte sie ihn, Herz und Lunge waren soweit in Ordnung. Sie meinte, es wäre kein Asthmaanfall, dann verpasste sie ihm eine Spritze und Frank beruhigte sich.

Kopfschüttelnd stieg sie die Leiter herunter, sah ihre Begleiter an, verdrehte die Augen, verabschiedete sich von Frank, dann verließen die drei das Zimmer. Frank hörte, wie Bruni aus der Wohnstube kam, kurz mit der Ärztin sprach und diese dann verabschiedete. Nun hoffte er, würde Bruni bestimmt zu ihm kommen, um ihn zu bemitleiden, doch weit gefehlt. Kurze Zeit später hörte er nur, wie sie sich mit ihrem Neuen unterhielt, dann kicherten beide und schlossen die Wohnungstür hinter sich!

Frank lag in seinem Bett, heulte Rotz und Wasser, bis vor Erschöpfung keine Tränen mehr kamen! Er konnte nichts mehr denken, nur noch Schmerz fühlen. Später irgendwann musste er so eingeschlafen sein.

Die nächsten Wochen und Monate waren die Schlimmsten in seinem Leben. Ohne Rücksicht zu nehmen, brachte Bruni immer öfter jemanden mit nach Hause, nie wußte er, ob es derjenige von vor ein paar Wochen oder immer ein anderer war. Jedes Mal verging Frank vor Schmerz und Selbstmitleid. Susi durfte er nach wie vor nicht mehr sehen. Frank fragte sich immer wieder warum? Was hatte er falsch gemacht? Wie und wann hat er Bruni nur so unendlich verletzt, dass sie ihm dies nun antat? Er wußte, dass er Fehler gemacht hatte, aber ihm deshalb den Umgang mit Susi zu verweigern, war nicht richtig.

Schließlich traf Susi keine Schuld, sie wurde nur benutzt, um Frank zu bestrafen. Während seiner Tätigkeit auf dem Schiff hatte er schon mit anderen Frauen geflirtet, getanzt, sogar rumgeknutscht hatte er reichlich, aber das war's auch. Gut, er hätte durchaus auch mehr gewollt, war es doch in dieser Hinsicht zu Hause sehr ruhig und leidenschaftslos geworden, doch es ergab sich nicht. Wie wäre es wohl ausgegangen, wenn er zuerst eine andere gefunden hätte? Wie hätte er sich wohl verhalten oder entschieden? Warum nur durfte er seine Susi nicht mehr sehen?

Als Bruni anfing, diverse Freunde mit nach Hause zu bringen und ihm Susi gänzlich vorenthielt, schlich er sich hin und wieder zum Kindergarten, nur um seine Tochter einmal durch den Zaun hindurch beim Spielen zu beobachten. Eines Tages jedoch entdeckte ihn die Kindergärtnerin. Diese kam daraufhin zu ihm an den Zaun und sagte ihm mit trauriger Stimme, dass Bruni nicht möchte, dass er Susi hier im Kindergarten besucht oder sie durch den Zaun beobachtet. Sie bat ihn zu gehen und die Sache mit Bruni zu klären.

In dieser Zeit ist etwas in Frank zerbrochen. Etwas, was es ihm in den nächsten Jahren unmöglich machen würde, einen normalen Kontakt zu Bruni und seiner Susi zu halten. Selbst Jahre später schaffte er es nicht mehr, diesen aufzubauen.

Zu allem Überfluss ging in dieser Zeit auch noch sein geliebter F9 kaputt. Es passierte auf seiner persönlichen "Pech Strecke" von Dresden nach Hohenstein-Ernstthal, als er seine Schwester Christa besuchte. Zwar kam Frank gut bei seinem Schwesterchen an, obwohl dem Wagen die Berge des Erzgebirges bereits ziemlich zu schaffen machten, auf der Rückfahrt nach Dresden jedoch nahm er dann die Autobahn und das war zu viel für den Motor des F9. Frank forderte viel von seinem rollenden Freudenhaus. Auf der Autobahn wollte er doch wenigstens mit den alten Trabis mithalten, entsprechend gab er Gas.

Kurz vor Dresden, in der Nähe der Abfahrt Willsdruf, passierte es dann. Es gab einen Knall, Rauch stieg auf und der Motor schrie förmlich. Frank ging sofort vom Gas, ließ das Auto auf dem Standstreifen ausrollen, dann stieg er aus und flüchtete einige Meter entfernt in den Graben. Schließlich befürchtete er, der Wagen könne anfangen zu brennen oder gar zu explodieren

Doch nichts dergleichen geschah. Der Motor war aus, der Rauch hatte sich verzogen, Frank konnte zu seinem Wagen zurück. Er öffnete die Motorhaube und traute seinen Augen kaum. Eine Szene wie aus einem schlechten Horrorfilm trat vor seine Augen: Alles war schwarz verrußt und voller Öl, aus einem Loch im Motorblock quoll ganz langsam, fast schon zart dunkler Rauch hervor, dieser überzog alles wie Nebel ein Moorgebiet. Und genau dorthin wünschte Frank nun die Karre, im Moor versinken solle das Ding am Liebsten. Was soll er mit diesem Auto nur anfangen? Obwohl alt und klapprig, hatte der F9 Frank, Bruni und Susi viel Freude bereitet und sie überall hin gebracht. Jetzt, da es mit seiner Beziehung zu Ende war, gab auch noch sein Auto auf. Er fragte sich, wie er das Auto hier unauffällig wegbekommen sollte. Eigentlich gab es nur einen, der ihm helfen konnte - sein Bruder Jürgen. Frank ging zu Fuß in den nächsten Ort und rief seinen Bruder auf der Arbeit an. Dieser versprach, in wenigen Stunden, gleich nach Dienstschluss, mit einem Kumpel und dessen Auto zu ihm zu kommen. Was er dann mit der Karre anstellen würde, wusste er noch nicht, eins aber war sicher, er würde kein Geld aufbringen können, um diesen Schaden reparieren zu lassen.

Es war dunkel geworden, als endlich ein Scheinwerferpaar hinter ihm anhielt. Jürgen und sein Kumpel Achim staunten nicht schlecht, als sie in den Motorraum des F9 blickten und das Loch im Motor sahen. Die Beiden wollten wissen, wie Frank das hinbekommen hat. Auf die Aussage von Frank, er sei einfach nur gefahren, sonst nichts, gab Jürgen nichts. Er wußte, was Frank unter "einfach nur gefahren" verstand - Vollgas, bis das Pedal durch den Fahrzeugboden gerammt wurde.

Dann diskutierten die drei, was mit dem Auto passieren sollte: Werkstatt, Schrott, ausschlachten, was immer damit geschehen sollte, es müsste bald passieren. Ewig würden sie an der Autobahn nicht unentdeckt bleiben. Frank setzte sich durch, das Auto sollte verschrottet werden. Die anderen beiden wollten nur noch wissen, wo und wie es entsorgt werden sollte. Ohne eine Antwort gab Frank nun Anweisung, den F9 abzuschleppen. Nachdem der Wagen am Seil hing, schlug er vor, ihn in den Wald nach Moritzburg zu bringen. Jürgen und Achim sahen sich erstaunt an, aber Frank saß schon in seinem rollenden Bordell und drängte mit lautem Hupen zur Abfahrt.

Die Abschleppfahrt verlief ohne Probleme. Abseits der Autobahn, zwischen Reichenberg und Moritzburg fanden sie später einen abschüssigen Waldweg, der direkt von der Hauptstraße abging und sich nach 50 m im dichten Wald verlor.

Noch an der Hauptstraße montierte Frank die Nummernschilder ab, schlug mit einem Hammer auf das Typenschild ein, bis es unkenntlich war, dann schoben sie den Wagen mit vereinten Kräften in den Waldweg, bis er fast im Unterholz verschwunden war. Schnell rannten alle zurück zu Achims Wartburg, sprangen rein, der gab Gas und wenig später saßen sie bei einem kühlen Blonden in Jürgens Lieblingskneipe.

Nach zwei Bieren schüttelte Achim immer noch den Kopf und meinte, dass die Beiden absolute Chaoten seien. Jürgen stellte klar, dass nicht er sondern nur Frank hier der Chaot sei! Damit war der F9 Geschichte, wenn auch nicht zu Franks Ehre.

Als er Wochen später mit dem Rad nach Moritzburg fuhr, entdeckte er am Straßenrand, einen grünen F9 Kombi. Er hatte keine Gardinen und andere Kennzeichen, aber sonst sah er Franks Wagen zum verwechseln ähnlich. Vielleicht gab es doch ein Happy End für das rollende Freudenhaus!

Die Sache mit dem Auto gab Frank den entscheidenen Anstoß, er musste etwas ändern. Das mit Bruni konnte nicht so weiter gehen. Er wollte und konnte nicht mehr mit ansehen, wie sie sich veränderte und Susi ihm immer fremder wurde. Er musste weg.

Zwischen dem Entschluss, auszuziehen und der Umsetzung lagen gerade einmal 4 Tage. Zu seinen Eltern zurück wollte und konnte er nicht. Max und Hilde waren in der Zwischenzeit aus der Schule ausgezogen. Beide wohnten nun in einer Neubauwohnung in Dresden Leuben. Alles was er brauchte, war eine neue Wohnung. In der näheren Umgebung des Postamt 6 sah er sich nach einer leerstehenden Wohnung um. Kurze Zeit später hatte er in dem Haus

Trachenberger Straße Ecke Seumestraße eine freie Wohnung im 1. Stock entdeckt. Unauffällig ging Frank in das Haus und hoch zu der freien Wohnung. Er spähte durch den Briefkastenschlitz. Was er sah, gefiel ihm. Die Wohnung war tatsächlich frei und unbewohnt. Er überlegte, was passierte, wenn er zur KWV gehen und nach der Wohnung fragen würde. Die Mitarbeiter dort würden fragen, warum - sie haben doch eine Wohnung. Ach Trennung, so ist das, sie sind nicht verheiratet ... und so weiter. Nein das würde er sich nicht antun. Frank ging den kurzen Weg, er klingelte an der Wohnungstür nebenan. Eine ältere Dame Mitte - Ende sechzig öffnete ihm. Jetzt musste Frank nur noch seinen ganzen Charme spielen lassen und schon erfuhr er alles, was er wissen wollte. Frau Friedrich, so hieß die nette Dame, wohnte gemeinsam mit ihrer Schwester in der Wohnung. Eifrig erzählte sie ihm alles über die Wohnung nebenan, ja die stand schon über 3 Monate leer, hatte Wohnstube, Schlafstube, Kinderzimmer, Küche und WC im Treppenhaus. Außerdem gehörten ein Trockenboden und ein Kellerabteil dazu. Frank dachte, das wäre doch die perfekte Wohnung, auch wenn er keine Innentoilette mehr haben würde.

Die Lage gefiel ihm sehr gut, keine 5 Minuten Fußweg bis zum Postamt. Im Erdgeschoss war eine Kneipe, die jede Woche Freitag und Samstag eine Disco veranstaltete. Frau Friedrich erzählte ihm weiterhin, dass Frau Hofmann aus dem 3. Stock den Schlüssel für die Wohnung hat. Er könne sich doch den Schlüssel mal holen und die Wohnung ansehen. Sie und ihre Schwester jedenfalls würden sich sehr freuen, wenn wieder jemand einziehen würde.

Natürlich überlegte Frank nicht lange und klingelte im 3. Stock bei Frau Hofmann. Doch auch nach mehrmaligen klingeln öffnete niemand. Frank verließ das Haus und nahm sich vor, am nächsten Tag noch einmal vorbei zu schauen.

Am nächsten Vormittag hielt er mit dem Postauto direkt vor dem Haus. Frank hoffte, Frau Hofmann heute anzutreffen und den Wohnungsschlüssel in die Hände zu bekommen. Er eilte in den 3. Stock, noch ganz außer Atem klingelte er bei Hofmann.

Wenig später hörte er Schritte, dann öffnete sich die Tür. Bevor er etwas sagen konnte, sprach bereits Frau Hofmann. Frau Friedrich aus dem 1. Stock hatte ihr schon alles erzählt, dass er eine Wohnung sucht und von der KWV geschickt wurde, um sich die freie Wohnung im ersten Stock anzusehen. Frank konnte sein Erstaunen kaum verbergen, so hatte er es Frau Friedrich bestimmt nicht erzählt. Doch jetzt würde er einen Teufel tun, um das Missverständnis aufzuklären. Er stand kurz davor, den Schlüssel für eine neue Wohnung zu bekommen. Eigentlich schwärmen ältere Frauen für Frank, diesmal hatte aber selbst Frau Hofmann, die noch keine 30 war, Frank auch schon in ihr Herz geschlossen. So gab sie ihm ohne Bedenken den Schlüssel für die Wohnung. Er bedankte sich und versicherte ihr, dass er sich umgehend mit der KWV in Verbindung setzt. Er würde den Schlüssel nur wieder bringen, wenn er die Wohnung nicht nehmen würde. Selbstredend sah Frau Hofmann den Schüssel nie wieder.

Frank eilte nach unten, öffnete die Wohnungstür und war begeistert. Genau wie die Nachbarin berichtet hatte, handelte es sich um eine schöne große 3-Raum

Wohnung. Die Wohnungstür befand sich am Ende eines langen Korridors. Gegenüber der Eingangstür befand sich die Wohnstube mit einem schönen alten Kachelofen, rechts daneben die Schlafstube, ebenfalls mit Kachelofen. Dann folgte das Kinderzimmer, allerdings ohne Ofen, schließlich noch die Küche mit einem alten Küchenherd, welcher mit Holz und/oder Kohlen zu beheizen war. Außerdem war auch noch ein Gasherd vorhanden.

Wie Frau Friedrich bereits erwähnte, befand sich die Toilette außerhalb der Wohnung, zwar auf der gleichen Ebene, aber nur über das Treppenhaus zu erreichen. Der Toilettenraum unterteilte sich in drei Kabinen, das einzige Fenster im Raum gehörte zum Glück zu der freien Wohnung. Frank war ganz aus dem Häuschen, diese Wohnung war um einiges größer als die auf der Mohnstraße und mit allem ausgestattet, was das Altbauwohnungsherz zur damaligen Zeit erwarten konnte.

Der Boden sowie der Keller interessierten ihn vorerst nicht. Mit einem breiten Grinsen auf dem Gesicht verließ Frank die Wohnung, schloss die Tür und steckte den Schlüssel ein.

Am Postauto angekommen, drehte er sich noch einmal zu dem Haus um, dabei fiel sein Blick auf die Gaststätte direkt unter der Wohnung. Würde ihn der Lärm der Disco oder der Kneipenlärm allgemein stören? Der Küchendunst jedenfalls nicht, denn die Küche befand sich unter der Wohnung von Frau Friedrich, unter dieser gab es auch eine Entlüftung nach draußen. Unmittelbar unter seiner neuen Wohnung befand sich das Vereinszimmer, in dem ab und zu kleinere Versammlungen oder Feiern stattfanden. Auch der Eingangsbereich und der Tresen befanden sich offensichtlich unter seinen Räumen. Ihm war es eigentlich egal, Hauptsache raus aus der Mohnstraße!

Am darauffolgenden Sonnabend war es soweit. Frank hatte sich das Postauto, natürlich die Balkanziege, geliehen, einige Kumpels und seinen Bruder zusammengetrieben und gegen 11 Uhr waren alle Möbel aus der Mohnstraße verstaut.

Bruni war wieder einmal nicht zu Hause. Frank ging noch einmal durch den Flur, die Küche, die Schlafstube, streichelte liebevoll und schmerzerfüllt zugleich die kleine Tür zur Toilette. Ein letzter Blick, dann schloss er die Wohnungstür und warf den Schlüssel in den Briefkasten. Die Küchenmöbel sowie die Küchenausstattung hatte er zurück gelassen. Er verließ die Wohnung mit gemischten Gefühlen. Hier hatte er sehr schöne Zeiten erlebt, aber auch die schlimmste Demütigung erfahren. Für ihn war das Kapitel mit dem Auszug beendet - dachte er. Doch noch Monate später wird er mit Tränen in den Augen von seiner Susi erzählen, die er nicht mehr sehen durfte, nicht einmal mehr heimlich!

Plötzlich ein Hupen, dann quietschten Bremsen und unmittelbar vor Frank kam der Werkstattwagen der Post zum stehen. Der Fahrer stieg aus, schimpfte wie ein Rohrspatz und fuchtelte mit den Armen. Frank ging auf den Fahrer zu, lächelte ihn an und wünschte ein gesundes neues Jahr. Mani und Frank reichten sich die Hände, obwohl Mani immer noch echt sauer war. Frank war ihm kurz vor einer kleinen Rechtskurve ganz in Gedanken versunken, entgegengekommen. Es hatte nicht viel gefehlt und er hätte ihn angefahren.

Während Mani sich den TV 14 besah, schimpfte er immer noch über den Träumer. Frank trat zu ihm und um ihn abzulenken, verwickelte er ihn in ein Gespräch. Ganz nebenbei entschuldigte Frank sich noch dafür, dass er ihm fast vor das Auto gerannt wäre, doch Mani war schon halb im Motorraum des Transporters verschwunden.

Die beiden probierten eine Zeit lang alles mögliche aus, sie versuchten verzweifelt, die Balkanziege zu starten, aber nichts ging mehr. Mani blieb nichts anderes übrig, als den TV 14 in die Werkstatt zu schleppen. Ruck zuck hing die Ziege am Haken und das Duo war unterwegs zum Hauptpostamt, dort sollte Frank das Auto tauschen, die Post umladen und dann seine Tour fortsetzen. Auf der Königsbrücker Straße beim Hauptpostamt angekommen, stellte sich heraus, dass zur Zeit kein Auto verfügbar war. Frank sollte derweil in die Kantine gehen, sich aufwärmen, etwas essen und trinken. Sobald ein Transporter frei sein würde, gäbe man ihm Bescheid.

Als er die Betriebskantine betrat, überfiel ihn wieder einmal das Grauen und er ärgerte sich augenblicklich. Warum mussten Kantinen immer so alt, runtergekommen und schmuddelig aussehen? Die Wände waren grau, Tische und Stühle stammten wohl noch aus den 50ern, der Fußboden könnte auch mal wieder eine Grundreinigung vertragen und beim Blick in die Frischhaltetheken wußte keiner, sind die Scheiben oder die Brötchen belegt.

Obwohl die Frühstückszeit noch nicht zu Ende war, gab es kaum noch Brötchen, geschweige denn ein heißes Würstchen. Das hatte definitiv nichts mit

Mangelwirtschaft zu tun, aus seiner Sicht war es einfach nur Gleichgültigkeit des Kantinenpersonals.

Als er sich einen Tee sowie ein belegtes Brötchen holte, überlegte er noch, wie es wäre, wenn er eine solche Kantine unter seinen Fittichen hätte. Viele Arbeitsstellen und Jahre später würde er sich diese Frage beantworten können.

Beim Blick durch die schmutzig grauen Fenster trübte sich seine Stimmung schon wieder ein, was er aber jetzt nicht zulassen wollte. So erinnerte er sich an das Gute aus dem letzten Jahr. Es gab da nicht so viel, aber etwas gab es schon. Unwillkürlich verzog sich sein Mund zu einem breiten Grinsen, als er an den Ostsee-Besuch dachte.

Es war kurz bevor er beschloss, auszuziehen, mit Bruni war schon seit Monaten Schluss, seine Stimmung trüb wie das Wetter und nun wollte auch noch sein Cousin Sven mit Freundin aus Wismar nach Dresden kommen. Sie würden zwar nur ein paar Tage bleiben wollen, aber Frank stand überhaupt nicht der Sinn danach, seinen Cousin nebst Anhang zu bespaßen, zumal er Sven kaum und dessen Freundin Frauke, schon der Name versprach nichts Gutes, überhaupt nicht kannte. Hilde und Max hatten ihn gebeten, die Beiden vom Hauptbahnhof abzuholen und ihnen die Stadt zu zeigen. Damit er nicht alleine mit den Beiden ist, wollte er seinen besten Kumpel Lutz mitnehmen. Dieser musste aber ausgerechnet an dem Tag auf seine kleine Schwester aufpassen.

So stand er nun an diesem verregneten Spätsommertag am Bahnsteig 3 im Dresdner Hauptbahnhof und erwartete die Zugeinfahrt des Schnellzuges aus Rostock.

Als dieser mit 30 Minuten Verspätung eingefahren war, schlenderte Frank dem Wagon 5 entgegen. Tante Anneliese hatte bei Hilde angerufen und ihr mitgeteilt, in welchem Wagen die Beiden sitzen würden. Plötzlich hörte er hinter sich ein lautes: „Hallo, hallo Frank, hier sind wir!". Er drehte sich um, sah zuerst Sven, unverkennbar mit seinen 20 Jahren, den langen, hellen, ungepflegten Haaren und dem massiven Körper, der ihn um einige Jahre älter aussehen ließ. Dann fiel sein Blick auf das, was Sven an der Hand hielt. Frank musste schlucken und wäre fast gestolpert. Frauke, so hieß Svens Freundin, sah aus wie 17, war ca. 1,65 m groß, schlank, kleine Brüste und sie lächelte ihn an.

Natürlich begrüßte er Frauke zuerst, danach gab er auch Sven die Hand. Fast augenblicklich hatte Frank das Gefühl, dass mit Fraukes Erscheinen alle negativen Gedanken oder trüben Stimmungen wie weggeblasen waren. Wegen des Zusammenhangs zwischen Frauke und seinem letzten Gedanken wurde er rot. Inständig hoffte er, dass dies niemand in dem dämmrigen Bahnhofslicht sehen konnte.

Als die drei den Hauptbahnhof verließen, trug Sven den Koffer, während Frauke und Frank sich prächtig unterhielten. Sein Cousin musste in diesem Augenblick gespürt haben, dass dieser Urlaub aus dem Ruder laufen könnte, denn er drängte sich zwischen die Beiden, ließ sich aber nichts anmerken.

Auf dem Weg zur Straßenbahn flirteten die Beiden ungeniert und offen miteinander. Sven jedoch trug stoisch den Koffer und schwieg. Selbst in der Straßenbahn bemerkte er nichts. Oder wollte er nichts merken? Dabei war es da schon unübersehbar. Frauke und Frank saßen sich in der Bahn genau gegenüber. Zwangsläufig berührten sich dabei ihre Knie. Das konnte jeder sehen, somit dachte auch Sven sich offenbar nichts dabei. Was er nicht wahrnahm, Frauke drückte ihr Knie immer an die von Frank. Sobald die Bahn durch eine Kurve fuhr, nutzte sie die Fliehkräfte schamlos aus, drückte noch mehr zu und stützte ihre Hand auf seinem Bein ab.

Frank hielt kräftig dagegen, so dass die Druckkraft ihrer beider Blut zirkulieren und Schmetterlinge im Bauch aufsteigen ließ.

Später stellte sich dann heraus, dass Frauke die Sache sehr, sehr ernst nahm, sie würde sich noch bis über beide Ohren in Frank verlieben. Er jedoch war für eine neue Liebe noch nicht bereit. Für ihn war es ein Abenteuer, eine Selbstbestätigung, einfach eine geile Zeit.

Frank brachte die Beiden wohlbehalten zu Max und Hilde nach Leuben. Dort würden sie im Gästezimmer übernachteten.

Um die prickelnde Atmosphäre nicht zu zerstören, entschloss sich Frank kurzfristig, ebenfalls bei den Eltern zu übernachten. Er begründete seinen Entschluss damit, dass sie gemeinsam morgen früh schon zeitig los konnten, schließlich gab es viel zu sehen in Dresden. In dieser ersten Nacht blieb noch alles ruhig und Frank schlief allein auf dem Sofa in der Wohnstube.

Am nächsten Tag war die ganze Familie bereits frühzeitig auf den Beinen. Während alle durch die Wohnung wuselten, ging Frank noch einmal seinen in der Nacht ausgeklügelten Besichtigungsplan durch.

Zuerst jedoch wollte er unbedingt bei seinem Kumpel Lutz vorbei, um diesen zum mitkommen zu gewinnen.

Frank ahnte ja nicht, wie Frauke drauf sein würde. War es gestern nur ein Flirt oder konnte er mehr wagen? Er mußte unbedingt auf alles vorbereitet sein, schließlich wollte er nicht das fünfte Rad am Wagen sein. Sven und Frauke hielten sich ja noch bei den Händen, außerdem küssten sie sich auch ab und an. Es könnte ja sein, dass er Lutz brauchte, um Sven abzulenken und selber freie Bahn zu haben. Frank wollte testen, was noch geht, nur Kniedrücken konnte doch nicht alles gewesen sein. Doch für mehr hatte er bisher keine Gelegenheit.

Von der elterlichen Wohnung aus ging es zuerst zum Schloss Pillnitz, anschließend weiter nach Loschwitz. Mit der Schwebebahn fuhren sie gemeinsam nach Oberloschwitz. Dann wanderten die drei auf die andere Seite der Grundstraße zur Standseilbahn, mit dieser ging es wieder talwärts. Am Schillerplatz trafen sie dann endlich auf Franks Kumpel Lutz. Dieser schloss sich der kleinen Gruppe an und zusammen erkundeten sie noch die Gegend um den Schillerplatz, bevor es am frühen Abend wieder zu Max und Hilde ging.

Während des Tagesausfluges wollte Frauke immer wieder zwischen den beiden Jungs gehen. Dabei hakte sie sich bei Sven und Frank ein, redete und scherzte oft mit Sven, während sie Frank kaum eines Blickes würdigte. Und trotzdem grinste dieser die ganze Zeit, was Sven wiederum verstörte. Was dieser nicht sehen konnte, Frauke hatte ihre Hand in Franks Jackentasche gesteckt, nur um dort seine Finger zu suchen und mit diesen zu spielen. Nur bleib es nicht beim spielen und drücken. Als sie anfing, immer wieder ganz sanft über seine Hand zu streicheln, wurde ihm ganz anders, zumal Sven direkt neben ihnen ging. Es war merkwürdig, spannend und erregend zugleich, zu spüren, wie sie mit Franks Fingern spielte und gleichzeitig Sven küsste.

Frank freute sich schon auf den Abend bei den Eltern. Einmal könnte er dort noch übernachten, ohne dass es auffallen würde.

Am Abend waren die beiden Wismaraner allerdings zu kaputt, um noch viel feiern zu können. So saßen sie gemeinsam mit Frank im Gästezimmer und quatschten. Als Sven endlich mal auf die Toilette musste, nutzte Frank die Gelegenheit. Kaum hörte er, wie sich die Tür hinter Sven geschlossen hatte, sah er Frauke in die Augen, sie erwiderte den Blick! Dann ging alles ganz schnell und wie selbstverständlich. Frank nahm Fraukes Gesicht in seine Hände, zog ihren Kopf zu sich, dann küsste er sie leicht auf den Mund. Einen Wimpernschlag später knutschten beide wie wild. Als Sven kurz darauf die WC-Tür wieder hinter sich schloss, quietschte diese glücklicherweise. So hatten die Beiden gerade noch Zeit, sich voneinander zu lösen, die Haare zu richten und eine unschuldige Miene aufzusetzen, bevor Franks Cousin wieder ins Gästezimmer trat.

War es Fraukes noch immer zerzaustes Haar oder die Lippen, die plötzlich rot leuchteten, Sven jedenfalls sah sie misstrauisch an. Kühl meinte er, dass sie jetzt zu Bett gehen wollten und es wäre schön, wenn Frank nun ginge. Um die Situation zu entschärfen und keinen Familienstreit vom Zaun zu brechen, entschied sich Frank, lieber bei Lutz zu übernachten. Gerade als er gehen wollte, meinte sein Cousin noch, dass sie sich erst am nächsten Nachmittag mit ihm treffen wollten.

Fraukes Gesicht verriet etwas anderes, aber sie ließ sich nichts anmerken und verabschiedete sich nur mit einem Handschlag von Frank, aber mit einem Blick, der leidenschaftlicher nicht hätte sein können.

Frank sagte das Treffen am nächsten Nachmittag ab, im Gegenzug schlug er vor, sich am Abend gemeinsam mit Lutz im Volkshaus Laubegast auf ein Bier zu treffen.

Am Abend dann hatten sich die Gemüter wieder vollends beruhigt und alle würden hoffentlich wieder gemeinsam und entspannt feiern. In Familienkreisen war allgemein bekannt, dass die Verwandtschaft von der Küste Bier und Schnaps nicht gerade ablehnend gegenüberstand. So kam es, dass es Lutz am Abend nicht schwer fiel, auf Franks Bitte, sich Sven anzunehmen und ihn immer wieder zum trinken zu animieren, in die Tat umsetzte. Dieser war indes noch immer sehr skeptisch, was Frank und Frauke betraf. Er bemühte sich immer wieder zu zeigen, dass Frauke zu ihm gehört. Bei jeder sich bietenden Gelegenheit legte er besitzergreifend seinen Arm um sie, was Frauke wiederum veranlasste, sich ihm unauffällig zu entziehen. Im Gegensatz zu den letzten Tagen versuchte nun Sven seine Frauke laufend zu küssten.

Der Alkohol indes schien diesmal nur seinem Geist zu schaffen zu machen, zur Toilette musste er offensichtlich nicht mehr. Erst spät am Abend war es dann endlich doch soweit. Lutz stellte sich als wahrer Freund heraus - er trank nicht nur ständig mit Sven, nein, er begleitete ihn schließlich auch zur Toilette. Kaum waren die beiden in der Menge verschwunden, als Frank die Hand von Frauke ergriff, um sie nach draußen zu ziehen. Am Hintereingang, welcher der Elbe zugewandt war, drückten sich schon diverse Pärchen in mehr oder weniger dunklen Ecken herum. Frank hoffte, dass sie beide da nicht weiter auffallen würden. So vertieften Frauke und er auch ihre Köpfe ineinander.

Als Frank wieder einmal Luft holen musste und aufsah, erblickte er seinen Kumpel und Sven am Hintereingang. Letzterer lief aufgeregt hin und her, offenbar suchte er Frauke. Lutz versuchte ihn zu beruhigen, allerdings mit mäßigem Erfolg. Zum Glück konnte Sven weder Frauke noch Frank in der Dunkelheit entdecken. Schnell schmiedeten die beiden einen Plan, wie sie der Situation entkommen könnten.

Mit einem letzten innigen Kuss trennte sich Frank von seiner Angebeteten, ging einen kleinen Umweg, um dann seitlich auf Lutz und seinen Cousin zu treffen. Dieser war erstaunt Frank alleine zu treffen, fragte aber sofort wütend, wo seine Freundin sei. Frank gab vor, nur kurz an der frischen Luft gewesen zu sein und nichts über Fraukes Verbleib zu wissen. Diese nutzte die Gelegenheit und lief um das Volkshaus herum, betrat es dann durch den Vordereingang, setzte sich an ihren Tisch, beobachtete unschuldig die Tanzfläche und wartete auf die anderen. Schon von weitem erblickte Sven seine Freundin gelangweilt am Tisch sitzend. Jetzt war es ihm offensichtlich peinlich, dass er Frank vorher so misstraut hatte. Sven nahm seine Freundin in den Arm, küsste sie und alle waren wieder zufrieden. Frauke und Frank beggegneten sich den restlichen Abend nur noch mit Blicken und selbst das nur verstohlen.

Am nächsten Morgen saßen alle vier bei Hilde und Max am Frühstückstisch, als Sven plötzlich fragte, ob Lutz und Frank nicht Lust hätten, spontan für ein paar Tage mit nach Wismar zu kommen, dann könnten er und Frauke sich revanchieren und ihnen die Stadt, den Strand sowie das Umland zeigen. Frank blieb fast das Brötchen im Halse stecken, damit hatte er ja nun gar nicht gerechnet. Frauke stimmte ihrem Freund zu und sagte an Frank gewandt, dass es da einiges Interessantes zu entdecken gibt. Frank hätte fast laut losgeprustet und hatte zu kämpfen, ein breites Grinsen zu unterdrücken. Zum Glück erkannten nur Frauke und er die Zweideutigkeit ihrer Worte.

Den verbleibenden Tag nutzte jeder noch für sich. Lutz und Frank nahmen kurzerhand ein paar Tage Urlaub, packten einige Sachen zusammen, kauften sich Zugfahrkarten und am nächsten Morgen trafen sich alle dort, wo alles angefangen hatte - auf dem Dresdner Hauptbahnhof.

Sein Cousin und dessen Freundin Frauke hingegen nutzten den Tag noch einmal für einen Ausflug ins Dresdner Stadtzentrum. Frauke wollte noch ein wenig shoppen und Sven in Sicherheit wiegen. Denn sie freute sich riesig auf die bevorstehenden Tage mit Frank und würde kaum Zeit für Sven haben, dies stand für sie jetzt schon fest.

Wenn Sven geahnt hätte, dass er mit seinem eigenen Vorschlag das Ende seiner Beziehung besiegelte, hätte er die beiden Jungs nie nach Wismar eingeladen.

Im hohen Norden angekommen, bezogen die Jungs Quartier bei Sven´s Eltern, Tante Anni und Onkel Horst. Sven, der noch bei seinen Eltern wohnte, räumte sein Zimmer, er würde derweil bei seiner Schwester übernachten.

Am Tag nach der Ankunft wurden die beiden Dresdner erst einmal der ganzen Verwandtschaft präsentiert und davon hatte Frank einige in Wismar.

Gefühlt waren es hunderte Onkels und Tanten, welche besucht werden mussten. Am Abend brummte den Jungs der Schädel, die Namen des Tages purzelten wild durch ihre Köpfe. Frank fing schon an, die Fahrt hier hoch zu bedauern, als Sven sagte, dass er am nächsten Tag keine Zeit hätte, die Beiden herumzuführen. Frauke allerdings würde die Schule sausen lassen, um ihnen Stadt und Strand zu zeigen. Innerlich lächelte Frank, endlich würde er Zeit (fast)alleine mit Frauke verbringen können. Sven dagegen schien sich auf heimischem Boden sicher zu fühlen und vertraute auf Lutz als Wachsoldat. Später gingen sie noch auf ein Bier in Svens Stammlokal und ließen den Tag dort ausklingen.

Wie versprochen, holte Frauke die beiden Jungs am nächsten Vormittag bei Tante Anni ab. Zu dritt schlenderten sie durch die Stadt, schauten da und schauten dort. Dabei musste sich Frauke mit ihren Gefühlen noch zurückhalten, zu viele kannten sie und Sven hier. Dann spazierten sie weiter in Richtung Strand, dort wurde es schon um einiges ruhiger. Am Meer angekommen, setzten sich Frauke und Frank in einen Strandkorb, Lutz in einen gegenüberstehenden. Sie unterhielten sich, bis es Frauke kalt wurde und sie anfing, sich an Frank zu kuscheln. Jetzt wurde es Zeit, dass Frank sich etwas einfallen ließ. Kurzerhand fragte er Lutz, ob dieser nicht Lust hätte, ein Bier trinken zu gehen. Nicht ganz freiwillig bejahte dieser die Frage. Frank steckte ihm 5 Mark zu und mit den Worten, er solle sich ruhig Zeit nehmen und langsam trinken, verabschiedete er Lutz.

Kaum war dieser außer Sichtweite wurden die zwei Strandkörbe zusammengestellt und das Knutschen und

Fummeln konnte richtig losgehen. Die Beiden vergaßen alles um sich herum. Sie hatten nur Augen füreinander und so verging die Zeit wie im Flug.

Plötzlich klopfte jemand gegen einen der Körbe. Frauke löste sich aus Franks Umarmung, sah auf die Uhr und stellte erschrocken fest, dass es schon später Nachmittag geworden war.

Verstohlen sahen sie aus ihrem Liebesnest hervor und entdeckten Lutz, der offenbar frierend neben den Strandkörben stand. Seine blauen Lippen ließen erkennen, dass das Bier schon lange alle sein musste und ihm ordentlich kalt war. Er erzählte kurz, dass die 5 Mark nicht ewig reichten und ihm beim langen Strandspaziergang auch nicht wärmer geworden war. Nun würde er gerne wieder gehen und sich aufwärmen.

Die drei gingen in eine nahe gelegene Kneipe, wo alle einen stärkenden und wärmenden Grog tranken.

Frauke allerdings wollte Frank nicht so einfach gehen lassen. Gemeinsam mit Lutz und Frank heckte sie einen Plan aus, wie sie und Frank sich morgen alleine und ungestört wenigstens für 2 oder 3 Stunden treffen könnten. Nachdem alles verabredet war, gingen sie zurück zu Onkel und Tante. Wenig später tauchte Sven ebenfalls auf und gemeinsam verbrachten sie den Abend in heuchlerischer Viersamkeit in der Wohnung bei gutem Essen und reichlich Alkohol. Frauke, Frank und Lutz spielten ihre Rollen dabei perfekt.

Am nächsten Morgen klagte Frank über Zahnschmerzen, er gab vor, es sei so schlimm, dass er unbedingt zu einem Zahnarzt müsse. Da die Praxis erst ab 8 Uhr öffnete, hatte leider niemand aus der Familie Zeit, ihn zu begleiten. Sven machte sich echt Sorgen um Frank, konnte ihn aber auch nicht zum Arzt bringen.

Allerdings erklärte er sich bereit, ihn ein Stück zu begleiten und ihm dann den Weg zu zeigen. Frank meinte jedoch, dass ihm die frische kühle Luft gut tun würde, deshalb wollte er nicht auf Sven warten und den weiten Weg lieber zu Fuß zurücklegen.

Tante Anni gab ihm ein Stadtplan und erklärte ihm den Weg. Da mit einer längeren Wartezeit beim Zahnarzt zu rechnen war, wollte Lutz noch mit den anderen frühstücken und ihn dann später in der Praxis abholen. Übereinstimmend ging man davon aus, dass Frank mindestens bis gegen 10 Uhr beim Zahnarzt warten müsse. Mit schmerzverzerrtem Gesicht meinte Frank noch, alles sei besser als mit diesen Schmerzen zu leben, zog sich langsam an und verließ die Wohnung noch vor 7 Uhr.

Keine 20 Minuten später war er am vereinbarten Ziel und die Zahnschmerzen waren weg! Er hatte die Wohnung von Frauke erreicht. Kurz klingelte er an der Wohnungstür im Erdgeschoss. Frauke öffnete die Tür und küsste ihn stürmisch. Ohne viele Worte verschwanden sie in ihrem Zimmer. Wenig später fand sich Frank auf ihrem Bett wieder. Frauke schaffte es noch, ihm zu erklären, dass ihre Mutter erst gegen 9 Uhr wieder nach Hause kommen würde, bevor keiner von beiden mehr reden konnte und wollte!

Rums! Gerade als Frank und Frauke so richtig in Stimmung waren und dem ersten Höhepunkt entgegen strebten, knallte eine Tür. Erschrocken fuhr Frank hoch und lauschte. Jeden Moment rechnete er damit, dass Fraukes Mutter durch die Tür kam, sie überraschen und Frank hinauswerfen würde. Frauke jedoch zog ihn wieder zu sich, küsste und liebkoste ihn. „Das war nur die Haustür! Jetzt verlassen die meisten das Haus und gehen zur Arbeit." flüsterte sie ihm ins Ohr. Frank atmete erleichtert durch, konzentrierte sich auf das Wesentliche und machte dort weiter, wo er unterbrochen worden war.

Rums! Gerade waren sie im siebten Himmel, als dieses hässliche Krachen der Haustür ihn wieder hochfahren ließ. Wiederum erklärte ihm Frauke, dass es nur die Haustür war. Doch der Schreck saß tief bei Frank. Dabei war es sehr schön, mit Frauke zusammen zu sein. Wie sehr hatte er dieses Gefühl, begehrt und geliebt zu werden, vermisst. Und er wollte die Gelegenheit nutzen, so lange es ging. Bis zum nächsten Türkrachen musste er es noch einmal bis in den siebten Liebeshimmel schaffen. Noch nicht ganz angekommen, krachte wieder die Tür, was ihn nur noch mehr anspornte. In den nächsten zwei Stunden wurde er so ungewollt immer und immer wieder angestachelt gemeinsam mit Frauke abzuheben.

Frank hatte schon angefangen, sich an das Tür-zuschlagen zu gewöhnen, als Frauke über ihm plötzlich inne hielt. Er wollte gerade den Mund öffnen, als sie ihm die Hand darauflegte. Leise flüsterte sie ihm ins Ohr, dass ihre Mutter gerade nach Hause gekommen sei. Panik überfiel Frank. Wenn sie ihn hier findet, geht das Theater richtig los. Alle gingen immer davon aus, dass Frauke und Sven einmal heiraten würden. Und nun lag sie mit seinem Cousin im Bett! Frank stand ganz leise auf, versuchte seine Sachen zu finden, zog sich an, sah sich nach Frauke um und erstarrte plötzlich.

Diese stand mit einer Flasche Cola neben ihrem Bett und verteilte fleißig den Inhalt auf selbigem. Dann bemerkte sie seinen Blick. Flüsternd erklärte sie ihm, dass sie unmöglich ein Bettlacken mit so vielen Flecken in die Wäsche geben könnte. Dies würde ihre Mutter garantiert misstrauisch machen. Durch die Cola würden die Spuren ihrer Liebe verdeckt werden. Sie würde einfach erzählen, dass sie die Cola versehentlich verschüttet hatte. Frank zweifelte an der Glaubwürdigkeit einer solchen Geschichte. Wer verschüttet schon eine Flasche Cola relativ gleichmäßig über ein ganzes Bettlaken? Aber egal, er hatte andere Sorgen. Er musste hier raus, bevor die Mutter ins Zimmer kam.

Was dann folgte, war filmreif. Leise öffnete er das Fenster zur Straße, Frauke schob ihn zur Seite und spähte nach rechts und links - die Luft schien rein. Frank kletterte auf das Fensterbrett, stieß sich ab und stand im nächsten Moment mit zerzaustem Haar und unordentlicher Kleidung auf dem Fußweg vorm Haus.

Rums! Er hörte das vertraute Krachen hinter sich. Eine ältere Dame war aus dem Haus gekommen und die Tür war zugefallen. Nun musterte sie Frank von oben bis unten argwöhnisch, der beeilte sich zu lächeln, grüßte dann mit einem freundlichen "Guten Morgen" und ging rasch davon.

Zum Glück traf er an der nächsten Straßenecke auf Lutz. Der war ihm schon entgegengekommen und wollte ihn warnen, dass es Zeit wäre, zur Wohnung von Onkel und Tante zurück zu kehren. Auf dem Weg erzählte ihm Frank die ganze Geschichte. Lutz konnte nur den Kopf schütteln über so viel Unverfrorenheit und Abenteuerlust. Er selbst war viel zu schüchtern für solche Eskapaden!

Am Abend staunten alle, dass Franks Zahnschmerzen wie weggeblasen waren. Als Tante Anni dies sagte, musste Frank aufpassen, nicht laut los zu lachen. Wenn sie gewusst hätte, wie recht sie hatte!

Lutz war froh, dass sie am nächsten Tag wieder nach Dresden zurück fahren würden, er hatte sich in den Tagen in Wismar nicht wirklich wohl gefühlt. Frank übrigens auch, die Liebelei mit Frauke war aufregend, sexy und schön, doch eine Chance für eine feste Beziehung mit Frauke sah er nicht. Allein die große Entfernung machte dies aus seiner Sicht unmöglich.

Zurück in Dresden fand er sich schnell damit ab, dass es nur ein Abenteuer für ihn war, nicht mehr. Frauke jedoch schrieb ihm noch Wochen später heiße und glühende Liebesbriefe, die allerdings alle unbeantwortet blieben.

Jahre später erfuhr Frank, dass Frauke und Sven ein halbes Jahr nach seinem Besuch geheiratet haben. Wenige Monate später wurde Sven Papa. Frank erfuhr nie, wann das Kind genau geboren wurde und wem es ähnlich sah!

Frank trank einen Schluck Tee und verzog angewidert sein Gesicht. Schade, der Tee war kalt geworden. Erschrocken blickte er auf und sah sich um. Ah, er saß immer noch in der Kantine und wartete auf seinen Austauschwagen. Er musste schon eine ganze Zeit so da gesessen haben, denn die Scheibe Käse auf dem Brötchen strebte auch schon gen Himmel.

Inzwischen war es Mittag geworden, das Gedränge hatte entsprechend zugenommen. Auch er hatte nun Hunger, oder besser Appetit, nur auf was? Seine Frühstücksreste räumte Frank weg, dann schlenderte er zur Essenausgabe. Dort angekommen, verging ihm der Appetit wieder, was blieb war Hunger. Es gab Schweinebraten Zigeuner Art, Steak au four, Schnitzel Wiener Art, Broiler, Mischgemüse. Aber das war alles nicht das, wonach ihm der Sinn stand. Dann entdeckte er seine Lieblingsspeise - Milchreis, dazu Zimt und Zucker. Seine Augen klebten förmlich an der Süßspeise. Als er aufsah und in die freundlichen Augen und auf die weichen Rundungen der Küchenfrau blickte, holten ihn die Erinnerungen an den Kindergarten wieder ein.

Schnell wischte er diese beiseite, ließ sich eine Portion Milchreis geben, ging zur Kasse, bezahlte 55 Pfennige, nahm sich einen Löffel und suchte sich einen freien Tisch. Er staunte nicht schlecht, als er sich in dem Speisesaal umsah. Dieser war nun richtig voll, ein leerer Tisch war kaum auszumachen. Schließlich entdeckte er doch noch einen oder schien der nur frei zu sein? Denn ein paar dicke, warm aussehende, Handschuhe lagen am Rand der Tischplatte. Frank blickte sich nach dem eventuellen Eigentümer der Handschuhe um, entdeckte aber niemanden, der sich für diese interessierte. Also rückte er sich einen Stuhl zurecht, nahm seine Schüssel mit Milchreis und löffelte diesen genußvoll aus!

Versonnen betrachtete er die Handschuhe, es waren braune, dicke Lederhandschuhe. Als er diese ansah, wurde er nachdenklich. Woran erinnerten ihn diese Handschuhe nur? Er bekam schon immer schnell kalte Hände, deshalb waren Handschuhe für ihn sehr wichtig. Wieder und wieder geisterten ihm die Handschuhe durch den Kopf, dann fiel es ihm endlich ein. Genau, Katrin, der Abschiedsbrief und die Handschuhe! Der Milchreis war fast aufgegessen, den letzten Löffel voll hatte er sich gerade in den Mund geschoben, da versank er in Erinnerungen an dieses Intermezzo.

Mit dem Ausflug an die Ostsee begann für Frank so eine Art wilde Zeit, wenn auch nur im Vordergrund, tief drin war er immer noch nicht über die Trennung von Bruni hinweg.

Kaum war er wieder zurück aus Wismar, versuchte Lutz alles, damit Frank nicht gleich wieder an Bruni und Susi dachte, er musste sich endlich von den Beiden lösen.

So oft wie möglich schleppte er ihn zur Disco oder zum Tanz. Zwangsläufig wurde Frank somit Stammgast im Volkshaus Laubegast. Dort musste er dann auch Katrin kennenlernen. Franks Freunde ließen keine Gelegenheit aus, um ihn zu verkuppeln. Dabei war ihnen fast jedes Mittel recht. Obwohl sie seinen Frauentyp genau kannten, sie wußten, dass er nur auf sehr schlanke Frauen stand, stellten sie ihm eines Tages Katrin vor. Sie war, rein körperlich gesehen, genau das Gegenteil - fast so groß wie er, von der Figur eher fraulich mit ordentlichem Vorbau.

Für viele Männer war sie bestimmt die Traumfrau schlechthin. Nur stand Frank eben auf einen anderen Typ Frau. Katrin hatte aber eine solch offene, fröhlichen Art, dass er an diesem Abend seine festgefahrenen Frauenvorstellungen über den Haufen warf und mit ihr flirtete, was das Mundwerk hergab. Schnell merkte er, dass Katrin eine wirklich tolle Frau war. Zwar versuchte Frank sich gegen die aufkommende Annäherungen zu wehren, aber schließlich siegte der männliche Stolz und Eroberungsinstinkt. Noch am selben Abend konnte man die beiden in den bekannten dunklen Ecken hinter dem Gasthaus entdecken.

Schon nach wenige Tagen trafen sie sich regelmäßig. Für Katrin stand schnell fest, dass es für sie bereits zu spät war - sie hatte ihr Herz schon an diesen humorvollen, verrückten, liebevollen Kerl verloren. Wenn sie daran dachte, wie er sie am letzten Wochenende abgeholt hatte und sie sich fragte, was er wohl mit dem Rucksack wollte, musste sie immer noch lächeln.

Erst gingen sie an der Elbe spazieren, dann hat er sie in Laubegast auf ein Eis eingeladen. Die ganze Zeit über haben sie gequatscht.

Mit Frank konnte sie über alles reden - für sie, die bisher keine guten Erfahrungen mit Männern gemacht hatte, war es eine ganz neue Erfahrung, von einem Mann unterhalten und verwöhnt zu werden.

Von Laubegast aus spazierten sie weiter an der Elbe entlang in Richtung Kleinzschachwitz. Frank hatte ihr erzählt, dass er hier groß geworden war und er hätte noch eine Überraschung. Als sie an der Fähre nach Pillnitz anlangten, war es bereits dunkel. Sie erinnerte sich noch genau, dass sie immer aufgeregter wurde und gespannt war, was Frank noch vor hat. Mit der Fähre setzten sie über die Elbe, dabei nahm Frank sie zärtlich in seine Arme, hielt sie ganz fest und küsste sie vorsichtig. Plötzlich fröstelte sie nicht mehr und sie fragte sich, wie es wohl weiter geht, als die Fähre anlegte. Plötzlich nahm Frank sie an die Hand und sprang mit ihr gemeinsam, noch vor dem Anlegen, von der Fähre. Sie hörte, wie der Fährmann schimpfte, doch Frank lachte nur und zog sie weiter in Richtung Schloß Pillnitz.

Als sie den Eingang zum Schlosspark erreicht hatten, mussten sie feststellen, dass dieser verschlossen war. Mit Einbruch der Dunkelheit werden die Tore geschlossen, stand da zu lesen. Katrin war enttäuscht, sie hatte es sich so romantisch vorgestellt, wenn sie mit Frank durch den dunklen Park spazieren würde.

Dann staunte sie nicht schlecht, als sie Frank sah, wie er sich mit dem Rücken an die Schlossmauer lehnte, seine Hände zu einer Räuberleiter verband und sie erwartungsvoll ansah. Sie konnte doch nicht einfach über die Mauer klettern! Wenn sie erwischt würden! So verrückt konnte doch niemand sein, nachts in den Pillnitzer Schlosspark einzudringen! Immer noch blickte er sie an, fragend hob er die Schultern und bedeutete ihr, endlich auf seine Hände und dann über die Mauer zu klettern. Katrin erfasste eine nie gekannte Abenteuerlust, sie ging zu Frank, stellte einen Fuß in seine Hände, stemmte sich hoch und schon war sie auf der Mauer. Dann sprang sie auf der anderen Seite runter und landete sanft auf einer Wiese. Kurze Zeit später war Frank über das Tor geklettert und stand neben ihr.

Wieder nahm er sie bei der Hand und zog sie fort. Katrin wurde von ihren Gefühlen fast überrannt. War das wirklich sie, die über die Mauer geklettert war und nun verbotener Weise nachts durch den Park lief?

Es war so herrlich, an der Seite von Frank durch den dunklen Park zu schlendern, vorbei an all diesen exotischen Bäumen und Pflanzen, die in dem düstern Licht teilweise bedrohlich und unheimlich auf sie wirkten. Was für ein verrückter Kerl, dachte sie noch, als sie die gegenüberliegende Seite des Parks erreicht hatten. Zu ihrem Entsetzen stellte sie fest, dass die Mauer hier um einiges höher war als auf der anderen Seite. Fragend sah sie Frank an, doch der lachte nur leise, hielt den Finger vor den Mund, dann küsste er sie unvermittelt. Sie erwiderte seine Zärtlichkeiten leidenschaftlich. So standen sie eine Zeit lang an die Mauer gelehnt da, lauschten den Geräuschen der Nacht und küssten sich immer wieder.

Plötzlich hörte Frank Stimmen aus der Mitte des Parks die langsam näher kamen, es wurde also Zeit zu verschwinden. Leise ging er mit Katrin in Richtung Ausgang. Als sie das Tor erreichten, drückte Frank die Klinke runter und siehe da, das Tor war nicht verschlossen. Katrin konnte es nicht fassen, dass es so einfach war, den Park zu verlassen. Frank hingegen wußte es ganz genau, war doch der Vater von Lutz einer der verantwortlichen Gärtner im Schloss. Dieser hatte zu Hause berichtet, dass das Türschloss im Norden des Parks defekt war und keine Ersatzteile dafür zu bekommen waren, deshalb konnte dieses Tor nicht verschlossen werden. Lutz kannte Frank gut genug, um zu wissen, dass er eine solche Information gut gebrauchen konnte.

Frank wußte, dass er mit der nächsten Aktion endgültig Katrins Herz erobern würde. Warum er dies allerdings wollte, blieb ihm schleierhaft. Wahrscheinlich ging es ihm nur um die Selbstbestätigung, dass er dabei Katrins Herz brechen oder ihre Gefühle verletzen könnte, daran dachte er in diesem Moment nicht und so zog er seinen Plan durch.

Vom Schlosspark aus führte er sie bergauf in Richtung Weinbergmauer. Dort oben befand sich der Geheimtipp für romantische Stunden. Die Weinbergmauer ist der Insidername für den Leitenweg. Unterhalb dieses Weges befindet sich eine Mauer, die wiederum stellt die obere Begrenzung der Weinberge dar. Der kleine Weg schmiegt sich in einer Höhe von etwa 70 m an den Borsberg. Er bot einen atemberaubenden Ausblick über die umliegenden Weinberge, das Schloss Pillnitz, den Ort selbst und bei guter Sicht sogar bis in die Sächsische Schweiz. Oben angekommen, spazierten sie noch ca. 200 m den Weg entlang, dann setzten sie sich auf eine Bank. Für Frank wurde es nun Zeit, seinen Rucksack zu öffnen. Er holte eine Kerze, eine Flasche Wein und zwei Gläser raus. Katrin konnte ihr Glück kaum fassen, an so etwas hatte noch keiner gedacht.

Sie zündete die Kerze an, während Frank die Flasche öffnete und die Gläser füllte. Dann saßen sie eng aneinander geschmiegt auf der Bank und ließen sich den Wein schmecken. Ihre Blicke schweiften über die romantische, nächtliche Szenerie, sie schwiegen und jeder hing seinen Gedanken nach. Sie dachte an Frank, wie lieb er zu ihr war, wie aufregend die letzten Stunden waren und wie schön es hier oben ist. Er hingegen dachte an Bruni, Susi und warum er beide verloren hatte.

Erst am späten Abend verließen sie die Weinberge und gingen zu Katrin. Leise nahm sie Frank mit in ihr Zimmer. Im Morgengrauen verabschiedeten sie sich und Frank verschwand leiser als er gekommen war aus der Wohnung.

In den nächsten Wochen gab Katrin alles. Wann immer es ging, war sie mit ihm zusammen, sie kochte bei ihm, sie übernachtete mehrfach bei ihm, sie stellte ihn sogar ihren Eltern vor. Frank und sie verbrachten wundervolle Tage und Nächte. Sie hatte das Gefühl, die Liebe würde mit jeder Nacht intensiver. Und so merkte sie nicht, dass Frank immer nachdenklicher und kühler wurde. Ihr entging, dass ihn irgend etwas bedrückte.

Dann kam der Nikolaustag. Zu diesem sollte sich jeder eine Überraschung einfallen lassen. Katrin wußte sofort, was sie Frank schenken würde - ein Paar richtig warme Handschuhe. Denn sie hatte gemerkt, dass er immer kalte Hände hatte, was machmal gewöhnungsbedürftig war. Und Frank? Der setzte sich hin und verfasste einen Brief. In diesem versuchte Frank zu erklären, warum er keine gemeinsame Zukunft mehr sah. Er schrieb einen Abschiedsbrief!

Am 06. Dezember trafen sich Beide in der Dresdner Heide. Es war ein schöner, kalter Wintertag in Dresden. Lange spazierten sie nachdenklich durch die Wälder. Katrin spürte nun doch, dass etwas mit Frank nicht stimmte, doch er sprach nicht mit ihr darüber. Dafür war er zu feige. Als sie sich voneinander verabschiedeten, gab Katrin Frank einen Kuss und die Handschuhe. Er erwiderte den Kuss, bedanke sich und gab ihr den Brief. Dann trennten sich ihre Wege.

Sie sahen sich nie wieder!

Frank hatte einen metallischen Geschmack im Mund. Er überlegte gerade, woher dieser kam, als er seinen Namen hörte. Er nahm den Löffel aus dem Mund, der Milchreis musste schon seit geraumer Zeit alle sein und in Gedanken versunken hatte er offenbar auf dem Aluminiumlöffel rum gekaut. Schnell räumte er seine Sachen weg, stürmte zum Ausgang und dort wurde er schon vom Werkstattdisponenten erwartet. Dieser teilte ihm mit, dass endlich ein Ersatzwagen für ihn bereitstand. Nun könne er auch seine Pakete, Briefe und Zeitungen umladen.

Er konnte es nicht fassen, erst musste er Stunden auf ein anderes Auto warten und jetzt auch noch alles alleine umladen. Der Disponent tröstete ihn mit einem TV 14 als Ersatzwagen. Für Frank war das Auto diesmal auch kein Trost. Nachdem alles verstaut war, fuhr er vom Hof und begann seine Zustellerrunde mit fast 5 Stunden Verspätung, entsprechend verschob sich auch sein Feierabend nach hinten.

Als er gegen 17 Uhr auf den Hof des Postamtes rollte, war er fix und fertig. Nun musste er nur noch das Auto aufräumen, dann war Schluss. Im Laderaum räumte er gerade die leeren Zustellertaschen zusammen, als ihm in einer der Taschen eine Tageszeitung auffiel. Es war eine Ausgabe der Sächsischen Neusten Nachrichten. Irgendwo war diese übrig geblieben, er steckte sie in seine Tasche und nahm sich vor, wenn er Zeit hätte, diese einmal durchzublättern.

Zu Hause angekommen, bereitete er sich einen Tee, setzte sich in die Wohnstube, legte die Füße hoch und fing an, die Zeitung zu lesen. Er war so müde, dass ihm beim blättern fast die Augen zu fielen. Dann blieb sein Blick auf der Seite mit den Heiratsanzeigen hängen. Fasziniert und plötzlich hellwach las er sich alle durch.

Nein, er würde sich nie auf solch eine Anzeige melden, dafür war seine Rechtschreibung viel zu schlecht. Aber in seinem Kopf begannen sich die Rädchen zu drehen. Wie wäre es denn, wenn er eine Anzeige schalten würde? Dann hätte er die Auswahl, vorausgesetzt natürlich, es würden sich Frauen melden. Der Gedanke begeisterte ihn. Außerdem war es eine gute Idee, das neue Jahr mit einem neuen Abenteuer zu beginnen. Wenn er geahnt hätte, welches Abenteuer, welch schicksalhafte Begegnung und Wendung er damit auslösen würde, dann …!

1985 - *Anzeigenzeit oder wie vier Zeilen ein Leben verändern*

Frank hatte die Idee mit der Zeitungsanzeige schnell wieder aus den Augen verloren. Die Kneipe unter seiner Wohnung bot genügend Abwechslung, vor allem die Tanzveranstaltungen am Wochenende. Irgendwie erinnerte ihn diese Wohnung an die Schule in Kleinzschachwitz: oben wohnen, unten Spaß haben und zwischen beiden hin und her pendeln. Es war einfach perfekt.

Jedes Wochenende tanzte er sich die Seele aus dem Leib. Neue Bekanntschaften gab es in dieser Zeit genügend. Aber es waren alles nur gute Freundinnen, die Frank gerne zu sich einluden, um mit ihm ihre Probleme zu wälzen. Es war noch immer das selbe Dilemma - die Frauen, die Frank wollte, wollten nur mit ihm reden und die, die mit ihm ins Bett wollten, mit denen wollte er nicht reden.

In den nächsten Monaten hatte er zwar noch drei Abenteuerbeziehungen, aber bei der ersten, Isabel, war die Wohnung interessanter als sie selbst, an die zweite, Steffi, erinnerten ihn nur noch ein Kondom und ein Ofen und die dritte schließlich, Manu, war nett aber ein Brett im Bett!

Isabel lernte er in einem Restaurant kennen. Genau wie er wollte sie ab und zu etwas Spaß ohne Verpflichtungen. So kam es, dass Frank des öfteren mit dem Postauto einen Abstecher zum Neustädter Bahnhof unternahm, um dort, am Schlesischen Platz, Isabel im 5.Stock eines Altbaus zu besuchen. Diese wohnte mit ihrem kleinen Sohn in einer riesigen Wohnung, allerdings nicht allein.

Schon als er das erste Mal bei ihr war, staunte er nicht schlecht, dass an der Wohnungstür vier unterschiedliche Namensschilder prangten. Wie er später erfuhr, bestand die Wohnung aus sechs Zimmern, einer Küche und einem Bad. Davon bewohnte Isabel mit ihrem Sohn ein Zimmer, eine ältere Dame (die eigentliche Hauptmieterin) zwei Zimmer, ein junges, unverheiratetes Paar weitere zwei Zimmer, ein Mann mittleren Alters das letzte Zimmer. Küche, Bad und WC mussten sich alle Mietparteien teilen.

Frank spürte bei seinen Besuchen die angespannte Atmosphäre in den Räumen. Schließlich hatte sich hier niemand die Wohngemeinschaft zusammengestellt, sondern alle wurden "zusammengelegt". Es handelte sich um eine ehemalige Fabrikantenwohnung. Die ältere Dame, Frau Wilhelm, lebte hier schon seit Jahrzehnten. Nachdem ihre Kinder ausgezogen waren, bekam sie die ersten Untermieter von der KWV zugewiesen. Als ihr Mann vor einigen Jahren verstarb, musste sie sich weiter zurückziehen und auf 1 großes sowie ein kleines Zimmer beschränken. Außerdem wurden ihr weitere Untermieter zugewiesen. So entstand ein Sammelsurium von Menschen auf engstem Raum mit all seinen Facetten und Konflikten.

Wenn Frank Isabel und ihren Sohn besuchte, saßen sie meist erst gemeinsam in ihrem Zimmer. Sobald der Kleine schlief, mussten sie sich für ihre Zweisamkeit oft ins Bad zurückziehen. Waren sie nicht so laut, konnten sie wenigstens dort einige Zeit ungestört verbringen.

Das Ganze dauerte aber nur wenige Wochen. Aus einem unerfindlichen Grund wollte Isabel Frank nicht in seiner Wohnung besuchen. Er hingegen wollte gerne mehr Zeit mit den Beiden verbringen und nicht immer nur warten, bis der Kleine schlief, um dann auf dem Klo zu verschwinden.

Kurz nach dieser Affäre entschloss sich Frank, doch eine Anzeige in den SNN zu schalten. Ende Februar erschien seine erste Kontaktanzeige in den Sächsischen Neusten Nachrichten mit folgendem Wortlaut: "Er 22, schlank, humorvoll, unternehm. lustig, sucht sie bis 25, schlank, g.a.mit Kind! z.g.Freizeitgest."

Tatsächlich flatterten schon wenige Tage nach Erscheinen die ersten Briefe bei ihm ein.

Frank begann mit der Sichtung von ganzen vier Zuschriften! Irgendwie fand er alle erst einmal interessant und so verabredete er sich kurzerhand mit allen, aber nur eine überstand das erste Treffen. Sie hieß Steffi, war vor einem halben Jahr von ihrem Freund sitzen gelassen worden und suchte nun für sich einen neuen Mann und für ihren vier Monate alten Sohn einen neuen Papa.

Es dauerte nicht lange bis Steffi und Frank sich näher kamen. Nachdem sie sich allerdings das erste Mal in ihrer Wohnung getroffen hatten, ließ er sich nie wieder bei ihr blicken.

Alles begann mit einem Treffen am Goldenen Reiter in der Dresdner Neustadt. Steffi kam ohne den Kleinen, sie waren sich gleich sympathisch und so verbrachten beide einen wundervollen Nachmittag und Abend. Frank brachte sie noch nach Hause, dann verabschiedeten sie sich schon mit heißen Küssen voneinander.

Frank spürte, dass Steffi ausgehungert war und sich nach Zweisamkeit verzehrte. Bereits beim ersten Treffen lud Steffi Frank für den kommenden Samstag zu sich nach Hause ein. Der Kleine würde bei seinem Papa sein und sie hätten genügend Zeit für sich.

Frank war hin und her gerissen. So richtig war Steffi nicht sein Typ. Weder war sie häßlich, noch groß oder dick und trotzdem hatte es noch nicht klick gemacht. Wenn, dann musste es bei Frank aber beim ersten Treffen schon "klick" machen.

Diesmal überwog die Neugier und sein Ego konnte auch mal wieder ein Erfolgserlebnis gebrauchen. Er war gespannt, was ihn erwarten würde. Frank hatte Blumen und eine Flasche Cotnari, einen halbtrockenen Weißwein aus Rumänien, dabei. Aus seiner Sicht war damit der Weg für einen unterhaltsamen Abend geebnet.

Als Steffi ihm die Tür öffnete, verschlug es ihm fast die Sprache und er ahnte, worauf es heute hinauslaufen würde. Mit den Blumen und dem Wein lag er genau richtig. Steffi freute sich, dass er genau ihren Geschmack getroffen hatte.

Die Wohnung war in dämmriges Licht getaucht und Frank hatte schon Angst, dass es nichts zu essen geben würde. Aber weit gefehlt, mit leuchtenden Augen erzählte sie von ihrer Vorsuppe, dem Braten als Hauptspeise und als sie von der Nachspeise berichtete, wußte er nicht mehr, ob das wirklich noch etwas Essbares sein würde. Es war nichts Essbares!

Sowohl die Suppe als auch der Braten waren super köstlich. Sie hatten gerade das Geschirr weggeräumt, als Steffi ihn nach dem Nachtisch fragte. Noch während sie sprach, öffnete sie ihre Bluse und ihre kleinen vollen Brüste kamen fast komplett zum Vorschein. Es war unübersehbar, Frank freute sich auf den Nachtisch. Doch bevor dieser endgültig serviert wurde, holte Steffi einige Kondome aus dem Schrank. Sie erzählte ihm, dass sie derzeit keine Pille nehmen könne, deshalb müssten sie die zarten Überzieher benutzen.

Im ersten Moment war Frank geschockt, aber irgendwann musste das ja mal kommen. Bisher war er immer um diese Dinger herumgekommen. Doch nun schlug die Stunde der Wahrheit. Schlußendlich aber war er jetzt schon so weit gegangen, jetzt kneifen wegen eines Kondoms, kam überhaupt nicht in Frage. Ihm sollte es egal sein, Hauptsache es gab Spaß. Doch letzterer litt deutlich, auch wenn am Ende alles glatt lief.

Nach einem süßen und ausgiebigen Nachtisch geriet die Situation für Frank außer Kontrolle. Denn das Ding musste runter und weg, doch wie und wohin.

Zuerst wollte Steffi behilflich sein. Doch bei jeder Berührungen wurde die Sache enger und schwieriger. Frank lächelte vor Erleichterung, als sie es endlich runter hatte. Vorsichtig übergab sie es an ihn. Dieser hielt es nun mit zwei Fingern weit weg von sich. Er empfand diese feuchte, schlabbrige Latexhülle als derart unsexy, dass er sein Leben lang eine Abneigung gegen diese Dinger behalten sollte. Nun saß er auf Steffis Bett, hielt das Kondom vor sich und fragte Steffi, was er damit machen solle. Sie überlegte, dann schlug sie vor, dass er es in den Ofen werfen solle. Frank sah sie fragend an. Als sie zustimmend nickte, erhob er sich vom Bett und ging nackt, das Kondom vorsichtig haltend, zum Ofen. Dabei überlegte er, ob das Latexding samt Inhalt überhaupt brennen würde.

Mit der rechten Hand öffnete er die Ofentür, dann schleuderte er das Teil in die Flammen. Da er mit der linken Hand werfen musste, verfehlte das Kondom die

Öffnung. Mit einem unangenehmen Zischen landete es an der glühend heißen Ofenklappe. Frank stöhnte auf, verdrehte die Augen, dann nahm er einen ekligen Geruch nach verbranntem Gummi wahr. Schnell schloss er die Ofentür und tat, als wäre nichts passiert.

Das wars dann, die Stimmung, der Abend, die Treffen mit Steffi - alles hatte ab sofort ein Ende. Schon bei dem Gedanken daran, wieder so ein Ding im Ofen versenken zu müssen, bekam er Gänsehaut. Steffi hingegen hatte von all dem nichts mitbekommen und wollte noch weiter mit ihm kuscheln. Doch Frank hatte es plötzlich ganz eilig. Schnell zog er sich an, versprach ihr, sich morgen zu melden und verschwand auf nimmer Wiedersehen. Die Abneigung gegen Kondome blieb ein Leben lang!

Die dritte Episode war noch kürzer und fast schon skurril zu nennen. Manu, oder besser Manuela, hatte Frank in der Disco unter seiner Wohnung kennengelernt. Sie war hübsch, schlank und hatte eine echt sexy Figur mit relativ großen festen Brüsten. Gut, seine Kumpels aus der Kneipe hatten ihn gewarnt, dass sie nicht die Hellste sei, aber mein Gott, alles kann Mann nie haben!

Schon beim Tanzen merkte Frank, dass sie sich sehr nah an ihn drängte. Später ging das Tanzen in Knutschen über. Als selbst das nicht mehr reichte, spielte Frank seine Trumpfkarte aus. Er fragte Manu, ob sie nicht Lust hätte, mit hoch in seine Wohnung zu kommen. Ohne zu zögern stimmte sie zu und beide verschwanden durch den Personaleingang in den Hausflur und weiter eine Etage höher. Manu folgte ihm bis in die Schlafstube. Immer noch wild knutschend zogen sich Beide gegenseitig aus. Dann ließ Manu sich rücklings auf das Bett sinken und verwandelte sich innerhalb eines Augenblicks von der leidenschaftlichen Liebhaberin in ein steifes Brett. Als Frank sich zu ihr legte spürte er eine Veränderung an ihr, konnte aber nicht sagen, was es war. Er gab sich alle Mühe, probierte einige Tricks aus, konnte Manu aber nicht für das Liebesspiel begeistern. Vorsichtig fragte er, was los sei. Sie flüsterte ihm zärtlich ins Ohr, dass nichts sei, sie mache das immer so. Frank gab sich noch einige Zeit Mühe, dann erlahmte sein Interesse. Als sie beide wieder angekleidet neben dem Bett standen küsste sie ihn wieder leidenschaftlich. Nun war Frank noch verwirrter. Schon wollte er einen neuen Versuch starten, als sie ihm zuflüsterte, dass sie es toll fand und sie nun gerne wieder in die Disco gehen würde.

Frank hatte nichts dagegen, trank unten noch drei Gläser Wein und vergaß die ganze Episode sehr schnell.

Im April 1985 entschloss sich Frank, seine dritte Zeitungsanzeige zu schalten, wie immer in den SNN. Diese erschien dann auch prompt am darauffolgenden Samstag. Da er an dem Erscheinungstag arbeiten musste, brauchte er keine Zeitung zu kaufen, denn wie so oft blieben auch an diesem Tag einige Exemplare übrig.

Nach Feierabend setzte er sich in seine Stammkneipe und blätterte die Ausgabe durch. Er wollte doch mal sehen, was die Konkurrenz so für Anzeigen zu bieten hatte.

Etwa zur gleichen Zeit, nur 10 km entfernt in Radebeul, saß Gabi in ihrer Dachkammer und stillte ihre 9 Monate alte Tochter Juliane. Als sie die Kleine so betrachtete, musste sie unwillkürlich auch an deren

Erzeuger denken. Warum hat es mit Uwe nicht funktioniert?

Er war doch ihr Traummann und sie hatte ihn geliebt, auch wenn ihre fast fünfjährige Beziehung immer mal wieder unterbrochen wurde. Mal waren sie zusammen, dann wieder für einige Wochen nicht, es war ein ständiges Auf und Ab!

Gabi musste lächeln, als sie daran dachte, wie sie die Pausen teilweise genutzt hatte. Einmal wollte sie sich an Uwe rächen, ein anderes Mal überkam sie einfach die Neugier auf etwas Neues. Dann wieder wärmte sie eine alte Beziehung kurz auf, nur um dann doch wieder zu Uwe zurück zu kehren.

Trotz der nur kurzen Intermezzos waren es allesamt tolle Erfahrungen, die sie nicht missen wollte. Und obwohl die Affären nur in Beziehungspausen entstanden, hatte sie stets ein schlechtes Gewissen. Denn im Grunde liebte sie Uwe und letztlich wollte sie doch gerne mit ihm zusammen sein.

Mitte '83 war sie wieder einmal mit ihm zusammen und sie hatten eine wirklich schöne Zeit. Wenn Gabi die Initiative ergriff, lief ab und an sogar im Bett wieder einmal was.

Im Herbst dann bemerkte Gabi, dass ihre Periode ausgeblieben war, außerdem fühlte sie sich morgens oft unwohl. Als gelernte Kinderkrankenschwester fiel es ihr nicht schwer, die Symptome richtig zu deuten. Noch bevor sie Gewissheit hatte, wollte sie Uwe die Neuigkeit sofort überbringen. Sie freute sich riesig auf das Kind. Vielleicht würde sich ihr Uwe auch freuen, dann könnten sie endlich eine richtige kleine Familie gründen.

Nun musste sie es ihm nur noch sagen. Bei dem Gedanken daran wurde sie nervös - sie ahnte, wie er reagieren würde. Wenige Tage, nachdem ihr klar war, dass sie schwanger sein müsste, trafen sie sich in Gabi's Dachkammer im elterlichen Haus.

Gabi war ganz aufgeregt, als Uwe eintrat und sie ihn küsste. Sie konnte ihm ansehen, dass auch er sich unwohl fühlte und gespannt war, was sie mit ihm besprechen wollte. Sie wußte, dass Uwe gerne Situationen aus dem Weg ging, die er nicht kontrollieren konnte. Deshalb fiel es ihr auch schwer, einen Anfang zu finden. Und so platzte es einfach raus: "Ich bin schwanger!"

Kaum waren die Worte gefallen, wurde Uwe rot und bleich, gleichzeitig und abwechselnd. Er brachte kein Wort heraus. Gabi nahm dies als Zeichen seiner Zustimmung, freute sich schon und sprach einfach weiter. Sie zählte nun auf, was sie alles beachten müssten, wie sie sich verhalten sollten und wann sie mit wem über die Schwangerschaft reden würden. Plötzlich stammelte Uwe etwas von: „Wollen wir das Kind wirklich? Unser Leben beginnt doch gerade erst". Nun war es Gabi, der alle Farbe aus dem Gesicht wich. Sie glaubte, sich verhört zu haben, aber es passte auch zu ihm. Er wollte sich nie festlegen, nie binden, keine Verantwortung übernehmen, er war einfach nicht reif, weder für ein Kind noch für eine dauerhafte Beziehung.

So war es dann auch nicht weiter verwunderlich, dass Uwe sich in den nächsten Monaten kaum blicken ließ, sich weder für Gabi noch für sein ungeborenes Kind interessierte. Sie war froh, die Unterstützung ihrer Mutter und ihrer Kolleginnen zu haben.

Zum Glück war es eine Schwangerschaft ohne größere Probleme. Sie verlief sogar so gut, dass sie selbst am Tag des berechneten Geburtstermins noch mit dem Krankenhausteam in der Sächsischen Schweiz wandern gehen konnte. Die Aufmerksamkeit ihrer Familie und Kolleginnen war aber kein Ausgleich zum Desinteresse von Uwe, dies bedrückte sie immer wieder. Sie hoffte, wenn das Kind erst einmal auf der Welt sei, würde er bestimmt stolz darauf sein. Dann würde er sich schon wieder um sie und das Baby bemühen.

Anfang Juli war es dann soweit, Gabi brachte ein gesundes Mädchen zur Welt, sie gab ihm den Namen Juliane - die Sportliche, die Schöne, die Jugendliche. Irgendwie muss Gabi geahnt haben, dass dies der perfekte Name für das Kind sein wird.

In den Wochen nach der Geburt ließ sich Uwe kaum bei ihr blicken. Er interessierte sich nicht für das Kind, wollte weder sie noch Julchen sehen, geschweige denn berühren.

Gabi hatte doch so sehr gehofft, dass er sich für Julchen interessieren würde und beide dadurch vielleicht wieder zueinander finden könnten. Aber das passierte nicht. Gabi blieb allein mit dem Kind und bewohnte weiterhin die Dachkammer im elterlichen Haus in Radebeul.

Bald fing sie wieder an, sich mit Freunden zu treffen, in der Gemeinde aktiv zu werden, einfach unter Menschen zu sein. Schließlich wollte sie nicht ewig alleine bleiben. Aber mit einem kleinen Kind war es schwieriger geworden, jemanden kennenzulernen. Sie war nun nicht mehr so frei wie noch vor einem Jahr, sie hatte Verantwortung übernommen. Für ihre Kleine würde sie zur Not auch auf einen Mann verzichten.

Plötzlich spürte sie, wie ihr Tränen übers Gesicht liefen, auf ihren Busen tropften und sich von da den Weg zu Julchen suchten. Sanft nahm sie die Kleine weg, sie wollte nicht, dass die Tränen es bis zu ihr schafften. Als sie die Kleine in ihr Bettchen gelegt hatte, betrachtete sie diese liebevoll.

Plötzlich klopfte es an der Tür. Sie schloss ihre Bluse, ging zur Tür und öffnete diese. Ihr Cousin Torsten stand draußen und hielt freudestrahlend eine Zeitung in der Hand - die Samstagsausgabe der SNN!

Torsten präsentierte ihr doch tatsächlich eine Kontaktanzeige aus der Zeitung. Er musste nicht lange auf sie einreden, bis Gabi zustimmte, sich auf die Anzeige zu melden. Vielleicht hatte ihr Cousin recht und es wurde Zeit, dass sie aktiv etwas gegen das Alleinsein unternahm.

Voller Tatendrang nahm sie sich Briefpapier und Stift und entwarf einen Antwortbrief. Als sie fertig war, stellte sie fest, dass der Brief sehr allgemein gehalten war und sie könnte diesen durchaus auch für eine weitere Anzeige verwenden. So nahm sie die Zeitung und las sich die anderen Anzeigen durch.

Eine Einzige fand noch ihre Beachtung und dies auch nur weil da stand: "...g.a.mit Kind!..."! Gern auch mit Kind gefiel ihr. Doch mal einer, der Kinder mochte? Vielleicht sogar sie und ihr Kind? So nahm sie einen weiteren Bogen Papier und schrieb einen zweiten Brief.

Es war der Freitag nach Erscheinen der Anzeige. Frank hatte pünktlich um 5 Uhr seinen Dienst beim

Postamt begonnen. Zuerst hatte er sein Auto geprüft, dann Zeitungen verladen und stand nun, eine Stunde später, gemeinsam mit seinen Kolleginnen an der Briefsortierung.

Die Frauen tratschten, scherzten und lachten über alles Mögliche, als eine von ihnen plötzlich einen dicken Briefumschlag hochhielt. Lachend rief sie in die Runde: "Achtung, Achtung meine Damen, hier halte ich das Glück unseres lieben Frank in den Händen!" Frank stürzte sofort zu ihr hin und riss ihr den Umschlag aus der Hand. Nun lachten alle Frauen und waren erst recht auf den Brief aufmerksam geworden.

Frank setzte sich an den Sortiertisch und öffnete den Umschlag, während ihm einige der anwesenden Frauen dabei neugierig über die Schulter schauten. Er entnahm ihm 3 Briefe, die ersten beiden, die er öffnete, enthielten nur kurze Schreiben und keine Fotos. Er machte sich gar nicht erst die Mühe, diese zu lesen.

Als er den dritten und letzten in Händen hielt, spürte er schon, dass dieser etwas dicker war. Tatsächlich enthielt der Umschlag neben einem ausführlichen Brief auch das schwarzweiße Foto einer jungen, relativ kleinen, sehr schlanken Frau mit einem kleinen Kind auf dem Arm. Frank betrachtete das Foto genau, dann sagte er ganz spontan: "Das ist die Frau, die ich heiraten werde!" Alle Umstehenden lachten herzhaft und erinnerten Frank an die Abenteuer der letzten Zeit. Keine konnte sich vorstellen, dass damit nun Schluss sein würde. Sollte aus dem Hallodri nun ein spießiger Ehemann und Vater werden? Solche und ähnliche Sprüche gab es einige in den nächsten Minuten.

Frank dagegen las den Brief und ließ sich von dem Gelächter der anderen nicht irritieren.

Schon beim ersten flüchtigen Blick auf das Foto sah er genau das, was er unter seiner Traumfrau verstand. Noch dazu mit einem Kind, etwas Besseres hätte ihm nicht passieren können.

Aufmerksam las er den Brief und stellte fest, dass sie Gabi hieß, als Kinderkrankenschwester arbeitete und eine Tochter hatte, die nun fast 9 Monate alt war und Juliane hieß.

Alles was und wie sie schrieb gefiel ihm. Er würde ihr heute gleich antworten. Oder besser noch, er würde ihr seinen Antwortbrief heute noch direkt vorbeibringen! Da fiel ihm auf, dass er ihre Adresse übersehen hatte. Er sah auf dem Umschlag nach, doch da stand nur die Anschrift der Zeitung. Dann sah er den gesamten Brief noch einmal durch. Nichts, kein Absender, kein Hinweis auf ihre Anschrift. Frank raufte sich die Haare und haderte mit seinem Schicksal, dass nun erneut eine Bewährungsprobe für ihn bereithielt.

Als er den Frauen vom Postamt davon erzählte, fingen die gleich wieder an zu lachen: "Ach so, dann sind wir mal gespannt, wie man eine Frau ohne Adresse heiratet!" Doch Frank wäre eben nicht Frank, wenn er dafür nicht gleich eine Lösung parat gehabt hätte. Sie sollten nur abwarten, bis er die Zeitungen und Post verteilt hatte, dann würde er die Adresse schon in Erfahrung bringen. Während der Arbeit hörte er immer wieder die hämischen Kommentare seiner Kolleginnen: „Frank und die Geisterfrau!" „Vielleicht ist sie ein Mann und wollte sich erst einmal langsam an dich ranmachen." „Oder sie hatte einfach Langeweile und wollte einfach mal jemanden ärgern."

Doch kaum war er von seiner Tour zurück, nahm er sich ein Telefonbuch und suchte die Nummern verschiedener Krankenhäuser in Dresden raus. Er hatte sich überlegt, dass Kinderkrankenschwestern in Krankenhäusern arbeiten und es konnte doch nicht so schwer sein, Gabi zu finden. Zuerst wählte er die Nummer der Medizinischen Akademie. Dort fragte er sich auf allen möglichen Stationen durch, um schließlich zu erfahren, dass keine Gabi auf einer Kinderstation in der MedAk arbeitete, die ein Kind mit Namen Juliane hatte.

Der zweite Versuch startete im Krankenhaus Dresden Neustadt. Wieder wurde er verbunden von einer Station auf die nächste und wieder zurück in die Zentrale. Noch ein Versuch, dann hatte er Schwester Irmgard am Telefon. Diese bestätigte ihm, dass eine Kinderkrankenschwester Gabi auf der Station arbeitet und ja, sie hatte eine kleine Tochter, die Juliane hieß.

Frank war ganz aufgeregt, er hatte sie tatsächlich gefunden. Von seiner Gesprächspartnerin erfuhr er weiter, dass Gabi Spätdienst hatte. Er beschwor Schwester Irmgard, Gabi nichts von seinem Anruf zu erzählen. Er würde ihr lieber gleich einen Brief vorbeibringen.

Kaum hatte er aufgelegt, nahm er sofort Papier und Stift, verschwand im Pausenraum und schrieb einen kurzen Brief an Gabi.

Anschließend schwang er sich in sein Postauto und ab ging's auf direktem Weg zum Krankenhaus. Glücklicherweise lag das genau in seinem Zustellbezirk, somit fiel die kleine Sonderfahrt nicht auf.

Ohne viel zu fragen, fuhr er mit dem Auto direkt aufs Krankenhausgelände. Vor dem Gebäude der Kinderklinik parkte er und gab den Brief auf der Station F2 persönlich ab.

Als Gabi einige Tage, nachdem sie auf die Kontaktanzeige geantwortet hatte, zum Spätdienst ins Krankenhaus kam, grinsten sie die Kolleginnen komisch an. Sie war verunsichert und konnte sich das Ganze nicht erklären. Erst als Schwester Irmgard ihr erzählte, dass ein junger Mann angerufen und später einen Brief für sie abgegeben hatte, wurde ihr alles klar. Alle auf Station wussten also schon Bescheid, nur sie nicht.

Mit Absicht ließ sie den Brief bis zur Pause liegen, obwohl ihre Kolleginnen sie immer wieder drängten und wissen wollten, was er so schrieb.

In ihrer Pause nahm sie sich den Brief vor und versuchte, ihn zu lesen. Sie traute ihren Augen kaum, die Handschrift war grottenschlecht und die Rechtschreibung noch viel schlechter! Geschrieben hatte er ganz nett, aber was sollte das für einer sein, der mehr Fehler in einer Zeile machte als sie Finger an einer Hand hatte? Gabi war mehr als skeptisch, aber auch auch sehr neugierig, was sich wohl für ein Typ hinter den Zeilen verbirgt. Für's Erste würde sie ihn morgen Nachmittag von der Station aus zurückrufen und sich überraschen lassen.

Wider Erwartens ging dann alles sehr schnell. Am nächsten Tag meldete Gabi sich telefonisch auf dem Postamt. Nach einem kurzen Gespräch verabredeten sie sich für Sonntag, den 1. Mai, zu einem ersten Treffen in Radebeul. Frank würde sie und Jule zu Hause abholen, dann wollten sie spazieren gehen und sich etwas kennenlernen.

Dann kam er, der 1. Mai 1985. Frank war am Vormittag zur üblichen Maidemo ins Stadtzentrum von Dresden beordert worden.

Er sah diese Demos immer als Unterhaltungsveranstaltung mit anschließender Freizeit und nicht als Zwangsrekrutierung, um für die Partei zu protzen. Auf den Sinn und Zweck dieser Kundgebung achtete sowieso kaum einer. Immerhin hatten er danach frei und bekam den ganzen Tag bezahlt. Vom Zentrum bis Radebeul brauchte er mit der Strassenbahn etwas mehr als eine halbe Stunde und so war er pünktlich um 14 Uhr bei Gabi vorm Haus. Nachdem er geklingelt hatte, öffnete sich im ersten Stock ein Fenster. Da sah er sie und ihr Lachen zum ersten Mal, sie winkte ihm fröhlich zu und versprach, gleich unten zu sein. Frank war mehr als aufgeregt, zumal ihm Gabi in natura noch besser gefiel als auf dem Foto.

Wenig später trat sie, den Kinderwagen vor sich herschiebend, durch das große Hoftor. Was Frank sah, übertraf seine kühnsten Erwartungen und er war sofort unsterblich verliebt. Ihm kam eine circa 1.60 m kleine, hübsche, schlanke Frau mit für seine Verhältnisse perfekter Oberweite und einem strahlenden Lächeln entgegen. Ihre jugendliche, erfrischende Ausstrahlung fesselte ihn sofort.

Beim anschließenden Elbspaziergang gab er sich alle Mühe, einen guten Eindruck bei ihr zu hinterlassen. Julchen war ein propperes Kind, das eher einer einem barocken Gemälde entsprungenen Putte glich als einem Baby, das Gabi hätte zu Welt bringen können.

Er hatte keine Berührungsängste Jule gegenüber, war es doch keine zwei Jahre her, dass seine Susi auch in diesem Alter war. Später sollten sich die barocken Äußerlichkeiten schnell verlieren und sie macht bis heute ihrem Vornamen alle Ehre!

Gabi war überrascht, zuerst dass er größer und dünner war als erwartet, dann wie liebevoll und selbstverständlich Frank mit Jule umging. Nach ihrem gemeinsamen Spaziergang konnte sie ihn noch nicht richtig einordnen. Nicht schön, nicht hässlich, etwas verdreht und hippelig, aber unterhaltsam. An diesem ersten Tag hatte sie noch keine feste Meinung, sie wollte erst einmal alles auf sich wirken lassen und sich auf keinen Fall voreilig festlegen.

Wieder vor ihrem Zuhause angekommen, schlug er vor, dass man sich am nächsten Tag wieder treffen könnte. Spontan gab sie seinem Vorschlag nach, war aber später selbst überrascht, dass sie so schnell zugesagt hatte.

So trafen sich die beiden am nächsten Tag wieder. Gemeinsam holten sie Jule von der Kinderkrippe ab und bummelten später durch Radebeul. Soweit es möglich war, wurde die Kleine selbstverständlich vom ersten Treffen an in alle Unternehmungen mit einbezogen.

Für den nächsten, den dritten Tag hatte Frank sich schon einen Plan zurechtgelegt. Er schlug vor, Gabi vom Krankenhaus abzuholen, anschließend Jule an der Krippe einzusammeln, um dann gemeinsam zu seinen Eltern zu fahren. Gabi fühlte sich überrumpelt, wollte sich aber auch nicht entziehen und nein sagen. Sie wußte nicht was, aber irgendetwas faszinierte sie an diesem schlaksigen Kerl. Sie willigte ein und war gespannt, was der nächste Tag bringen würde.

Dieser Frank überraschte sie jeden Tag mehr, aber noch immer traute sie ihm nicht so recht. Er war einfach zu lieb zu ihr und Jule, das war ihr irgendwie unheimlich. Außerdem ging bei ihm alles immer so spontan, ruck zuck und so selbstverständlich leicht, so etwas kannte sie bisher überhaupt nicht.

Am Ende des dritten Tages war Gabi dann vollends überzeugt und aus der anfänglichen Unsicherheit wurde plötzlich - und eigentlich ganz unromantisch - Liebe.

Wie verabredet trafen sich beide vorm Krankenhaus, holten dann Julchen ab und fuhren gemeinsam mit der Straßenbahn nach Leuben zu Franks Eltern. Diese empfingen sowohl Gabi als auch Jule ganz herzlich, so als würden sie sich schon Jahre kennen und beide schon immer zur Familie gehören.

Auch Gabi fühlte sich sehr wohl und war ganz begeistert von der Herzlichkeit, mit der sie und Jule von Franks Eltern empfangen und aufgenommen wurden.

Als dann später Gabi und Frank rechts und links von Hilde auf dem Sofa saßen und Hilde sich zum Kaffee trinken vorbeugte, sahen sie sich in die Augen. Genau in diesem Moment war es um Gabi geschehen. Sie würde später nie sagen können, warum genau in diesem Augenblick, aber es war der magischste in ihrem Leben.

War es der Blick von ihm, in dem so viel Liebe, Zärtlichkeit und Verlangen lag? Oder seine unkomplizierte, offene und spontane Art? War es das Selbstbewusste, das Ungeduldige, das Unstete? Oder war es der charmante Hallodri, der sie anlächelte und offensichtlich wollte? Bestimmt war es eine Mischung aus allem und plötzlich fühlte sich Gabi wieder begehrt und als Frau wahrgenommen. Sie wußte es nicht, sie wunderte sich nur über sich und die nächsten Stunden.

Auf der Heimfahrt in der Straßenbahn fing dann die Knutscherei an. Neben dem Kinderwagen standen sie sich gegenüber, sahen sich tief in die Augen und plötzlich küsste Frank Gabi vorsichtig. Sie erwiderte seine Küsse und es dauerte nicht lange, dann küssten und knutschten sie sich schon heftig.

In Radebeul angekommen, bat sie Frank, mit hoch zu kommen. Etwas mulmig war ihm nun schon. Immerhin kannte er ihre Eltern nicht, doch Gabi versicherte ihm, dass sie nicht zu Hause sind.

Mit Jule auf dem Arm ging Gabi voran in den ersten Stock, dort befand sich das elterliche Wohnzimmer. In diesem stand ein Laufgitter für die Kleine. Da Jule gerade schlief, legte Gabi sie ganz vorsichtig auf die Matratze im Laufgitter.

Kaum hatte sie Julchen hingelegt, drehte sie sich zu Frank um, sah ihm erneut tief in die Augen und ohne ein weiteres Wort ließen sie sich in den nächsten Sessel gleiten. Dann küssten sie sich wild und leidenschaftlich. Beide genoßen die Zärtlichkeiten, wobei Gabi eindeutig die Fordernde war. Immer wieder fragte sie ihn, ob sie nicht lieber hoch in ihr Zimmer gehen wollten. Frank jedoch blieb standhaft und verneinte immer wieder. Warum? Das kann er bis heute nicht erklären. Vielleicht weil er ihre Leidenschaft noch länger genießen wollte. Oder weil es ein tolles Gefühl war, begehrt zu werden.

Dieses Gefühl jedoch beherrschte beide, so war es nur eine Frage der Zeit, bis Frank nachgab und sich von Gabi nach oben in ihr Zimmer führen ließ. Kaum hatten sie die Tür geschlossen, rissen sie sich die Klamotten vom Leib und gaben sich der Begierde hin und das wieder und immer wieder.

Plötzlich hörte Frank ein leises Weinen aus der Wohnstube unter ihnen. Vorsichtig küsste er Gabi ein letztes Mal, dann schob er sie zärtlich zur Seite.

Frank flüsterte Gabi leise zu: „Hörst du das?" Gabi lauschte und tatsächlich, nun hörte sie auch das leise Weinen. „Ich will noch nicht aufstehen!" raunte ihm Gabi ins Ohr. „Lass uns erst nach der Kleinen sehen." beharrte Frank. „Wir haben noch viel Zeit für einander!" Gabi ahnte nicht, wie Recht er damit haben würde. Noch einmal küsste sie Frank, dann zog sie sich an und ging die Treppen runter zu Julchen.

In den nächsten Tagen trafen sie sich täglich, entweder bei Gabi oder Frank. Julchen musste nun lernen, ein Stündchen ohne Mama und Papa auszukommen. Ja, Frank betrachtete Jule vom ersten Tag an als sein Kind. Und seit dem entscheidenden Blick hinter Hildes Rücken und dem ersten Kuss in der Straßenbahn waren sie auch wie eine kleine Familie und unternahmen alles gemeinsam.

Fast zwei Wochen nach dem ersten Treffen schlug Frank vor, dass Gabi und Juliane eigentlich zu ihm nach Dresden ziehen könnten. Sie bräuchte sich keine Gedanken machen, er würde schon alles organisieren und ihre Möbel mit dem Postauto transportieren.

Gabi war von dem Vorschlag hin und her gerissen. Auf der einen Seite hatte sie Frank, der ihr endlich wieder das Gefühl gab, gebraucht zu werden, der sie begehrte, der ihr Kind annahm und behandelte wie sein eigenes, den sie liebte. Nach so langer Zeit des Alleinseins, nach den vielen Jahren des auf und ab mit Uwe, nach dessen vielen Zurückweisungen, fühlte sie sich endlich wieder geborgen und wohl in Frank's Armen.

Auf der anderen Seite stand ihre Mutter, die ihr in der Schwangerschaft stets zur Seite stand, um deren Liebe und Anerkennung sie aber immer kämpfen musste. Gabi ahnte, dass ihre Mutter über eine Beziehung zu Frank nicht glücklich sein würde. Irgend etwas hatte er an sich, das ihr missfiel. Oder hatte sie Angst, dass ihr Gabi nun weggenommen würde? Wenn sie ihr nun davon erzählen würde, dass sie zu Frank ziehen möchte, gäbe es bestimmt Diskussionen. Sie kannte sich, Mutter würde es schaffen, sie von dem Umzug abzubringen. Gabi war überzeugt, dass sie es nur gut meinte. Mutter wollte sie bestimmt nur vor einer weiteren Enttäuschung bewahren. Doch das wollte sie nicht, sie wollte mit Juliane und Frank gemeinsam eine kleine Familie gründen. Sie wollte auch endlich glücklich sein! Gabi entschied sich für Frank, auch wenn sie in den nächsten Wochen, Monaten, ja sogar Jahren immer wieder zwischen der Liebe zu Frank und dem schlechten Gewissen gegenüber ihrer Mutter hin und her gerissen wurde!

Gabi fiel der Umzug von Radebeul nach Dresden nicht gerade leicht, galt doch ihr Geburtsort als behütete, gutbürgerliche Wohngegend. Dresden Trachenberge hingegen als Arbeitergegend, in der es eher laut und rustikal zuging. Frank fand für den Vergleich andere Worte, für ihn war Radebeul mit seinen Villen, biederen Vorgärten und Sonntagsspaziergängern einfach nur spießig. In Trachenberge hingegen mit seinen engen Kopfsteinpflasterstraßen, den alten Mietshäusern und dem Geruch nach Kohleöfen waren die Menschen einfach, derb, aber herzlich und ehrlich!

Dennoch nahm Gabi diesen Kulturschock in Kauf, als sie fast auf den Tag genau zwei Wochen, nachdem sie Frank das erste Mal gesehen hatte, ihre

Habseligkeiten in Radebeul zusammenpackte und das Postauto damit belud.

Als alles verstaut war, schloss sie die Haustür, das Grundstückstor, dann drehte sie sich ein letztes Mal um und Tränen traten ihr in die Augen. War es richtig, was sie jetzt tat? Wie würde sich alles entwickeln? Zweifel plagten sie. Gabi wischte die Tränen und die schlechten Gedanken weg, ging zum Postauto, stieg ein und küsste Frank. Da wusste sie, es war richtig! Für sie würde nun ein neuer, anderer Lebensabschnitt beginnen.

Am Nachmittag fuhr sie noch einmal nach Radebeul, nun musste sie ihrer Mutter noch sagen, dass sie zu Frank gezogen war.

Wie erwartet, versuchte ihre Mutter Christine alles, um sie wieder zurück nach Radebeul zu holen.

Die ersten Wochen und Monate ihrer Beziehung waren für Gabi und Frank nicht einfach. Beide hatten das Gefühl, dass Christine Frank nicht mochte und sie Gabi unbedingt wieder in ihrer Nähe haben wollte. Es entstand ein regelrechter Wettkampf um Gabi und Juliane. Mal versuchte Christine ihre Tochter und das Enkelkind mit einer neuen Wohnung in ihre Nähe zurück zu holen. Ein anderes Mal, bei gemeinsamen Aktivitäten, zählte sie die Vorzüge des elterlichen Hauses in Radebeul auf.

Frank seinerseits gab Gabi und der kleine Jule vor allem Liebe, Geborgenheit, eine gehörige Portion Abenteuer und eine gewisse Leichtigkeit des Lebens.

Frank versuchte, Gabi alles abzunehmen und sie, wo es nur ging, zu entlasten. Er gab alles, denn er hatte auch Angst, die Beiden wieder zu verlieren. Das wiederum wollte er auf keinen Fall, dafür würde er kämpfen!

Keiner dachte dabei an Gabi, sie drohte dabei unter die Räder zu kommen! Ihr machten die nächsten Wochen und Monate immer mehr zu schaffen. Dabei wollte sie es beiden Seiten doch nur recht machen, sowohl ihrer Mutter als auch Frank. Und Juliane brauchte sie schließlich auch noch. Sie geriet oft zwischen die Fronten und durch ihre eigene Unentschlossenheit auch in so manch heikle Situation. Immer wieder fragte sie sich, warum ihre Mutter sie nicht gehen lassen konnte. Doch die Kraft, sie zu fragen, brachte sie nicht auf. Schlussendlich sollte sich aber zeigen, dass über allem die Liebe siegte!

Bereits zwei Monate nach Gabis Auszug wollte ihr Frank einen Vorgeschmack auf das zukünftige abenteuerliche Leben geben und schlug einen ersten gemeinsamen Urlaub vor. Zum Glück (für wen eigentlich?) hatten beide mit der gemeinsamen Wohnung auch ihre Konten zusammengelegt. Frank, der immer alles Geld verlebt hatte, konnte kaum etwas beisteuern. Gabi hingegen war in den letzten Jahren sehr sparsam. Sie hatte doch tatsächlich knapp 5.000 Mark gespart, die sie nun in die neue Familienkasse einbrachte. Zuerst fiel es ihr sehr schwer, mit anzusehen, wie Frank hunderte von Ideen entwickelte, was man gemeinsam mit dem Geld anstellen könnte. Doch schon nach dem ersten Urlaub veränderte sich ihr Blick auf das Geld, war sie doch überrascht, wie viel Leben in ihrem Geld stecken konnte.

Über eine Arbeitskollegin hatte Frank den Tschechen Robert kennengelernt. Dieser lebte mit seiner Familie in Kraslice, ein Ort im tschechischen Teil des Erzgebirges direkt hinter der Grenze. Robert bewohnte mit seiner Frau ein großes typisch tschechisches Haus direkt an der Hauptstraße.

Schon beim ersten Treffen in Dresden hatte er angeboten, dass Frank samt Familie gerne eine oder zwei Wochen Urlaub bei ihnen verbringen können. Gabi war von der Idee und Franks schneller Organisation total begeistert und überrumpelt.

Die Fahrt nach Kraslice gestaltete sich dann schwieriger als gedacht. Um in den Urlaubsort zu gelangen, mussten die drei mit dem Kinderwagen und zwei Koffern zuerst mit dem Zug von Dresden nach Děčín fahren und dort zwei Stunden auf den Anschlußzug nach Karlsbad warten. In Karlsbad angekommen, mussten sie weitere 2 1/2 Stunden warten, bevor es weiter ging nach Sokolov. Dort hatten sie nur eine Stunde Wartezeit, bevor der Schienenbus nach Kraslice abfuhr. Vom Bahnhof bis zu Robert waren es dann noch einmal zwei km zu Fuß mit Koffern und Kinderwagen. Obwohl es von Dresden bis Kraslice mit dem Auto keine 200 km sind, waren die drei einen ganzen Tag unterwegs.

Bei Robert angekommen, stellten sie schnell fest, dass das Haus und die Zimmer sehr einfach ausgestattet, etwas schmuddelig, aber ansonsten nicht schlecht waren.

Da es in Kraslice selbst nicht viel zu erleben gab, unternahmen die drei tagsüber gemeinsame Ausflüge.

Gabi genoss die Aufmerksamkeit, die Frank ihr und Julchen schenkte. Abends wollte Gabi dann alles nachholen, was sie die letzten Jahre verpasst hatte und Frank gab sich ihrer Leidenschaft hin.

Juliane erwies sich bei all den Unternehmungen als sehr unkompliziertes Kind. Als die drei zum Beispiel von Kraslice nach Sokolov trampen wollten, aber kein Auto anhielt, schlief Julchen in einem Tragegestell auf Franks Rücken fast auf der gesamten 25 km langen Wanderung. Auch Abends konnten sie Jule in ihr Bettchen im Nebenzimmer legen und die Kleine schlief die ganze Nacht.

So verbrachten die drei eine unbeschwerte, abwechslungsreiche und abenteuerliche Urlaubswoche in der Tschechei.

Kaum zurück in Dresden spürte Gabi, dass ihr der Urlaub, vor allem aber die Abende, doch ganz schön zugesetzt hatten. Noch am Abend ihrer Rückkehr musste sie ins Krankenhaus. Diesmal aber nicht zum arbeiten, sondern als Patientin.

Auf Grund starker Unterleibsschmerzen vermuteten die Ärzte eine Blinddarmentzündung. Nach einigen Untersuchungen konnte diese ausgeschlossen werden. Nun vermuteten die Ärzte, dass die Schmerzen von der Galle her rühren könnten. Kurzerhand schlugen sie vor, diese zu entfernen.

Gabi bestand jedoch auf einem vorab Röntgencheck. Als dann auch nach dem zweiten Röntgen, diesmal mit Kontrastmittel, nichts an der Galle zu finden war und es ihr wieder besser ging, wurde nicht mehr operiert. So blieb es bei einer unklaren ärztlichen Diagnose und unserer Vermutung - Überanstrengung!

Der Sommer 1985 verging und der Herbst hatte bereits Einzug gehalten, als Frank die Arbeit als Hauptzusteller anfing zu langweilen.

Er hatte wieder einmal versucht, seine Verbesserungsvorschläge im Postamt durchzusetzen. Doch vergebens, auch wenn ihn die überwiegende Mehrzahl seiner Kolleginnen immer wieder ermunterte, die Vorschläge beim Chef anzubringen, stieß er bei diesem auf taube Ohren. Der Postamtsleiter wollte keine Veränderungen und so begann Frank, sich nach einer neuen Tätigkeit umzusehen.

Das mit dem Umsehen nahm er in der Kneipe unter seiner Wohnung auch sehr genau, was fast in einer Katastrophe geendet hätte.

Keine Frage, Frank war mit seiner Gabi nach wie vor sehr glücklich, aber dessen ungeachtet war er jung und noch immer auf der Suche nach Bestätigung und Erfolg.

Gabi beobachtete Franks Aktivitäten deshalb immer etwas argwöhnisch. An einem Samstagabend sollte sie mit ihrem Misstrauen recht behalten.

Es war Samstagabend und wieder einmal lud die Kneipe unter der Wohnung zum Tanz oder besser gesagt zur Disko!

Gabi und Frank brachten die Kleine noch zu Bett, dann gingen sie nach unten, um sich zu amüsieren.

Nun war Gabi an diesem Abend geschafft und kaputt von den vielen Diensten der vergangenen Woche. Schon gegen 23 Uhr kapitulierte sie und sagte zu Frank: „Du Liebling, ich bin kaputt und müde. Können wir nicht hochgehen? Ich muss ins Bett!" Frank in seiner flapsigen Art antwortete: „Oh ins Bett komm ich auch mit!" dabei grinste er Gabi von der Seite an. „Oh mein Gott, du denkst doch auch immer nur an das Eine!" stöhnte sie und wollte sich gerade umdrehen, als Frank sie am Arm festhielt und meinte: „Ist schon gut Schatzi, ich sag nur noch schnell `Tschüß´ dann komme ich gleich nach." Dann küsste er sie noch und Gabi ging nach oben, während Frank sich eine neue Tanzpartnerin suchte.

Über den weiteren Ablauf der Geschehnisse gehen die Sichtweisen immer noch auseinander.

Während Frank der Meinung ist, dass er nur noch ein wenig getanzt hatte und die Zeit vergessen hatte erlebte Gabi die Sache ganz anders.

Nachdem eine drei viertel Stunde vergangen war, ohne dass Frank aufgetaucht war, wurde sie unruhig und ging nach unten, um nach ihm zu sehen. Unten angekommen, suchte sie nach Frank, schließlich fand sie diesen eng umschlungen mit einer anderen auf der Tanzfläche. Die beiden wiegten sich lasziv im Takt der Musik hin und her.

Frank ist im Übrigen immer noch der Meinung, er hätte ganz normal mit der anderen getanzt!

Gabi jedoch empfand das ganz anders. Da Frank sie bisher noch nicht bemerkt hatte, gelang es ihr, ganz dicht an die Beiden heranzutreten. Die Umstehenden erfassten schnell die Situation, hatten aufgehört zu tanzen und es bildete ein Kreis um die drei. Dann plötzlich ging alles ganz schnell. Als Frank seitlich an Gabi vorbei tanzte, packte sie ihn an der Schulter, zog ihn mit einem kräftigen Ruck von seiner Tanzpartnerin ab und gab ihm eine schallende Ohrfeige.

Frank erstarrte vor Entsetzen, zumal er sich keiner Schuld bewußt war. Dann ging ein Raunen durch die Umstehenden. Seine Kumpel starrten ihn an und warteten auf eine Reaktion von ihm. Gabi hingegen blickte in die Gesichter der umstehenden Frauen und sah in vielen ein bewunderndes und zustimmendes Lächeln beziehungsweise Kopfnicken.

Dann eskalierte die Situation. Frank, dem die Zornesröte und Blamage im Gesicht stand, packte Gabi am Arm, zerrte sie von der Tanzfläche, weiter durch den Hinterausgang, bis nach oben in die Wohnung. Unter wüsten Beschimpfungen führte er sie in die Schlafstube, holte zwei ihrer Koffer vom Schrank und begann wütend, einige ihrer Sachen hinein zu schmeißen.

Gabi war in diesem Moment alles zu viel, die letzten Tage waren zu anstrengend, sie war müde und kaputt und dann erwischte sie ihren Freund mit einer anderen auf der Tanzfläche und nun packte er ihre Sachen und wollte sie rauswerfen. Gabi weinte schluchzend und hemmungslos.

Als Frank dies sah, hielt er inne. Plötzlich und von einer Sekunde auf die andere war seine Wut verraucht. Er nahm seine Gabi in die Arme, drückte sie ganz fest an sich und küsste ihrer Tränen weg. Dann schleuderte er die Koffer achtlos vom Bett, um anschließend Gabi vorsichtig auf selbiges zu ziehen.

Stunden später, es war schon früher Morgen, schliefen beide versöhnt und zufrieden ein.

Doch Gabi konnte die Enttäuschung lange nicht verwinden und sann auf Vergeltung. Einige Wochen später ergab sich eine gute Gelegenheit und sie brachte Frank damit fast zur Verzweiflung.

Das Weihnachtsfest 1985 hatte die kleine Familie unter den Eltern aufgeteilt und einen Feiertag noch für sich behalten. Gabi war immer noch ganz angetan, wie rührend sich Franks Eltern um die kleine Jule bemühten und sie behandelten wie das eigene Enkelkind.

Zum Leidwesen von Gabi hielten die Spannungen zwischen ihrer Mutter und Frank immer noch an. Obwohl ihr Frank versicherte, gerne zu ihren Eltern zu gehen, spürte sie dennoch, dass er sich unwohl und nicht akzeptiert fühlte.

Dann stand der Jahreswechsel an. Gabi und Frank wollten das Fest gemeinsam mit einem befreundeten Pärchen und einem Kumpel von Frank verbringen.

Um richtig feiern zu können, wurde Julchen für diese Nacht bei Franks Eltern geparkt. Max und Hilde waren sichtlich stolz, auf die Kleine aufpassen zu dürfen.

Am 31.12. gegen Abend trafen sich alle in der Kneipe unter Franks Wohnung. Gemeinsam wurde gegessen und etwas getrunken.

Schon beim Essen fiel Frank auf, dass sich sein Kumpel Maik, den er noch aus Mitropa Zeiten kannte, oft mit Gabi unterhielt. Als dann die ersten Gläser Bier und Wein geleert waren, fand er, dass Gabi nun regelrecht mit ihm flirtete. Sie lachten und alberten viel miteinander rum. Frank hingegen musste sich zwangsläufig mit dem anderen Pärchen unterhalten. Dabei entging ihm nicht, dass Gabi während der Gespräche oft zu ihm schielte und seine Reaktion beobachtete. Etwa eine Stunde vor Mitternacht wurde es Zeit aufzubrechen. Die Fünf wollten noch auf die Hellerberge. Dort wollten sie gemeinsam Raketen steigen lassen, etwas trinken und das neue Jahr begrüßen.

Der Zufall wollte es, dass Frank beim Verlassen der Kneipe alle Raketen, Knaller und einen Beutel mit einer Flasche Sekt und 5 Gläsern trug.

Das Pärchen führte den kleinen Trupp an, dahinter gingen Gabi und Maik, die sich nach wie vor prächtig zu amüsieren schienen. Frank folgten ihnen voll bepackt, mit einem mürrischen Gesichtsausdruck und einem stärker werdenden Groll im Bauch.

Plötzlich traute er seinen Augen kaum, Gabi hatte die Hand von Maik genommen und nun gingen die beiden Hand in Hand vor Frank her. Der konnte sich schlecht wehren, war er doch mit den Silvesterutensilien beladen und hatte keine Hand frei, um eingreifen zu können. Sagen wollte er auch nichts, denn auf der einen Seite hatte er noch ein schlechtes Gewissen wegen der Tanzeinlage vor einigen Wochen und außerdem wollte er die gute Stimmung der anderen nicht zerstören. Offensichtlich hielten alle, außer ihm, das Gemache von Gabi und Maik für lustig.

Als die Beiden dann anfingen sich flüchtige Küsschen zu geben, platze Frank fast der Kragen. Er beherrschte sich aber, denn in wenigen Minuten würden sie ihr Ziel erreichen. Dann könnte er die Sachen ablegen und sich wieder um Gabi kümmern.

Schon von weiter entdeckten sie eine große Gruppe anderer junger Leute, die sich für die Silvesterparty mit ihnen treffen wollten. Kaum hatten sie diese erreicht, als Frank das Knallzeug und den Beutel mit dem Sekt und den Gläsern unsanft auf dem Boden abstellte. Deutlich hörten die anderen vier, dass etwas zu Bruch gegangen war.

Gabi ließ nun vorsorglich Maiks Hand los und alle beobachten Frank, wie er den Beutel ausräumte. Tatsächlich war ein Glas kaputt gegangen. Frank sah auf und seinem Kumpel Maik in die Augen: "Tja mein Lieber, da wirst du dir wohl ein neues EIGENES Glas besorgen müssen!" Frank funkelte seinen Kumpel böse an und betonte die Worte "eigenes Glas" ganz besonders.

Inzwischen hatte sich eine kleine Traube um die fünf gebildet und die Gespräche waren verstummt. Alle sahen gespannt auf Frank und Maik.

Gabi stand unsicher neben den beiden und blickte von einem zum anderen. Jetzt erst wurde ihr klar, dass sie mit dem Flirten und Küsschen geben vielleicht doch etwas zu weit gegangen war. Auf keinen Fall wollte sie eine Prügelei oder ähnliches provozieren, eigentlich wollte sie sich nur ein klein wenig an Frank rächen. Wie sie nun sehen konnte, war ihr dies erstklassig gelungen.

Frank stand auf und blickte auf den einen halben Kopf kleineren Maik herab. Plötzlich trat Gabi zwischen die beiden, küsste Frank leidenschaftlich und die Menge johlte. Als Frank an Gabi vorbei blickte, sah er Maik gerade in der Menge verschwinden. Dann schob Frank Gabi vorsichtig von sich und er sah, dass ihre Augen feucht wurden. Schluchzend und lächelnd gleichzeitig, flüsterte sie: "Wir hätten auch gemeinsam aus einem Glas trinken können!" Frank wollte gerade etwas erwidern, als die Umstehenden anfingen rückwärts zu zählen: "Zehn, neun, acht, sieben, sechs, fünf, vier, drei, zwei ..." der Rest ging in dem Lärm von hunderten Knallern und Raketen unter. Das neue Jahr hatte begonnen und Gabi und Frank lagen sich in den Armen, küssten sich und versicherten sich ihrer Liebe!

1986 - *Das Ultimatum - Erst Hochzeit dann Kind*

Noch in der Neujahrsnacht 1986 hatten Gabi und Frank sich ausführlich über die vergangenen Wochen "unterhalten", nur um anschließend die Versöhnung noch intensiver genießen zu können!

War das alles schon wieder ein Jahr her? Frank lag auf einer Pritsche im Ruheraum der ´Schnellen medizinischen Hilfe Dresden Neustadt´ auf der Großenhainer Straße und lauschte den Geräuschen aus dem Nebenzimmer. Jeden Moment konnte das Telefon klingeln, dann mußte er innerhalb weniger Minuten hell wach sein, aufmerksam und konzentriert im Auto sitzen, um die diensthabende Ärztin, heute war es Frau Dr. Pohl, schnell zum nächsten Noteinsatz zu bringen.

In den Tagen nach Weihnachten war normalerweise besonders viel los, nur blieb es bisher relativ ruhig. Frank hing seinen Gedanken nach und musste lächeln, wenn er daran dachte, was dieses Jahr alles passiert war.

Schon wenige Wochen nach dem Jahreswechsel wollte Frank die Beziehung zu Gabi festigen und einen eigenen Susi-Ersatz haben.

Ohne Zweifel war Juliane inzwischen zu seinem Kind geworden und Julchen zeigte beziehungsweise sagte ihm das auch. Seit sie sprechen konnte, nannte sie ihn Papa und er liebte die Kleine über alles. Auch wenn er nach wie vor viel, sehr viel an Bruni und Susi denken musste.

Gabi tat alles, um ihm über den gelegentlichen Schmerz hinweg zu helfen. Auch ihr tat es weh, zu sehen, wie Frank litt, weil er die Kleine nicht sehen durfte. Zweimal waren sie heimlich am Kindergarten von Susi und haben sie kurz von weitem sehen können. Dann eines Tages wurden sie erneut von der Kindergärtnerin erwischt. Sie machte Frank deutlich, dass sie es nicht dulden konnte, wenn er weiter heimlich zum Kindergarten kommt. Nach wie vor wünschte Susis Mutter keine Besuche von ihm.

Gabi zerriss es fast das Herz, hätte sie sich doch nichts sehnlicher gewünscht, als dass der Vater von Jule sich auch nur annähernd so um sein Kind bemüht hätte wie Frank.

Er wollte am liebsten vier Kinder, Gabi jedoch lehnte ab. Zwar war die letzte Schwangerschaft recht unkompliziert verlaufen, aber schließlich wollte sie nicht Gefahr laufen, alleine mit vier Kindern dazustehen.

Sie sagte Frank ganz deutlich, dass sie als Unverheiratete kein zweites Kind bekommen wollte. Und so blieb Frank nichts anderes übrig, als Gabi zu versprechen, dass er sie heiraten würde, sobald sie schwanger ist. Noch ein paar Tage "verhandelten" beide, ob Gabi erst schwanger werden musste oder ob Frank sie erst heiraten sollte.

Gabi sah das Ganze als Heiratsantrag und setzte die Pille ab.

Das Läuten des Telefons ließ Frank Hochschrecken. Binnen Sekunden war er munter und stand neben Frau

Dr. Pohl am Telefon. Aufmerksam hörte er zu, vielleicht würde sie ja schon sagen, wohin es geht, aber es war nur ihr Ehemann.

Enttäuscht ließ er die Schultern hängen und setzte sich an den kleinen Tisch in der Mitte des Raumes. Frau Doktor setzte sich zu ihm und sie unterhielten sich über Gott und die Welt.

Da Frank heute das erste Mal mit Frau Dr. Pohl Dienst hatte, blieb es nicht aus, dass sie ihn fragte, wie er zu der Arbeit hier kam.

Frank holte sich erst noch einen frisch aufgebrühten Schwarztee mit Milch und Zucker, dann setzte er sich wieder an den Tisch zur Ärztin und erzählte von seinem letzten Arbeitswechsel.

Schon Ende 1985 war es Frank bei der Post nicht mehr aufregend genug und seinen tollen Verbesserungs-vorschlägen schenke der Chef auch kein Gehör. Deshalb wurde es Zeit für eine berufliche Wende.

Auf jeden Fall wollte er weiter Auto fahren und wenn möglich natürlich näher bei Gabi sein.

Diese war es dann auch, die ihm erzählte, dass das Krankenhaus Neustadt Kraftfahrer suchte. Gleich im Januar stellte sich Frank beim Disponenten der Fahrbereitschaft im Krankenhaus vor.

Nach dem Gespräch schwebte Frank auf Wolke sieben. Das, was ihm Herr Möller über die Arbeit erzählt hatte, war fast genau sein Ding. Das einzig Negative übersah er einfach und redete sich die Arbeit mit den beiden anderen Tätigkeiten schön.

Herr Möller hatte ihm gesagt, dass die Tätigkeit aus drei Hauptbereichen bestand. Als erstes sollte es zu Franks Aufgaben gehören, das Mittagessen von der

Zentralküche auf die einzelnen Stationen zu verteilen. Der zweite Teil bestand aus der Fahrbereitschaft im Tagdienst und der dritte und letzte Teil schließlich aus dem Fahren von Ärzten am Wochenende und in der Nacht zu Noteinsätzen.

Frank berichtete dem Disponenten noch kurz, was er bisher gemacht hatte und wenige Minuten später waren sie sich einig, dass Frank am 01. Februar 1986 beim Krankenhaus Neustadt als Kraftfahrer anfangen würde! Vorher musste er allerdings noch einige Tauglichkeitsuntersuchungen über sich ergehen lassen. Nachdem er alle erforderlichen Nachweise eingeholt hatte, konnte es losgehen.

Selbstredend durfte er nicht gleich mit dem Autofahren beginnen, sondern musste zuerst lernen, die Wagen mit dem Essen in der Küche abzuholen und diese anschließend richtig zu verteilen.

Schnell merkte er, dass dieser Teil seiner Arbeit den wenigsten Spaß machte. Allerdings nicht der Arbeit wegen, sondern weil das Verteilen der Essenwagen als minderwertige Tätigkeit angesehen wurde. Egal ob Ärzte oder Schwestern, keiner würdigte die Männer von der Fahrbereitschaft eines Blickes, wenn diese die Wagen verteilten und dadurch für die Verpflegung auf den Stationen sorgten.

Frank versuchte durch besonders witzige Sprüche den sterilen Krankenhausalltag der Schwestern etwas aufzulockern, aber die meisten von ihnen behandelten ihn wie Luft!

In der Zentralküche kamen seine Sprüche dagegen um so besser an.

Noch bevor Frank das erste Mal die selbige betrat, gingen ihm die Erinnerungen an das Essen holen mit

Vater durch den Kopf und er stellte sich die Mitarbeiterinnen in der Küche entsprechend als große kräftige Walküren mit ordentlich Busen vor. Um so angenehmer überrascht war er, bei seinen ersten Besuchen durchaus auch Frauen in seinem Beuteschema vorzufinden.

Die Erlebnisse in der Küche und mit der einen oder anderen Küchenfee sparte Frank bei seiner Erzählung Frau Doktor gegenüber besser aus.

So erfuhr sie auch nicht, dass er durch seine freundliche und lustige Art schnell Kontakt in die Küche fand und nach wenigen Tagen machte das ´Wagen schieben` fast schon Spaß.

Die Mädels in der Küche waren froh, mal mit einem Mann erst über die täglichen Zickereien in der Küche, später dann auch über private Problemchen, reden zu können. Schnell merkten sie, dass Frank ein guter Zuhörer war und sich für sie und ihre Sorgen wirklich interessierte. Dies wiederum brachte ihn in so manch heikle Situation und erforderte in den nächsten Monaten von Gabi sehr viel Vertrauen und Verständnis.

Immer wieder bot Frank den Mädels seine Hilfe an und so verbrachte er unzählige Stunden in den Wohnungen fremder Frauen, um sich ihre Sorgen und Nöte anzuhören. Dabei blieben Avancen ihm gegenüber nicht aus. Viele fanden es toll, wie er zuhören konnte und versuchte, ihnen zu helfen. Zum Glück für seine junge Liebe machten ihm nur die Frauen eindeutige Angebote, die so gar nicht in sein Frauenbild passten. Und die, die in Frage gekommen wären, wollten wirklich nur stundenlang mit ihm reden.

Kaum war Frank wieder zu Hause bei seiner Gabi, musste er die ganzen Probleme auch wieder loswerden und berichtete ihr ausführlich von den Unterhaltungen.

Diese war oft hin und her gerissen. Auf der einen Seite fand sie es toll, wie Frank sich für andere einsetzte, auf der anderen Seite wußte sie nicht richtig, warum er dies tat. Sie vermutete das ein oder andere Mal schon mehr hinter seinem "ich-kann-gut-zuhören" Tick, als er zugeben wollte. Aber schließlich trug er sie und Jule nach wie vor auf Händen, las ihr jeden Wunsch von den Augen ab und so gab es keinen Grund für Eifersüchteleien!

Gerade als Frank von den Tagestransporten erzählen wollte, klingelte das Telefon und Frau Dr. Pohl nahm ab. Sie sagte kein Wort, aber Frank sah ihr an, dass es kein guter Einsatz werden würde. Aber ganz so schlimm war es dann doch nicht. Als die Ärztin aufgelegt hatte, sagte sie zu ihm: "Auf gehts, wir haben einen Einsatz. Eine ältere Dame sitzt leblos im Stuhl, ihre Enkelin hat sie gefunden. Die Leitstelle meinte, es wäre ein Fall für uns. Ein Rettungswagen wäre wohl nicht mehr erforderlich." Frank starrte sie an, er hatte sich noch immer nicht an den etwas rustikalen Ton von Menschen gewöhnt, die fast täglich mit dem Tod zu tun haben. "Wir können also ganz normal fahren?" fragte Frank. "Ja bitte! Ich hab schon von Ihren Fahrkünsten gehört. Ich glaube, diesmal ist es wirklich nicht notwendig, auch nur geringfügig schneller zu fahren." erwiderte sie schelmisch lächelnd an ihn gewandt.

Frank wußte genau, worauf sie anspielte.

Es war ungefähr ein halbes Jahr her. Damals war er noch nicht oft mit Ärzten zu Noteinsätzen unterwegs gewesen. Frank konnte sich noch genau an den Tag erinnern, es war Freitag, früher Abend und er hatte Nachtdienst, als gegen 17 Uhr das Telefon in der Notfallstation klingelte. Eine Schwester, die in der Station ihren Dienst versah, hob den Hörer ab und notierte sich etwas, während Frank und anschließend Dr. Mantel den Raum betraten. Beide konnten sehen, wie die Frau, als sie sich Notizen machte, kaum sprach und immer bleicher wurde. Als sie aufgelegt hatte, sagte sie aufgeregt: "Lebloses 2- jähriges Mädchen. Nach Aussage der Mutter Atemstillstand. Keine weiteren Angaben. Einsatzort: Bergstraße in Moritzburg. Derzeit kein RTW anderweitig verfügbar. Sobald einer frei ist, schicken sie euch einen hinterher."

Bei den Worten "Lebloses zwei jähriges Mädchen" schoss Frank das Adrenalin in die Adern und er dachte sofort an Susi, dann fiel ihm ein, dass diese keine zwei Jahre mehr ist. Gleichzeitig überschlugen sich seine Gedanken. Wo sollte er lang fahren? Wie schnell sollte er fahren? Würden sie noch rechtzeitig ankommen? Der Doktor sah ihm die Aufregung an und versuchte Frank zu beruhigen: "Bleiben sie mal ganz ruhig, meist ist es halb so schlimm, wie es sich anhört. Die Leute übertreiben oft." Die Worte des Arztes brachten Frank erst recht auf die Palme. Wie konnte jemand, der Leben retten soll, nur so gleichgültig sein. Später würde er feststellen, dass der Doktor nicht ganz unrecht hatte, allerdings wusste niemand, wann die Leute übertreiben und wann es wirklich dringend ist.

Dr. Mantel griff sich seinen Arztkoffer, dann gingen beide zügig zum Einsatzfahrzeug, einem Moskwitsch 412 (genauer einer der Baureihe 2138). Bei den Autos handelte es sich um ganz normale Serienfahrzeuge ohne

Sondersignale, auch besaßen die Fahrer keinerlei Sonderrechte im öffentlichen Straßenverkehr. Dessen ungeachtet hatten sich einige Fahrer Schilder mit der Aufschrift "Notarzt" oder ähnlichem selbst gebastelt und auf dem Autodach oder auf der hinteren Ablage aufgestellt.

Frank gehörte auch zu dieser Spezies, er hatte sich ein stabiles Schild mit Magneten gebaut und auf das Autodach gestellt. Einige der Ärzte fanden es toll, andere untersagten die Verwendung. Dr. Mantel hatte nichts dagegen, als Frank sein Schild auf das Fahrzeugdach stellte. Dann stiegen beide ein und Frank fuhr los.

Kaum war er auf die Großenhainer Straße eingebogen, gab er Gas und beschleunigte das Auto, so schnell es ging.

Als sie den Trachenberger Platz erreichten, sah Frank einen roten Lada rechts auf dem Fussweg stehen, daneben einen schwarzen Kasten. Dann ging alles ganz schnell. Bremsen hielt er nicht für notwendig. Ein Blick nach rechts verriet ihm, dass es allerdings besser gewesen wäre. Doch im selben Moment sah er den roten Blitz aus den Augenwinkeln. "Scheiße" dachte er noch und sah auf seinen Tacho. Dieser zeigte etwas über 100 km/h an. Im Rückspiegel konnte er erkennen, wie ein Polizeiwagen aus einer Seitenstraße auf die Großenhainer Straße einbog und ihnen mit Blaulicht versuchte zu folgen.

Doch Frank hatte nur das kleine Mädchen im Kopf, welches dringend Hilfe brauchte und so gab er weiter Gas.

Als er den Ortseingang von Moritzburg erreicht hatte, war von den "Weißen Mäusen" (so das Kosewort für Polizisten in der DDR) nichts mehr zu sehen. Insgeheim hoffte Frank, dass sie seine Nummer nicht hatten und er der Radarkontrolle entkommen war.

In der Bergstarße angekommen, mussten sie feststellen, dass es sich tatsächlich um einen Fehlalarm gehandelte hatte. Die Kleine war lediglich stark erkältet. Als die Mutter kurz das Kinderzimmer verlassen hatte, war die Kleine plötzlich eingeschlafen. Die Mutter jedoch war in Panik geraten und hatte den Notarzt gerufen.

Gemeinsam mit dem Doktor fuhr Frank ganz entspannt und unter Einhaltung jeglicher Geschwindigkeitsbegrenzungen wieder zurück.

Als sie sich dem Stützpunkt näherten, sah er schon von weitem zwei Polizeiautos davor stehen. Na toll, dachte er sich, das kann ja heiter werden.

Kaum war er auf den Parkplatz gefahren, kamen sofort zwei Polizisten auf ihn zu, stellten sich vor und verlangten seine Papiere. Ohne Diskussion reichte Frank ihnen diese und erklärte die Situation. Dr. Mantel bestätigte die Dringlichkeit der Fahrt und obwohl Frank kein Recht hatte, mehr als doppelt so schnell zu fahren als erlaubt, zeigten die Beamten ein gewisses Verständnis.

Dennoch mussten sie Frank die Fahrerlaubnis vorläufig entziehen. Gerade als Frank ihnen die "Fleppen" aushändigte, klingelte das Telefon und alle hielten in der Bewegung inne, während der Doktor mit der Leitstelle sprach.

Nachdem er geendet hatte, sah er in die Runde und fragte: "So und was nun? Wir haben einen Einsatz, hilflose Person auf der Straße der Befreiung!" Die Polizisten sahen sich kurz an, dann gaben sie Frank seine Fahrerlaubnis zurück und meinten: "So, erst einmal dürfen sie diese behalten, aber sie hören von uns!" Frank bedankte sich bei den Polizisten und später auch beim Doktor, denn dieser legte noch ein Gutes Wort für ihn ein, so dass er mit einer Geldstrafe in Höhe von 100 Mark und einem Monat ohne Fahrerlaubnis davon kam.

In der Zwischenzeit war er mit Frau Dr. Pohl unbeschadet an der Wohnung der älteren Dame angekommen. Als sie im dritten Stock des Altbaus an der Wohnungstür klingelten, öffnete eine Frau in Franks Alter. Als sich ihre Blicke trafen, liefen ihm kalte Schauer den Rücken runter und er brachte kaum ein "Guten Tag" heraus. Sie war circa 1,60 m groß sehr schlank und unter ihrer Bluse zeichneten sich zwei ..., na ihr wisst schon, mehr als deutlich ab. Frank mußte sie einfach anstarren. Zum Glück behielt die Ärztin an seiner Seite einen kühlen Kopf. Diese sah ihn von der Seite an, dann zog sie ihn mit sich in die Wohnung.

Erst als Frank hinter Frau Dr. Pohl stand und die alte Dame friedlich in ihrem Schaukelstuhl sitzen sah, wurde ihm wieder klar, warum sie hier waren. Frau Doktor schickte die Enkelin aus dem Raum, dann untersuchte sie die Dame kurz. Nüchtern stellte sie fest, dass die Frau seit ungefähr 4 Stunden tot war, woran sie gestorben sei, konnte sie augenscheinlich nicht feststellen. Dann forderte sie Frank auf, der alten Dame, deren Mund weit offen stand, den Unterkiefer mit einem Tuch anzuheben und dieses auf dem Kopf zusammen zu binden. Frank hatte dies noch nie gemacht, wollte sich aber auch nichts anmerken lassen. Und so nahm er ein Dreieckstuch legte dies der Frau um den Unterkiefer, zog es hoch und band das Tuch auf dem Kopf zusammen. Frau Doktor blickte kurz zu Frank lächelte und meinte: "Sehr gut, sie könnten Bestatter werden!" Frank sah sie erschrocken an und lächelte nur gequält zurück.

Anschließend bat sie die junge Frau herein und unterhielt sich einige Zeit mit dieser. Frank fiel dabei auf, dass diese keine Träne wegen ihrer Oma vergoss. Wie sich herausstellte, war diese 89 Jahre alt geworden und wohnte seit Jahren allein in der großen Wohnung. Ihre Enkelin trauerte eher weniger um sie und zeigte auch sonst kaum Emotionen. Als Frank sie so beobachtete, musste er unwillkürlich daran denken, wie sie wohl im Bett sei. Er kam zu dem Schluss, dass sie wohl nicht die Leidenschaftlichste sein würde und damit erschien sie ihm in einem ganz anderen Licht.

Nachdem Frau Doktor ihr dann offenbarte, dass sie eine Obduktion wegen unklarer Todesursache veranlassen würde, wurde ihm die Enkelin mit den blauen Augen erst recht unheimlich.

Ganze zwei Stunden dauerte es, bis die Leiche der alten Dame abgeholt wurde. Länger hätte es wohl auch niemand der Anwesenden ausgehalten. Keiner hatte während der Wartezeit auch nur ein Wort gesagt und die Enkelin beobachtete die Ärztin und Frank mit Argusaugen. Nachdem die Dame abgeholt worden war, dauerte es nochmals eine halbe Stunde, bis es erneut an der Tür läutete. Frank hatte das Gefühl, dass es höchste Zeit wurde, denn die Stimmung drohte jeden Moment zu kippen. Nun konnten sie das Feld den Männern von der Kripo überlassen. Die Ärztin und Frank durften nach einer kurzen Befragung zu ihrem Stützpunkt zurückkehren.

Sie sollten nie erfahren, ob überhaupt oder was aus dem Fall der alten Dame geworden war.

Kaum saß Frank mit er Ärztin wieder im Auto, als sich die Leitstelle über Funk meldete und einen neuen Einsatz für die Beiden hatte. "Kleinkind mit Atemproblemen - das Kind hat wohl eine Murmel verschluckt und diese steckt nun fest!" krächzte es aus dem Lautsprecher. Die Ärztin fragte in der Leitstelle nach, warum kein RTW zu dem Kind geschickt wird. Wie Frank bereits vermutete, stand derzeit keiner bereit. Ihm kam es vor wie ein Déjà-vu, doch diesmal würde er ordentlich, aber zügig, fahren.

Während der Fahrt zum Einsatzort hingen beide ihren Gedanken nach und schwiegen.

Zum Glück stellte sich auch dieser Einsatz als schon erledigt heraus, noch bevor er und die Ärztin vor Ort waren.

Als Frau Doktor und Frank bei dem Kind eintrafen, hatte das Mädchen die Murmel schon runtergeschluckt und die Mutter machte sich nun nur noch Sorgen, ob die Murmel wieder den Ausgang finden würde.

Mit einem Lächeln erklärte ihr Frau Dr. Pohl in Ruhe, wie es mit der Murmel nun weiter ging und dass es irgendwann im Töpfchen klappern sollte. Nur wenn es nach drei Tagen noch nicht geklimpert hat, sollte sie nochmals in die Poliklinik zum Kinderarzt gehen. Die Mutter war beruhigt, das Kind lachte schon wieder und die Stimmung von Frau Doktor und Frank war ebenfalls deutlich besser.

Als sie kurz darauf im Auto saßen, war die Stimmung so gut, dass Frau Doktor eine Anekdote aus ihrer Arbeit zum Besten gab.

Frank wollte da nicht nachstehen und erzählte lachend die Geschichte von seinem Wohnungsbrand.

Der Wohnungsbrand war noch keine drei Monate vergangen und hätte beinahe einen dramatischen Ausgang genommen.

Es war Samstag gegen 2 Uhr morgens in einer kühlen Nacht Anfang Oktober. Frank und Gabi, die im 8. Monat schwanger war, schliefen tief und fest in der Schlafstube. Julchen, die ebenfalls schlief, befand sich in ihrem Bettchen im Kinderzimmer.

Plötzlich spürte Frank, wie Gabi an ihm rüttelte und aufgeregt flüsterte: „Hörst du auch das Geschrei?". „Nein! ich höre nichts, ich schlafe." mit diesen Worten drehte er sich um und kümmerte sich nicht mehr um Gabi.

Kurz darauf war sie wieder neben ihm. Diesmal sagte sie schon fast panisch, aber immer noch recht leise: „Ich glaube, es brennt!". Frank murmelte verschlafen: „Kannst du mich nicht schlafen lassen? Du brennst auch!". Doch Gabi ließ nicht locker: „Glaub mir doch, es brennt!". „Wo in Gottes Namen soll es denn hier brennen?", fragte er verschlafen und mit geschlossenen Augen zurück. „In der Nachbarwohnung, bei den beiden alten Damen brennt es!". Nun drehte sich Frank mühsam zu ihr um: „Wieso soll es denn bei denen brennen?". Gabi antwortete wütend: "Was weiß denn ich, warum es brennt, aber es brennt! Was sollen wir jetzt machen?".

Frank stöhnte und stand langsam auf, zog sich die Schlafanzughose an und schlich zur Wohnungstür. Was er dort sah, ließ ihn schlagartig hellwach werden.

Er öffnete die Wohnungstür und erblickte im Hausflur eine der beiden alten Damen. Diese trug ein weißes, langes Nachthemd, welches bei jeder Bewegung umher flatterte. Sie lief von einer Ecke des Treppenabsatzes zur anderen.

Im Treppenhaus war es dunkel, nur aus der Nachbarwohnung drang ein orangefarbener, matter, flackernder Lichtschein und tauchte die ganze Szenerie in ein surreals Licht. Frank glaubte, ein Gespenst im Schein eines Höllenfeuers vor sich zu haben.

Er schrie die Nachbarin an, was los sei. Doch diese antwortete nicht, murmelte nur etwas unverständliches und rannte weiter wie ein wild gewordenes Huhn umher.

Gerade als Frank die Tür zur Nachbarwohnung öffnen wollte, wurde diese aufgerissen und die andere Bewohnerin stürzte heraus. Nun schwirrten schon zwei Gespenster umher. Frank versuchte verzweifelt, dem Spuck ein Ende zu bereiten, indem er nun beide anschrie. Es war zwecklos! Schließlich packte er eine bei den Schultern und schüttelte diese kräftig. Er nahm sich vor, wenn sie jetzt nicht stehen bliebe, würde er ihr eine Ohrfeige geben. Offenbar ahnten es beide, denn wie auf Kommando blieben sie stehen.

Bevor er etwas sagen konnte, jammerten sie los, dass es in der Wohnung brennt und was sie nur tun sollen. Frank überlegte kurz, in welcher Reihenfolge nun was zu tun war.

Zuerst schickte er die Frauen los, sie sollten die Feuerwehr rufen. Die Kneipe unter ihnen hatte längst geschlossen und so sollten sie an die Ecke, eine Straße weiter gehen und von der Telefonzelle aus Hilfe rufen.

In ihren Nachtgewändern und Pantoffeln glichen sie zwei Feen, die die Treppe hinunter schwebten und aus Franks Sichtbereich verschwanden.

Dann öffnete er vorsichtig die Wohnungstür der Nachbarn. Er blickte einen langen Flur entlang. Dieser war von Rauch erfüllt und Hitze schlug ihm entgegen. Durch den Rauch hindurch konnten er in der hintersten Ecke ein lichterloh brennendes Feuer sehen. Was dort brannte, war nicht zu erkennen.

Und wieder routierten die Gedanken in seinem Kopf. So groß erschien ihm der Brand nicht. Doch was brennt da? Wenn es eine elektrische Leitung wäre, könnte er einen Schlag bekommen beim Versuch, diese mit Wasser zu löschen. Außerdem war es schon viel zu heiß, um näher an den Brandherd zu gelangen.

Dann hatte er eine Idee und rannte zurück in die eigene Wohnung. Dort traf er auf eine völlig verängstigte Gabi. Laut sagte er, dass er einen Eimer mit Wasser benötigte. Nun lief Gabi in die Küche und füllte einen 10 Liter Eimer mit Wasser. Mit diesem verschwand Frank kurze Zeit später in der brennenden Wohnung. Kurz hinter der Eingangstür blieb er stehen und schleuderte den Eimer samt Inhalt auf den vermeintlichen Brandherd. Zu seinem großen Erstaunen passierte nichts. Das Feuer knisterte fröhlich weiter, als wäre nichts passiert!

Als er die Wohnung verließ, um einen weiteren Eimer zu holen, bemerkte er, dass das gesamte Treppenhaus schon voller Rauch war. Daraufhin eilte er ins Kinderzimmer, schnappte sich Julchen, nahm Gabi bei der Hand und zerrte sie die Treppen hinunter ins Freie. Er sagte ihr, dass sie vor das Haus gehen soll, er würde noch einmal zurück gehen und den anderen Mietern Bescheid geben.

Gabi wollte ihn noch zurück halten, doch da war er schon wieder im Haus verschwunden.

So schnell er konnte, rannte er nach oben und klingelte an jeder Tür, um die Mieter zu alarmieren. Dann lief er die Treppen runter und verließ das in der Zwischenzeit völlig verqualmte Haus.

Kaum war er vor dem Haus angekommen, traf er auf die beiden alten Frauen, Gabi und die kleine Juliane. Im selben Moment traf die Feuerwehr ein und begann mit den Löscharbeiten und bereitete die Evakuierung der restlichen Bewohner vor.

Keiner der anderen Mieter konnte das Haus mehr über die Treppe verlassen. Die Bewohner der zweiten Etage wurden über Drehleitern gerettet, die anderen konnten in ihren Wohnungen verbleiben, denn die Feuerwehr hatte alles schnell unter Kontrolle.

Der Morgen graute bereits, als Frank, Gabi, Juliane und die Mieter aus den darüber liegenden Wohnungen wieder zurück durften. Die Nachbarwohnung war vorerst nicht bewohnbar und die beiden Damen kamen bei Verwandten unter.

Den ganzen Sonnabend waren Gabi und Frank mit aufräumen und sauber machen beschäftigt.

Abends dann in der Kneipe war der Brand das Thema schlechthin. Doch das Leben und die Disko unter der Brandwohnung gingen unbeschwert weiter. Keiner der Gäste ahnte, welcher Katastrophe sie entgingen.

Am nächsten Tag, es war Sonntag Vormittag, Juliane spielte in der Wohnstube, während Gabi und Frank in der Küche saßen und Kartoffeln schälten, als ein lautes

Grollen, gefolgt von einer heftigen Erschütterung das Haus erbeben ließen.

Beide sprangen sofort auf, liefen zu Juliane, Frank nahm sie auf den Arm, dann rannten sie ins Treppenhaus, um nachzusehen was los sei. Sie entdeckten Rauch, der unter der Tür der Nachbarwohnung hervorquoll.

In diesem Augenblick kam der Nachbar von oben herunter und fragte aufgeregt, was nun schon wieder los sei. Ohne etwas zu sagen, zeigte Frank auf den Rauch an der Tür.

Während Gabi mit Juliane losgerannt war, um die Feuerwehr zu holen, öffneten Frank und der Nachbar gewaltsam die Tür.

Auf den ersten Blick sahen sie kein Feuer, auch wenn der Flur voller Rauch war. Vorsichtig gingen sie den Flur entlang. Als sie die Tür zur Wohnstube öffneten, trauten sie ihren Augen kaum. Im Fußboden klaffte ein riesiges Loch.

Der große Kachelofen, der gestern noch die Wohnung der beiden Damen wärmte, war durch die Zimmerdecke in die darunter liegende Gaststube gestürzt und hatte die nun leeren Tische und Stühle unter sich begraben. Zum Glück hatte die Kneipe Sonntags geschlossen. Es war nicht auszudenken, was passiert wäre, wenn der Ofen 12 Stunden früher durchgebrochen wäre.

Wie die Feuerwehr später feststellte, hatte sich ein Schwelbrand unter dem Ofen gebildet und so den Boden unter diesem langsam zerstört. Durch das Eigengewicht des selbigen gab der Fußboden schließlich nach und der alte Kachelofen krachte in die darunter gelegene Gaststube.

Frank erklärte seiner Beifahrerin, dass damals zum Glück alle Beteiligten mit dem Schrecken davon gekommen sind. Im Nachhinein sahen es alle, bis auf die beiden älteren Frauen aus der Brandwohnung, eher als Abenteuer an und nicht als gefährliche Situation.

Frau Doktor schrieb die Unbekümmertheit, mit der Frank die Geschichte erzählte, seiner Jugend zu. Sie vergaß aber nicht, auf die Gefährlichkeit hinzuweisen und dass er beim nächsten Mal gleich aufstehen soll, wenn seine Frau etwas von einem Brand murmelt!

In diesem Moment erreichten die beiden den Stützpunkt und Frank hoffte, noch etwas schlafen zu können.

Zu diesem Zeitpunkt ahnten die beiden noch nicht, dass diese Nacht noch etwas Schreckliches für sie bereithielt, was Franks beruflicher Entwicklung eine erneute Wende verschaffen würde.

Frank verzog sich gleich auf seine Liege und wartete, dass der Schlaf ihn ereilte.

Doch er war zu aufgekratzt, um zu schlafen und da er noch die Erinnerungen an den Brand im Kopf hatte, dachte er nochmals zurück. Zurück an die Zeit, als Gabi ihm sagte, dass sie tatsächlich schwanger sei. Er konnte sich noch genau daran erinnern, dass er der erste war, der es wusste.

Sie hatten gerade einen heißen Liebesabend verbracht, als sich Frank zu Gabi umdrehte, ihr verliebt in die Augen sah und flüsterte: „So das wars, nun bist du schwanger!" „Du bist ein Spinner!" gab sie lachend zurück, küsste ihn und glaubte ihm kein Wort.

Doch Wochen später stellte sich heraus, dass er nicht Unrecht hatte. Und Gabi musste zugeben, dass er manchmal so etwas wie einen siebten Sinn hat.

Nachdem sie sich sicher waren, dass er Vater werden würde, musste er seinerseits sein Versprechen einhalten und alles für die Hochzeit organisieren.

Doch zuvor sollten sie nochmals zu Robert nach Kraslice fahren. Diesem hatten er versprochen einen Kinderwagen zu besorgen und zu ihm zu bringen. Gabi fragte, wie sie das anstellen sollten, denn Juliane war fast zwei Jahre alt und konnte schon sprechen. Sie konnte doch unmöglich in einem Kinderwagen in die Tschechoslowakei reisen.

Da hatte Gabi aber nicht mit Frank gerechnet. Er war der Meinung ´sie konnte´ und Julchen fand es zuerst sehr spannend, in einem Kinderwagen eingezwängt zu reisen und sich an der Grenze als Baby auszugeben.

Frank wischte Gabis Bedenken mit seiner flapsigen, unkomplizierten Art beiseite und plante die Reise.

Wenige Tage später stand er mit einem nagelneuen Kinderwagen vor der Tür. Als sie dann Juliane in den Wagen setzten, sah sich diese ungläubig um und fragte mit ihren kindlichen Worten, was das Ganze soll. Geduldig erklärte ihr Frank nun, dass es sich um ein Spiel handelte, was sie in den nächsten Tagen spielen werden. Dabei sollte sie sich wie ein Baby verhalten und ganz brav in dem Wagen liegen. Julchen grinste und freute sich auf die Reise. Gabi hingegen gefiel die Sache nicht wirklich, immerhin war die Kleine 20 Monate alt und gut genährt. Kein Mensch würde glauben, dass sie ein Baby sei, eher dass bei den Eltern eine Schraube locker ist. Wer sonst steckt ein so großes

Kind noch in einen Kinderwagen, aber ihrem Frank zuliebe würde sie das Spiel mitspielen.

Auf Gabis Frage hin, wie sie denn ohne Wagen zurückkommen sollten, hatte Frank auch schon eine Antwort parat. Robert hatte noch einen alten Stockwagen aufgetrieben, den könnten sie für die Rücktour nehmen und dann entsorgen.

So stand der abenteuerlichen Reise wenige Wochen später nichts im Wege. Da sie außerdem noch eine Menge Spielsachen mit in die Tschechei nahmen, sahen die drei eher aus wie eine kleine Zigeunerfamilie (so nannte man das damals noch), als eine normale kleine Familie aus Dresden.

Gabi schämte sich mehr oder weniger die ganze Fahrt über, für das große Kind im Wagen und die vielen Beutel und Taschen die sie bei sich trugen. Die teils mitleidigen Blicke der anderen Reisenden taten ihr Übriges.

Doch Frank hatte sein Ziel erreicht und fühlte sich durch das Verhalten der Grenzbeamten bestätigt. Diese hatten nur kurz einen Blick auf die schlafende Juliane geworfen, den unglücklichen Blick von Gabi gesehen und daraufhin nicht weiter nachgefragt.

Als sie drei Stunden später endlich Kraslice erreichten, war Gabi erleichtert, Juliane froh sich endlich wieder normal ausstrecken und bewegen zu können und Robert schließlich selig über seinen neuen Kinderwagen.

Die Rückfahrt nach Dresden verlief wenige Tage später schon viel entspannter, auch wenn Gabi erschüttert war über das Teil, welches Robert als Stockwagen bezeichnet hatte. Versifftes, verrostetes Gestell zum Kindertransport - diese Bezeichnung wäre aus ihrer Sicht besser gewesen. Aber es erfüllte seinen Zweck und Gabi entsorgte das Teil, kaum dass sie in Dresden angekommen waren, noch am Bahnhof.

Außerdem war sie wirklich sauer auf Frank, da wieder einmal ein anderer ein gutes Geschäft gemacht hatte und Frank die Arbeit hatte. Langsam glaubte sie, dass er eigentlich zu gutmütig ist für diese Welt.

Nach diesem kleinen Abenteuerausflug konnte sich Frank auf die Hochzeitsvorbereitungen stürzen.

Schnell stand der 27.06.1986 als Termin fest. Die Trauung sollte im Freitaler Rathaus stattfinden. Einladen würden Sie nur die engsten Verwandten.

Frank hatte Bedenken, dass es für Julchen zu anstrengend werden könnten. Deshalb einigten sich Gabi und er darauf, dass sie bis gegen Nachmittag von Gabis Kolleginnen im Krankenhaus auf der Station betreuen werden könnte. Da Julchen überall sehr beliebt war, sagte auch die Stationsleitung sofort zu und so verbrachte sie einen entspannten Tag auf Gabi´s Station.

Nach der Trauung und dem Mittagessen holten sie die Kleine wieder ab und nahmen sie mit zur weiteren abendlichen Feier.

Nicht jeder aus der Familie war damit einverstanden, aber Gabi und er hatten es nunmal so festgelegt.

Am Morgen der Trauung passierte Frank noch ein Missgeschick beim Rasieren, in dessen Folge die späteren Hochzeitsfotos, na sagen wir mal, eher suboptimal ausfielen.

Obwohl er es sich nichts anmerken lassen wollte, war er doch sehr aufgeregt. So kam es, dass er morgens vorm Spiegel stand, sich seinen lange gepflegten 80er Jahre Schnauzer stutzen wollte und dabei eine große

Ecke davon abrasierte. Ein Blick in den Spiegel genügte, um zu sehen, dass er so unmöglich heiraten konnte. Schweren Herzens entschied er sich, den Schnautzer ganz abzurasieren.

Als Gabi kurze Zeit später eintrat und sich mit ihrem nun schon recht dicken Bauch an ihm vorbei vor den Spiegel drängte, schüttelte sie sich vor Lachen. Sie konnte es nicht fassen, der Hämpfling von Mann sah nun noch dünner und magerer aus als noch vor wenigen Minuten. Das Lachen trieb ihr die Tränen ins Gesicht und sie fragte Frank, warum er sich den Bart abrasierte hatte. Dieser sah sie missmutig und etwas beleidigt an und berichtete von seinem Missgeschick. Dann küsste Gabi ihren Liebsten, tröstete ihn und versicherte ihm, dass sie ihn auch ohne Bart lieben und heiraten würde.

Trotz der Bart ab - Aktion wurde es für alle ein schöner Tag und eine tolle Hochzeitsfeier.

Gabi wähnte sich am Ziel ihrer Wünsche und hoffte, dass Frank nun ruhiger würde. Doch dies sollte sich nicht bewahrheiten, in den nächsten Jahrzehnten würde er noch so manches Abenteuer für sie und die Kinder bereithalten.

Mit offenen Augen lag Frank auf seiner Pritsche in der Notfallstation und träumte vor sich hin. Irgendein Geräusch hatte seine Träumerei unterbrochen und nun horchte er in die Stille. Doch alles war ruhig. Ein Blick auf seine Uhr sagte ihm, dass es nur noch wenige Stunden bis Dienstschluss waren, dann konnte er seine Gabi, Julchen und seinen jüngsten Nachwuchs in die Arme nehmen. Er nahm sich vor, am Abend den Badeofen anzuheizen und mit Schatzi und Jule ein Bad zu nehmen.

Als er an das Hin und Her um den Badeofen dachte, ärgerte er sich noch immer. Aber beim Gedanken an die Geburt seines Sohnes Philipp, musste er gleich wieder lächeln.

Und so gingen seine Gedanken zurück in die Zeit nach der Hochzeit.

Schon vor der Hochzeit wollte Frank die Wohnung unbedingt etwas aufwerten. Lange grübelte er darüber nach, wie er ein Bad einbauen könnte. Dann hatte er die Idee. Vom Kinderzimmer, welches direkt an die Küche grenzte, wollte er einen Teil abtrennen und den neuen Raum als Badezimmer herrichten.

Aus rein praktischen Gründen hatte sich Frank für einen Kohlebadeofen entschieden. Dieser würde nicht nur das Badewasser erwärmen, nein auch der Raum selber würde ebenfalls mit beheizt werden. Gabis Eltern schlugen vor, dass ein elektrischer 80l Boiler sauberer sein würde, allerdings hätte er dann den Raum nicht beheizen können und wer würde schon gern in einem kalten Badezimmer baden gehen?

Frank hatte sich bereits überlegt, dass er den Ofen an den bestehenden Schornstein anschließen würde. Der Schornstein verlief strategisch sehr günstig direkt zwischen dem neuen Bad und der Küche. Er brauchte nur ein Loch in die Schornsteinwand stemmen und konnte dann das Ofenrohr einbinden.

Gabis Bedenken, dass ein Schornsteinfeger den Ofenanschluss abnehmen muss, wischte Frank mit einem Lächeln und einigen Küsschen zur Seite. Was sollte dieser auch abnehmen? Das Loch oder ob das Rohr dicht eingebunden war, das würde er schon selber prüfen.

Kaum war die Idee geboren, schon hatte Frank mit seinen Eltern gesprochen. Diese versprachen ihm, eine Badewanne zu besorgen und ihnen diese zur Hochzeit zu schenken.

Nun brauchten sie nur noch einen Kohlebadeofen. Kurzerhand wünschten sie sich diesen von Gabis Eltern zur Hochzeit.

Diese aber meldeten weiter erhebliche Bedenken an Franks Idee eines Badeofens an und empfahlen einen elektrischen 80l Warmwasserboiler. Frank hingegen blieb bei seinen Argumenten, den Raum und das Wasser gleichzeitig beheizen zu können, konnte sie aber nicht von den Vorteilen eine Kohleofens überzeugen. So gab es zur Hochzeit einen elektrischen Wasserboiler.

Frank jedoch ließ sich nicht von seinem Plan abbringen. Das Hochzeitsgeschenk brachte das Projekt "Badeinbau" nur kurz ins schlingern, nicht aber zum stehen. Schließlich sind Hindernisse zum Überwinden da.

Innerhalb kürzester Zeit wurde das Geschenk verkauft und ein Kohlebadeofen besorgt. Gleichzeitig wurde eine Wand im Kinderzimmer aus Leichtbausteinen hochgezogen, eine kleine Tür eingesetzt und auf zwei Europaletten die Wanne und der Ofen aufgestellt. Vor der Ofentür wurde ein großen Blech angebracht, ein Klempner kam und legte die Wasserleitungen aus der Küche in das neue Bad. Durch die Europaletten stand die Wanne etwas höher und das notwendige Gefälle für den Abfluss war ebenfalls gewährleistet.

Schon Wochen vor dem errechneten Geburtstermin war das Badezimmer fertig. Also "fertig" nach Frank seiner Definition. Denn um das Bad erst einmal benutzen zu können, wurden die Paletten mit PVC

Belag abgedeckt. Frank wies Gabi an, streng darauf zu achten, dass möglichst kein Wasser überläuft oder aus der Wanne spritzt und versprach, im nächsten Frühjahr einen ordentlichen Fußboden zu verlegen.

Frank ahnte, dass Gabi hin und her gerissen war, auch ihr wäre ein Boiler bestimmt lieber gewesen, außerdem wollte sie ihre Mutter nicht enttäuschen. Auf der anderen Seite konnte sie sicher auch Franks Argumente nachvollziehen. Der provisorische Fußboden hingegen gefiel ihr überhaupt nicht, das ahnte er ebenfalls. Doch er wollte doch nur das Beste für sie und seine neue kleine Familie.

Plötzlich schüttelte ihn jemand. Frank schreckte hoch und sah in das bleiche Gesicht von Frau Doktor. „Wir haben einen Einsatz! Und keinen schönen, stehen Sie bitte auf wir müssen los!" sagte sie leise zu ihm.

Ein paar Sekunden saß er verwirrt auf seiner Liege und sammelte seine Gedanken. Dann war er schlagartig wach und hochkonzentriert.

Als sie wenige Minuten später im Wagen saßen und Frank diesen startete, fragte er Frau Doktor: „Und wo geht es hin, was liegt an?" Diese antwortete: „Wir sollen die Königsbrücker Straße in Richtung Hellerberge fahren. Dort werden wir erwartet und zum Einsatzort gebracht. Die Zentrale meinte, es handelt sich um ein Unfall an der Zugstrecke und wie so oft ist derzeit kein Rettungswagen frei." Mit zittriger Stimme fuhr sie fort: „Ich hatte schon einmal so einen Einsatz und der war nicht schön. Ein Rettungswagen war damals nicht mehr nötig. Ich hoffe nur, dass es heute noch was zu helfen gibt!" Frank sagte nichts mehr und konzentrierte sich auf die Fahrt.

Die Nacht ging langsam zu Ende und Nebel legte sich über die Stadt, als sie sich den Hellerbergen näherten. Plötzlich, wie aus dem nichts, sahen sie die zuckenden Blaulichter vor sich auftauchen. Frank stoppte neben einem Polizisten, sagten diesem, wer sie waren und fragte ihn, wohin sie fahren sollten. Dieser erklärte ihnen, dass sie rechts abbiegen und dem Weg wenige Meter folgen sollten. Dann würde ihnen ein weiterer Polizist den Weg zum Ereignisort zeigen.

Frank folgte seinen Anweisungen und parkte das Auto neben einem Zaun zur Bahnstrecke. Die Ärztin und er stiegen schnell aus. Frank schnappte sich den Notfallkoffer, dann liefen sie zügig am Zaun entlang. Als sie auf den Polizisten trafen, bedeutete er ihnen mit einer Handbewegung, dass sie sich nicht beeilen müssen. Nachdem sie bei ihm waren, fragte die Ärztin, was passiert sei. Der Polizist, ein junger schmächtiger Mann, kaum älter als Frank, antwortete mit brüchiger Stimme: „Ich glaube sie müssen sich nicht beeilen. Da hinten ist ein kleines Tor im Zaun, durch dieses gelangen sie zu den Gleisen." Weiter stammelte er: „Da … ist jemand, … jemand von einem Zug erfasst … worden!" Die Ärztin wurde kreidebleich und murmelte: „Nicht schon wieder!"

Frank indes fröstelte, ihm erschien die ganze Szenerie irgendwie unwirklich und er konnte sich noch keinen Reim darauf machen, als Frau Doktor fragte: „Was heißt jemand? Eine Frau? Ein Mann? Jung oder alt? Wie schwer verletzt ist die Person?" Der Polizist sah sie nur an und sagte leise: „Sehen sie selbst!" dann wendete er sich ab, würgte und schließlich erbrach er sich an den Zaun.

„Na toll, was ist den hier los?" sagte Frank - noch - mit einem Grinsen im Gesicht.

Wortlos ging er voran zum Tor, die Ärztin folge ihm schweigend. Als sie durch das Tor die Gleise erreicht hatten, verging ihm das Grinsen schlagartig.

Zwischen den Schienen lag ein großes Stück einer Jeanshose. Offenbar handelte es sich um den unteren Teil eines Hosenbeins aus dem ein nackter Fuß ragte. Nun war es Frank der fast würgen musste.

Plötzlich hörten sie aus südlicher Richtung eine Stimme die rief: „Hier her, ich hab ihn gefunden!"

Was die Ärztin tat, nahm Frank in den nächsten Minuten nicht mehr wahr. Er blickte in die Richtung, aus der die Stimme kam, dann ging er langsam die Bahngleise im Frühnebel entlang. Aus den Augenwinkeln heraus nahm er einen Stofffetzen außerhalb des Gleisbettes war. Er fragte sich gerade, warum dieser nicht flach und eingefallen auf den Steinen lag, sondern irgendwie ausgefüllt aussah, als sich eine Gestalt aus den Nebel löste.

Offensichtlich handelte es sich um einen Bahnmitarbeiter in einer orangefarbenen Weste. Frank konnte erkennen, dass er groß und kräftig war. Sein Gesicht zeigte keine Regung. Er hielt etwas hinter sich. Als er seinen Arm nach vorn schwenkte, hörte Frank die Ärztin schreien: „Legen Sie ihn sofort hin!" Dann erkannte er einen abgetrennten Kopf, den der Mann an den langen dunklen Haaren gepackt hatte und nun vor sich hielt.

Frank ließ den Koffer fallen, stürzte über die Gleise dem Zaun entgegen und übergab sich noch, bevor er diesen erreicht hatte.

Schwer atmend stützte er sich am Zaun ab, als Frau Doktor neben ihn trat und leise fragte: „Und alles in Ordnung?" Immer noch würgend nickte er nur schwach. Dann sagte die Ärztin: „Gehen sie zum Auto, ich mach das hier schon!"

Wortlos und ohne einen Gedanken an den Notfallkoffer zu verwenden, wankte er am Zaun entlang zum Tor und weiter zum Auto. Stöhnend ließ er sich auf den Fahrersitz fallen und atmete tief durch.

Tausend Gedenken gingen ihm durch den Kopf und doch war er so leer. Er dachte an Gabi, die Kinder, seine Eltern und an die oder den Toten von den Gleisen. Auch er war schon verzweifelt gewesen, aber so was? Warum tut ein Mensch so etwas? Immer und immer wieder kehrten seine Gedanken zu den Bildern der letzten Minuten zurück. Diesen Anblick würde er nie vergessen.

Es war schon hell geworden, der Nebel jedoch hatte sich noch nicht verzogen, als Frau Doktor Pohl zu ihm in den Wagen stieg und erneut fragte: „Und haben sie sich gefasst? Können Sie fahren oder soll ich einen Ersatz anfordern?" Frank atmete tief durch und sagte: „Nein, vielen Dank es geht schon wieder! Vielen Dank, dass sie das alleine geklärt haben. Weiß man denn schon, wer die oder der Tote war?" „Ja, die Polizei hat bei der Durchsuchung der Überreste einen Ausweis gefunden." Bei diesen Worten spürte Frank wieder eine aufsteigende Übelkeit, konnte diese aber im Zaum halten, als die Ärzte hinzufügte: „Es handelte sich um eine junge Frau in Ihrem Alter und es war wohl kein Unfall. Man fand einen Zettel bei ihr. Eine Art Abschiedsbrief, sie hat sich offenbar aus Liebeskummer das Leben genommen."

Nun war es Frank, der über das Geschehene reden musste und so fragte er: „Wie hat man sie hier draußen gefunden? Die Strecke ist doch durch einen Zaun gesichert." „Als der Zug im Bahnhof eingefahren war, entdeckten Bahnmitarbeiter Blut und Gewebereste an der Lok. Daraufhin wurden Streckenposten ausgesandt, um nach der Ursache zu suchen. Den Rest haben sie ja fast miterlebt." fügte sie leise hinzu.

Wortlos startete Frank das Auto und beide fuhren zurück zum Stützpunkt. Dort meldeten sie sich nun ab. Der Nachtdienst war zu Ende. Die Ärztin fuhr mit ihrem Auto nach Hause, während Frank den Dienstwagen zum Fuhrpark zurück brachte, ohne viele Worte das Fahrzeug übergab und nach Hause fuhr.

Gabi erwartete ihn schon ganz aufgeregt. Denn so spät war er noch nie vom Dienst nach Hause gekommen. Als sie ihm die Tür öffnete, erschrak sie. So bleich hatte sie ihn noch nie gesehen und sie fragte ihn, was denn los gewesen sei.

Frank erzählte ihr von der Nacht den schönen und aufregenden Einsätzen und dem grausigen zum Ende der Schicht. Er sagte ihr auch, dass er die Nachtschichten und solch grausigen Einsätze nicht mehr lange aushalten wird. Gabi tröstete ihn und wußte, dass es nicht mehr lange dauern würde, bis Frank wieder einmal seine Arbeitsstelle wechseln würde!

Nachdem er zu Bett gegangen war, konnte er lange nicht einschlafen. Die Bilder der Nacht spukten ihm immer noch im Kopf herum. Er musste sich zwingen, an etwas Schönes zu denken. An etwas, was noch nicht zu lange zurücklag und ihn ablenken würde.

Da hörte er seinen kleinen Sohn Philipp schreien und er dachte an den Tag der Geburt zurück.

Schon seit zwei Wochen hatte Gabi ihn darauf vorbereitet, dass das Kind jeden Moment kommen könnte und so hatte Frank sich bei jedem Treffen mit Freunden, bei jeder Feier zurück gehalten und nichts getrunken, nur um stets einsatzbereit zu sein, Gabi ins Krankenhaus bringen zu können und sich um Julchen zu kümmern.

Doch ausgerechnet am 24.11. hatte er die Nase voll bzw. sein Kumpel Ralf hatte ihn überredet, doch endlich mit ihm etwas zu trinken. „Das Kind wird wohl nicht ausgerechnet heute kommen!" sagte er lachend, klopfte Frank auf den Rücken und forderte ihn auf, mit ihm ein Bier zu trinken.

Ausgerechnet ein Bier, dachte Frank, wo Bier doch so eine merkwürdige Wirkung auf ihn hatte. Erst wird er mächtig lustig und aufgedreht, dann müde ohne Ende. Aber in Ermangelung anderer Getränke ließ er sich hinreisen und stieß mehrfach mit Ralf auf das Ungeborene an.

Gegen 21 Uhr mahnte Gabi zum Gehen, sie war etwas unruhig. Außerdem machte ihr der riesige Bauch arg zu schaffen. Selbst die Ärzte hatten schon Bedenken wegen der Größe ihres Bauches geäußert und angedroht, das Kind notfalls auch per Kaiserschnitt zu holen. Doch das wollte Gabi auf jeden Fall verhindern.

In bierseliger Laune verabschiedete sich Frank von Ralf und dessen Freundin und machte sich mit Gabi auf den Heimweg.

Zum Glück waren es nur zwei Kilometer zu Fuß, denn Gabi hatte nicht nur an ihrem Bauch schwer zu tragen, auch Frank machte es ihr an diesem Abend nicht gerade leicht.

Kaum zu Hause angekommen, fiel Frank ins Bett und schlief fast augenblicklich ein.

Gabi lag neben ihm und konnte nicht schlafen. Sie spürte die Wehen und diese in immer kürzeren Abständen. Sie rüttelte an Frank, doch dieser murmelte etwas, drehte sich um und schlief weiter. Wenige Minuten später rüttelte sie schon kräftiger an ihm. Als er sich zu ihr umdrehte, spürte sie seinen Bierabend. Sie rechnete es ihm hoch an, dass er sich nun wochenlang zurückgehalten hatte, doch musste dieser Ralf ihn ausgerechnet heute und dann noch mit Bier animieren? Gabi sah Frank an und schubste ihn erneut, unwillig brabbelte er etwas Unverständliches. Dann sagte sie leise: „Liebling, ich glaube, es geht los!" Er dagegen murmelte nur: „Nicht ausgerechnet jetzt!" Gabi konnte es nicht fassen, die Wehen kommen nun immer öfter und Frank wollte davon nichts wissen.

„Liebling, du musst einen Krankenwagen holen, unser Kind kommt!" sagte sie nun schon etwas energischer und lauter. Unwillig öffnete Frank die Augen und fragte: „Muss das jetzt sein? Ich bin doch müde! Die ganze Zeit hab ich nichts getrunken und ausgerechnet jetzt!?"

Gabi drängte ihn weiter, bis er sich schließlich erhob, anzog und zur Telefonzelle ging, um einen Krankenwagen zu rufen.

Kaum zurück in der Wohnung, wollte er sich wieder hinlegen, doch Gabi schaffte es, ihn munter zu halten, den Krankenwagen in Empfang zu nehmen und sie samt Babytasche zu diesem zu begleiten. Dort angekommen, übergab Frank Gabi in die Obhut des Fahrers, drehte sich um und wollte wieder zurück in die Wohnung, in sein Bett, gehen. Als der Fahrer ihm nachrief: „Wollen sie sich nicht von ihrer Frau verabschieden und ihr alles Gute wünschen?", blieb Frank stehen, drehte sich um und sah den Fahrer fragend an. Nachdem dieser ihm aufmunternd zunickte, schlich Frank zurück, nahm seine Gabi in den Arm, küsste sie, sagte ihr tschüß und wünschte ihr schließlich auch alles Gute. Doch dann drehte er sich wieder um und ging zügig in sein Bett zurück. Er schlief schnell wieder ein, das Bier hatte seine Wirkung nicht verfehlt. Doch das Schicksal sollte ihm am nächsten Tag zur Strafe für seine lieblose Verabschiedung und die bierselige Stimmung einen bösen Streich spielen.

Als Frank am frühen Morgen munter wurde und im Bett neben sich nichts als Leere fühlte, war er mit einem Schlag munter. Sofort fiel ihm der vergangene Abend, die Biere mit Ralf und die kurze Verabschiedung von Schatzi wieder ein. Sofort stand sein schlechtes Gewissen vor seinem geistigen Auge. Schnell zog er sich an und eilte zur nächstgelegenen Telefonzelle.

Auf dem Weg überlegte er noch einmal, in welchem Krankenhaus sich Gabi angemeldet hatte. Genau, im Joseph Stift und die Nummer hatte er aufgeschrieben - zum Glück. Am Telefon angekommen, war es gerade 7 Uhr morgens am 25.11.1986. Er wählte die Nummer und als am anderen Ende abgehoben wurde, fragte er aufgeregt nach der Entbindungsstation. Nachdem er durchgestellt worden war, überschlug sich seine Stimme fast, als er wissen wollte, ob seine Frau schon entbunden hatte. Die Schwester am anderen Ende bat ihn um einen Moment Geduld und als sie wieder in der Leitung war, teilte sie ihm mit, dass sie noch nicht entbunden hatte.

Frank legte auf und überlegte, was er nun tun sollte. Er entschloss sich, nach Kleinzschachwitz zu seinen Eltern zu fahren. Von der Schule aus, in der seine Eltern immer noch arbeiteten, konnte er jederzeit im Krankenhaus anrufen.

Kaum in der Schule angekommen, rief er wieder im Joseph Stift an und abermals wurde ihm mitgeteilt, dass das Kind noch nicht auf der Welt war.

Eine weitere Stunde später wählte er erneut die Nummer und wurde erneut mit der Entbindungsstation verbunden. Wieder musste er warten. Als die Schwester zurück war und mit ihm sprach, verschlug es Frank die Sprache. Als er aufgelegt hatte, sahen ihn seine Eltern fassungslos an und fragten, was denn los sei.

„Die haben mir gerade gesagt, dass Gabi nicht auf ihrer Station liegt, ja noch nicht einmal in dem Krankenhaus. Sie hatten keine Betten frei und mussten den Krankenwagen mit Gabi umleiten ins Diakonissen Krankenhaus!" Frank konnte es nicht fassen, dass ihm zweimal erzählt wurde, dass Gabi noch nicht entbunden hatte, obwohl sie überhaupt nicht in dem Krankenhaus angekommen war.

Noch heute schüttelt sich Gabi vor Lachen, wenn sie daran denkt, wie Frank hingehalten wurde. Sie meint noch immer, das sei die Rache für den kühlen Vorabend gewesen!

Schnell suchte er die Telefonnummer des Diakon heraus und ließ sich dort mit der Entbindungsstation verbinden.

„Ja, Frau Ludwig hat bereits vor Stunden entbunden. Herzlichen Glückwunsch, sie sind Vater eines gesunden Jungen geworden!" sagte die nette Stimme am anderen Ende der Leitung.

Frank war total aus dem Häuschen. Jetzt war die Familie für ihn komplett!!

Sofort machte er sich auf den Weg ins Krankenhaus. Dort angekommen, musste er sich erst einmal durchfragen, um schließlich zu Schatzi zu gelangen. Sie war sichtlich erschöpft aber glücklich und konnte sogar schon wieder lachen, als ihr Frank von seiner Odyssee erzählte.

Gabi hingegen berichtete von merkwürdigen Blicken der Krankenschwestern, als sie den kleinen Philipp das erste Mal sahen. Obwohl im Stammbaum der Familie keine exotischen Einflüsse zu finden waren (soweit bekannt, stammten alle aus Bayern), hatte sowohl Frank wie auch dessen Vater Max als auch der kleine Philipp eine sehr dunkle Hautfarbe. Dies wiederum erregte das Misstrauen einiger Schwestern. Offenbar vermuteten diese, dass sich Gabi mit einem Algerier - davon lebten seiner Zeit viele in Dresden - eingelassen hatte. Im Gegensatz zu den ebenfalls zahlreich vertretenen Vietnamesen eilte den Algeriern ein schlechte Ruf voraus. Diese waren als nicht sehr arbeitsam bekannt. Außerdem mangelte es diesen oft an dem nötigen Respekt gegenüber ihren Gastgebern. So musste Gabi immer wieder versichern, dass Philipp nicht das ist, wonach es aussieht.

Dann kam eine Schwester ins Zimmer und holte Frank ab, damit er endlich seinen Sohn sehen konnte. Als ihm dieser kurz darauf hinter einer Scheibe gezeigt wurde, hatte er ein Déjà-vu!

Unwillkürlich musste er an die Worte seiner Schwester Ute denken, die nach alter Überlieferung kurz nach seiner Geburt sagte „Ihhh, der ist ja ganz lila!" Frank hatte das Gefühl, dass er sein Ebenbild sieht, auch Philipp war ganz zerknautscht und lila.

Er ahnte noch nicht, wie groß die Gemeinsamkeiten zwischen Vater und Sohn noch werden sollten.

Plötzlich spürte er eine Hand auf seiner Schulter. Als er die Augen aufmachte, sah er Gabi, die ihn liebevoll ansah und fragte: „Was ist los mit dir? Du schläfst total unruhig." „Oh, war ich doch eingeschlafen?" sagte er leise und noch ganz verschlafen. Dann zog er Schatzi zu sich, hielt sie ganz fest und flüsterte: „Ich liebe dich!"

1987 - 1988 - *Keine Ruhe vor dem Sturm*

Mitte Dezember 1988: Schon den ganzen Tag war es grau in grau und ein dichter Schleier aus Nieselregen lag über Dresden. Die Vereinskneipe der Kleingartenanlage "Frohe Zukunft" im Ostra-Gehege schien einsam und verlassen, nur der rote Wartburg seines Bruders auf dem Parkplatz vor dem Haus verlieh der Szenerie etwas Lebendiges. Doch auch das knallige Rot des Autos vermochte nicht über die trübe Stimmung, die der Tag ausstrahlte, hinweg zu täuschen.

In der Gaststube des Vereinshauses waren weder die Stimmung noch die Atmosphäre besser als draußen.

Frank saß mit dem Rücken zum Tresen im Gastraum und blickte sich schweigend um. Nicht nur die Temperaturen, es mochten gerade einmal 5 Grad sein, ließen in frösteln. Beim Anblick der verwaisten Tische und Stühle wurde ihm noch kälter und er schloss den Reißverschluss seines Parkas. Dann stand er auf und ging zwischen der Einrichtung umher. Wehmut überkam ihn, als er auf die Reste seines einst so tollen Plans sah.

Was war geblieben von seiner Idee, eine Gartenkneipe zu übernehmen? Eine große Kühltruhe, ein paar Fässer Bier, einige Flaschen Brause, ein kaputtes Auto und schließlich ein krankes Kind. Ja, der Kleine hatte sich eine Erkältung zugezogen, die er nicht mehr los wurde. Der dauernde Aufenthalt in der feucht- kalten Kneipe trug wirklich nicht zu einer Besserung der Bronchitis bei, außerdem machte Gabi ihm auch noch Vorwürfe deswegen. Von wegen es sei seine Schuld und die der ungeheizten, feuchten Kneipe. Seine Erwiderungen, dass er doch nur das Beste für sie alle wollte, halfen ihm auch nicht weiter. Zu Philipp´s Krankheit kam, dass die Kneipe nur am Anfang einigermaßen lief und da Frank auch noch arbeiten gehen musste, konnte er nur am Nachmittag und am Wochenende für die Gartenfreunde da sein. Diese wollten hauptsächlich ein Bier trinken und vielleicht mal eine Kleinigkeit essen, aber das reichte eben nicht. Es kam eins zum anderen und dann war da noch die Sache mit den Kohlen. Danach hatten Gabi und er beschloss, das Projekt Gartenkneipe zu beenden.

Als er sich umdrehte und die große Kühltruhe in der Ecke gleich neben dem Durchgang zur Küche sah, dachte er daran, mit wieviel Elan und Freude er das Ding bei Susi und Dietmar abgeholt und hier hergebracht hatte. Die Beiden, die er noch aus den Zeiten im Handwerkerheim Helmsdorf kannte, hatten ihn erst den Floh mit der Kneipe ins Ohr gesetzt und ihm gut zugeredet, dass Gabi und er es schon schaffen würden.

Und nun? In wenigen Minuten würde Thorsten, ein befreundeter Kneiper mit exzellenten Beziehungen, kommen und die Truhe abholen. Frank würde einige Scheine und den Kontakt zu einer Autowerkstatt bekommen und Thorsten würde die Truhe gegen Baumaterial für sein Gartenhaus wieder eintauschen.

Von der Truhe wanderte sein Blick weiter in die Küche. Unwillkürlich und wie in Trance führten ihn seine Füße an den Ort, an dem er so viel Freude hatte und sich beweisen und verwirklichen wollte - an den großen Küchenherd. Er sah sich in Gedanken die Töpfe und Pfannen schwingen. Toast Hawai, Jägerschnitzel, Steak au four, Soljanka - all diese Leckereien hatte er voller Leidenschaft zubereitet und auf die Karte gesetzt.

Doch die Gartenfreunde wollten immer nur Bockwurst oder Wiener Würstchen mit Brötchen und Senf. Mit solchen Gästen konnte er kein Geld verdienen.

Frank zog sich einen Stuhl heran, setzte sich an den Tisch in der Küche, blickte versonnen auf seinen Herd und bei dem Gedanken an „Geld verdienen" musste er zurück denken, warum er den gut bezahlten Posten als Kraftfahrer im Krankenhaus aufgegeben hatte.

Anfang 1987 grübelte Frank immer wieder über seine derzeitige Arbeit nach. Ihm gingen die Bilder der umherliegenden Körperteile auf den Bahngleisen nicht mehr aus dem Kopf. Außerdem sehnte er sich zurück an den Tresen oder besser noch, zurück auf die Planken eines Elbedampfers. Die Abenteuer auf den Schiffen der Weißen Flotte fehlten ihm.

Schon früh im Jahr nahm er wieder Kontakt auf zu seinen alten Mitstreitern vom Schiff.

Nachdem er eine Zusage vom Personalleiter hatte, galt es nun, Gabi davon zu überzeugen. Viele Blumen und Beteuerungen später setzte er sich bei ihr schließlich durch und sie willigte ein, dass er wieder als Servierer bei den Mitropa Schiffsgaststätten anfangen durfte.

Als er am 06.04.87 endlich wieder die „Dresden" betrat, ahnte er noch nicht, dass es nur ein kurzer Ausflug zur Mitropa werden würde.

Bereits zwei Monate später fragte ihn sein alter Kumpel Dietmar, ob er nicht Lust hätte, in seiner neuen Gaststätte zu kellnern. Frank wußte, dass Dietmar und seine Frau schon lange eine eigene Gaststätte eröffnen wollten. Allerdings hatten sie bis dahin noch kein passendes Objekt gefunden. Dies hatte sich im

Frühsommer '87 geändert. In einem hübschen Wohngebiet am Stadtrand von Dresden, kurz vor Radebeul, hatten sie eine idyllisch gelegene kleine Gaststätte gefunden und suchten nun einen Kellner.

Gabi war ausnahmsweise richtig begeistert, dass Frank so schnell wieder vom Schiff gehen und jeden Abend relativ pünktlich zu Hause sein würde. Einem erneuten Arbeitswechsel stand somit nichts im Wege.

Die Sommermonate vergingen wie im Fluge, vielleicht auch, weil selbst Gabi später mit eingebunden wurde. Als Susi und Dietmar die Gaststätte für eine Woche schlossen und verreisten, betreute Gabi den Garten. Das tat sie so gut, dass sie anschließend von den Beiden kurzerhand zur Gartenpflege mit eingespannt wurde.

Die Gaststätte lief so gut, dass sich Dietmar bald ein neues Auto leisten konnte und Frank das Angebot bekam, den Moskwitsch der Beiden günstig zu erstehen.

Im Spätsommer wurden Gabi und Frank dann stolze Besitzer eines roten Moskwitsch. Mit diesem reiste die kleine Familie, wann immer es die Zeit erlaubte, übers Land. Besonders zog es sie immer wieder in die Berge. Altenberg, Geising, Zinnwald und die nahe Tschechoslowakei waren stets willkommene Ausflugsziele.

Im Oktober dann spürte Frank, dass das Geschäft nachließ und es würde nur eine Frage der Zeit sein, bis Dietmar ihn nicht mehr bezahlen konnte. Also wurde es Zeit, dass Frank sich nach einer neuen Arbeit umsah.

Als es dann eines Tages soweit war und Dietmar ihm mitteilte, dass sie ihn zum 01.11. entlassen müssen, hatte Frank schon einen neuen Plan.

Durch seinen Bruder Jürgen hatte er erfahren, dass die Betriebskantine im Güterbahnhof Dresden Neustadt einen Büfettier suchte. Frank fuhr hin, stellte sich vor, ließ sich erklären, was zu tun sei und überzeugte wieder einmal mit seiner freundlichen offenen Art, so dass er die Stelle sofort bekam.

Dietmar riet ihm derweil noch, eine kaufmännische Ausbildung in Abendschule zu beginnen. Durch das Schichtsystem in der Kantine hatte er genügend Zeit, sich auf dieses Abenteuer einzulassen.

So begann er am 16.11.1987 seine neue Arbeit bei der Deutschen Reichsbahn als Büfettier in der Betriebskantine und zwei Wochen vorher eine Ausbildung zum Fachverkäufer WtB (Waren des täglichen Bedarfs).

Ein lautes Klopfen an der Tür riß Frank aus seinen Gedanken. Er sprang auf und ging zur Tür. Schon von weitem sah er durch die Glastür Thorsten, der wie immer sehr aufgeregt und unruhig war.

Laut rief dieser: „Nun mach schon die Tür auf! Ich hab nicht den ganzen Tag Zeit." „Ja, ja, ich komm ja schon." rief Frank ihm entgegen. „Du stirbst bald an einem Herzinfarkt, wenn du so weiter machst." rief er Thorsten entgegen. Dieser erwiderte lachend: „Wenn ich bis dahin meinen neuen Lada noch fahren konnte, ist alles gut!" Frank schüttelte nur den Kopf und öffnete die Tür.

Nachdem sich die Beiden begrüßt hatten, stürmte Thorsten zu der Kühltruhe. Ohne diese genauer in Augenschein zu nehmen, meckerte er über den Zustand und den seiner Meinung nach zu hohen Preis. Nach kurzem Hin und Her einigten sie sich auf einen ordentlichen Preisnachlass und Frank hörte Gabi schon schimpfen, dass er wieder so nachgiebig war. Für sich selber verhandeln war noch nie Seins und würde viele Jahre später noch zu kuriosen Situationen im Weinladen führen.

Frank half Thorsten beim Einladen der Truhe und als dieser kurze Zeit später vom Hof fuhr, war sich Frank sicher, dass Thorsten ein gutes Geschäft gemacht und er wieder einmal nicht den besten Preis erzielt hat. Er tröstete sich mit dem Gedanken, dass wenigstens der andere glücklich war!

Plötzlich fing es heftiger an zu regnen und Frank rannte zurück in die Gaststube. Dort angekommen, machte er sich einen Tee, sah auf die Uhr und stellte fest, dass er noch eine halbe Stunde Zeit hatte, bevor Mario, der Taxifahrer kommen sollte, um die restlichen drei Fässer Feldschlösschen Bier abzuholen.

Als er das Teewasser aufgegossen hatte, mußte er dieses nur noch einige Minuten ziehen lassen. Während er auf den dampfenden Tee blickte und den Wölkchen versonnen folgte, gingen seine Gedanken noch einmal zurück zum Beginn seiner Büfettierlaufbahn in der Kantine des Güterbahnhofs.

Schnell hatte Frank gemerkt, dass die Arbeit in der Kantine keine Herausforderung für ihn war und er sich unbedingt etwas einfallen lassen mußte, um nicht nach vier Wochen aus lauter Langeweile wieder zu kündigen.

Seine Aufgaben als Büfettier beschränkten sich auf die Ausgabe von Essen in der Frühschicht und das Aufwärmen einzelner Komponenten von Fertiggerichten in der Spät- und Nachtschicht sowie deren

Ausgabe. Außerdem sollte er diverse Süßigkeiten und Getränke verkaufen.

Das Essen wurde tagsüber in der Großküche zubereitet und musste dann später im Wasserbad erwärmt werden.

Wenn Frank in der Frühschicht das Essen ausgeben musste, hielt sich seine Abneigung gegen diesen totgekochten, ungewürzten Einheitsbrei noch in Grenzen. Doch wenn er diverse Pampen, welche die Konsistenz von Babybrei und das Aussehen eines mehrfach überfahrenen Hasen hatten, aufwärmen sollte, verging ihm alles und auch die Kollegen schimpften regelmäßig über den Fraß. Die Männer mussten bei Wind und Wetter draußen hart arbeiten, Güterzüge trennen, Wagons vereinzeln, Bremsklötze legen und dann gab es nur solche Mahlzeiten.

Frank wäre nicht Frank, wenn er nicht unmittelbar nach seiner zweiwöchigen Einarbeitungszeit angefangen hätte, das Essen um einige selbst zubereitete Komponenten zu ergänzen und aufzuhübschen.

Alles fing mit einem bescheidenen Hackbraten an. Diesen bereitete er zu Hause vor. Gut eingepackt in einen Topf und einer Decke nahm er den Braten mit zur Nachtschicht. An diesem Tag gab es zum ersten Mal zwei verschiedene Gerichte. Das Kantinenessen bestand aus Schweinebraten mit Kartoffeln und Rotkraut und alternativ gab es Mutters Hackbraten mit Kartoffeln, Soße und Rotkraut. Die Leute waren begeistert vom Hackbraten, saftig und gut gewürzt war dieser innerhalb kurzer Zeit ausverkauft.

Später an diesem Abend stand Frank das erste Mal vor einem Berg Essenmarken und überlegte, wie er nun zu seinem Geld kam.

Er wußte, dass die Rangierarbeiter der Spät- und Nachtschicht im Vorfeld Essenmarken kaufen mussten, damit die Küche wußte, wie viele Portionen sie in etwa vorkochen mussten. Alles andere in der Kantine musste bar bezahlt werden.

In den ersten Wochen rechnete er nicht alle Marken an einem Tag ab, sondern verteilte diese auf die Wochen. So konnte er mit den Beilagen gut wirtschaften. Außerdem verlangte er bei seinen Gericht eine Essenmarke und einen kleinen Aufschlag in bar.

So überstand er die erste Zeit ganz gut und konnte kostendeckend arbeiten.

Frank merkte jedoch schnell, dass immer weniger Leute Essenmarken kauften und dafür lieber seine Gerichte komplett bezahlen wollten. Kurzerhand kaufte er über einen Kumpel Essenmarken hinzu, um den Bedarf an Beilagen vorerst so zu decken.

Mit steigendem Zulauf wurden auch die Töpfe und Pfannen, die er zu Hause mit selbst zubereitetem Essen füllte, immer größer. Nach dem Jahreswechsel hatte sich die Kunde von der Hausmannskost schon so verbreitet, dass er immer mit zwei großen Reisetaschen zur Spät- oder Nachtschicht fahren musste. Diese enthielten nun komplette Gerichte inklusive Beilagen und Soßen.

Gabi schüttelte nur noch den Kopf, wenn sie ihn wieder einmal mit diversen Töpfen in der heimischen Küche hantieren sah. Sie fragte sich eh, wie er das alles immer schaffte. Essen vorbereiten, arbeiten und zur Abendschule gehen. Außerdem nahm er sich zwischendurch auch immer noch Zeit für gemeinsame Ausflüge mit den Kindern und Besuche bei seinen Eltern.

Der Frühling ging in den Sommer über und die Nachfrage nach deftigen Gerichten ließ merklich nach. Dafür stieg nun das Interesse an kleinen Leckereien wie zum Beispiel Kaltem Hund oder selbst gebackenem Kuchen.

Dies war Frank auch viel lieber. Nun musste er Hackbraten und Co nicht mehr kofferweise in die Kantine schleppen und Gabi konnte ihm beim backen helfen. Außerdem ließ sich der Kuchen viel leichter „abrechnen".

Frank sah keine Wölkchen mehr über seiner Tasse. Ach Mist, dachte er, der Tee ist bestimmt kalt. Er überlegte noch, wie lange er schon so in der Küche saß, als es hupte und ein Auto vorfuhr.

Er erhob sich und ging zur Tür. Als er durch die Fenster nach draußen sah, traute er seinen Augen kaum. Sein Kumpel Mario war tatsächlich mit einem Wolga-Taxi vorgefahren.

„Sag mal, wie hast du das denn hinbekommen?" rief ihm Frank von der Tür entgegen. Generös stieg Mario aus seinem Wolga, breitete die Arme aus und meinte: „Du weißt doch, wer gut schmiert, der gut fährt!", dann lachte er laut.

Als die Beiden wieder im Haus waren, hakte Frank nochmals nach, wieso er von dem alten Moskwitsch nun plötzlich auf den Wolga versetzt wurde. Und Mario erzählte ihm bereitwillig die Geschichte: „Du kennst doch meinen Chef!? Der kümmert sich doch nur noch um den Laden, seine Frau kennt der doch kaum noch. Aber auf der letzten Betriebsfeier war mir der Laden egal. Dafür kümmerte ich mich um seine Frau!" dabei lachte er anzüglich. Frank verdrehte die Augen und meinte: „Du hast sie doch nicht etwa …?" „Wie ich schon sagte, wer gut schmiert, der …! Mario lachte erneut laut auf. Frank konnte es nicht fassen: „Und deshalb hat dich der Chef auf den Wolga gesetzt?" Mario sah ihn verständnislos an. „Du meinst als Belohnung, dass ich seine Frau flachgelegt habe?" „Na wie bist du sonst zu dem Wolga gekommen?" Frank wurde langsam ungeduldig. „Sie hat ihrem Mann erzählt, dass ich ein so netter Kollege sei, schon so lange in der Firma bin und außerdem hätte ich gute Beziehungen. Diese könnten sie doch bestimmt auch mal brauchen. Zum Beispiel könnte ich günstig Bier für das nächste Fest beschaffen! Und so einen Kollegen sollte man sich doch warm halten!" „Und der Chef hat dich daraufhin auf den Wolga versetzt?" fragte Frank ungläubig. „Er kam natürlich zu mir und hat mich gefragt, was ich zum nächsten Fest beitragen könnte. Da ich von dir ja wußte, dass ich drei Fässer Bier günstig bekommen kann, schlug ich ihm vor, drei Fässer Bier für kleines Geld zu beschaffen. Am nächsten Tag rief er mich zu sich und meinte, dass ein so wertvoller Kollege auch ein vernünftiges Auto fahren sollte! Seitdem fahre ich Wolga!" „Und seine Frau?" setzte Frank nach. Mario grinste verschwörerisch: „Zu der komm ich jetzt noch schneller!" Dann lachte er wieder schallend.

Frank konnte es kaum glauben - das war mal ein Abenteuer, das er auch gerne erlebt hätte. Doch auch seine Erlebnisse als „Schwarz-Taxi-Fahrer" waren nicht ohne und beide erinnerten sich zurück an die Vorweihnachtszeit 1987, als sie sich kennenlernten.

Frank hatte Spätdienst in der Kantine. Es war eine anstrengende Schicht. Die Kartoffeln hatten nicht gereicht, die mitgebrachten Kohlrouladen waren schon in den ersten Minuten der Pause alle, entsprechend war die Laune der anderen. Kaum jemand wollte noch das normale Kantinenessen, doch schließlich war er auch nur ein Mensch und konnte nicht 30 Leute und mehr aus den heimischen Töpfen versorgen.

Nach Schichtende packte er seine leeren Utensilien zusammen, stopfte alles in die Reisetasche und machte sich auf den Weg.

Als er gerade das Gelände verließ, sah er seine Straßenbahn davon fahren. Frank verfluchte sich und das Essen, wenn er doch nur nicht gekocht hätte, wäre er eher rausgekommen und hätte seine Bahn noch erreicht.

Nun stand er am Straßenrand und überlegte, was er machen sollte. In diesem Moment näherte sich ein Taxi, das er kurzentschlossen stoppte. Tatsächlich war es sogar frei und der Fahrer bereit, ihn zu fahren. Zum Glück wohnte Frank nicht irgendwo am Stadtrand sondern nicht sehr weit vom Neustädter Bahnhof entfernt. Deshalb war der Fahrer sehr zufrieden mit dem Ziel, das Frank ihm nannte.

Schnell kam er mit dem Fahrer ins Gespräch und erfuhr, dass Mario, so hieß er, mit dem Taxigeschäft sehr unzufrieden war. Er erzählte, dass sich seit einiger Zeit eine Menge Schwarztaxis rumtrieben. Diese fuhren alles und jeden und dies noch zu einem günstigen Preis, welchen sie vor Fahrtantritt mit den Kunden aushandelten. Frank hörte Mario aufmerksam zu und ein Plan reifte in seinem Kopf.

Genau wie Mario fuhr auch er einen Moskwitsch, wenngleich seiner bereits einige Jahre und Kilometer mehr hinter sich hatte. Gabi könnte doch vor dem Nachtdienst Essen für ihn vorbereiten und er würde ein oder zwei Stunden vorher Taxi fahren. Auch nach dem Spätdienst oder am Wochenende könnte er noch ein Stündchen fahren.

Kaum zu Hause angekommen, erzählte er Gabi von seiner Idee. Wie zu erwarten, verdrehte diese nur die Augen und fragte ihn, was er noch alles machen wollte. Allerdings wußte sie, wenn er einmal einen Plan hatte, war er nicht mehr davon abzubringen!

Schon am nächsten Freitag, den 18. Dezember, startete Frank seine erste Runde.

Er hatte in Erfahrung gebracht, dass sich die Schwarztaxis immer in der Nähe von Taxiständen aufhielten und auf Kundschaft warteten. Der nächstgelegene befand sich nur wenige hundert Meter von seine Wohnung entfernt am Hubertusplatz.

Dort angekommen, bemerkte er bereits zwei PKW, einen Trabant Kombi und einen Wartburg, die auffällig in der Nähe parkten und dessen Fahrer den Taxistand beobachteten. Er stellte sich auf einen weiteren freien Platz und wartete.

Lange musste er nicht warten, bis ein Pärchen kam, das an die Seitenscheiben des Wartburg klopfte, nach einem kurzen Gespräch mit dem Fahrer einstieg und das Auto davon fuhr.

Frank lehnte sich zurück und entspannte sich gerade, als jemand an seine Seitenscheibe klopfte. Er kurbelte diese runter und ein gut aussehender Mann in den Fünfzigern fragte ihn mit weicher, fast weiblicher Stimme: "Würden Sie mich nach Moritzburg fahren und wieviel kostet es?" Frank überlegte kurz und ihm fiel ein, dass er sich noch keine Gedanken über die Fahrpreise gemacht hatte. Dann sagte er: "Hallo, ja selbstverständlich fahre ich Sie nach Moritzburg!" fragend sah ihn der Mann an, dann fragte er erneut: "Und wieviel kostet die Fahrt?" Frank wußte von Mario, dass es nicht gestattet war einen Preis zu nennen und so fragte er zurück: "Wieviel würden sie denn ausgeben?" Wie aus der Pistole geschossen antwortete dieser: "Sonst gebe ich immer 5 Mark!" "Einverstanden" erwiderte Frank schnell. Der Mann stieg ein und Frank brachte ihn nach Moritzburg zu einem abgelegenen großen Einfamilienhaus, vor dem eine Menge Autos parkten.

"Hier scheint ja richtig was los zu sein!" sagte Frank erstaunt, nachdem er vor dem Haus angehalten hatte. "Ja mein Großer, hier gibt es heute eine richtige Männerparty!" flötete dieser lachend, gab ihm die vereinbarten 5 Mark und stieg aus.

Verwundert sah Frank ihm nach und konnte sich keinen Reim auf den Satz und das vielsagende Lächeln des Mannes machen, der mit schaukelnden Hüften die Auffahrt entlang zum Haus ging.

Zufrieden grinsend betrachtete er die 5 Mark. Das erste Geld als Schwarztaxifahrer, ein Anfang war gemacht, dachte er noch, bevor er den Motor startete und davon fuhr. In dieser Nacht sollten es die einzigen Einnahmen bleiben. Moritzburg war tot um diese Zeit. Lange kurvte er auf der Suche nach Fahrgästen durch den Ort. Dann stand er eine halbe Stunde in der Nähe des Taxistandes, doch an diesem Abend fand sich kein Fahrgast, der wieder nach Dresden wollte und so kehrte er gegen Mitternacht zu seiner Gabi zurück.

Bei ihr angekommen, erzählte er von seiner ersten Fahrt, dem merkwürdigen Mann und dessen Äußerungen. Dann musste er kleinlaut zugeben, dass er die gesamten Einnahmen in Benzin umsetzen musste, um für die nächste Nacht vorbereitet zu sein. Gabi kamen bereits nach diesem Tag erste Zweifel an dem wirtschaftlichen Sinn des Taxifahrens, doch sie sagte nichts, sondern ließ ihn gewähren.

Eine Woche später versuchte er wieder sein Glück. Diesmal lief es besser. Am Neustädter Bahnhof sprach ihn ein Pärchen aus Berlin an. Diese wollten nach Klotzsche gebracht werden und waren bereit, dafür 15 Mark zu bezahlen. Frank überlegte kurz und willigte dann ein. Der Preis schien ihm, selbst für Hin- und Rückfahrt, gerechtfertigt.

Auf dem Rückweg nahm er einen kleinen Umweg in Kauf, um wieder über die Moritzburger Landstraße nach Dresden zu gelangen. Beginnend am Ortseingang fuhr er auf der Suche nach potenziellen Kunden langsam die Großenhainer Straße entlang. In Höhe der Bergwirtschaft stand eine junge, sehr auffällig zurechtgemachte Frau am Straßenrand und blickte sich aufgeregt um. Dann gab sie ihm ein Zeichen und er hielt neben ihr an.

Ohne ein Wort zu sagen stieg sie wie selbstverständlich ein und sagte: „Zum Hotel Bellevue bitte, aber schnell muss es gehen. Ich zahle dir 20 Mark!" 20 Mark für die kurze Strecke, das ließ sich Frank nicht zweimal sagen und schnell - schnell war sein zweiter Vorname. Er gab Gas und hielt wenige Minuten später vor dem Hotel. Noch bevor der Türsteher kam und die Autotür für die Frau öffnete, bat sie ihn, sie in genau zwei Stunden wieder hier abzuholen. Dann gab sie ihm die 20 Mark und verschwand mit dem Angestellten im Hotel.

Frank musste erst einmal durchatmen. Was war das denn? So viel Geld für eine so kurze Strecke und wie sie angezogen war! Ein kurzes eng anliegendes Kleid, welches ihre tolle Figur betonte, darüber hatte sie sich einen halb langen Pelzmantel gelegt, welcher offen stand und so einen ungehinderten Blick auf ihre Vorzüge freigab. Ihm gefiel, was er in dem kurzen Moment gesehen hatte. Eine tadellose schlanke Figur mit etwas größeren Brüsten, die aber sehr gut zu ihr passten. Einzig die viele Schminke in ihrem Gesicht missfiel ihm. Aber ihm sollte es egal sein, sie spielte offenbar in einer anderen Liga.

Frank fuhr nach Hause und erzählte Schatzi von seiner Begegnung. Als er ihr von den äußerlichen Reizen der Kundin erzählte, horchte Gabi auf und versuchte in Franks Gesicht zu lesen. Doch sie kam zu dem Schluß, dass von 'der Frau mit der tollen Figur und dem großen Busen' keine Gefahr ausging. Seinen Erzählungen nach würde sich die Dame nie auf ein Abenteuer mit ihm einlassen.

Wie verabredet stand er zwei Stunden später wieder vor dem Hotel. Fast auf die Minute genau kam sie aus der Tür und stiegt zu ihm ins Auto.

Offenbar erschöpft ließ sie sich auf die Rückbank fallen. „Diese Westler! Glauben doch tatsächlich, dass sie sich mit Westgeld einen echten Orgasmus von mir kaufen können!" platze es aus ihr heraus. Kaum hatte sie es ausgesprochen, als sie sich auch schon die Hand vor den Mund hielt und Frank erschrocken ansah. Dieser starrte ungläubig mit weit aufgerissenen Augen zurück. So sahen sie sich eine schier unendliche Zeit schweigend an. Dabei waren es nur wenige Sekunden bis Sandy, so stellte sie sich ihm später vor, ihn fragte, ob er von der Stasi sei. Frank schüttelte den Kopf und brachte noch immer kein Wort heraus, doch so langsam dämmerte ihm, was für eine Frau Sandy war.

Nachdem sie ihn gebeten hatte, sie wieder in Richtung Bergwirtschaft zu fahren, kamen sie ins Gespräch. Frank erzählte von Gabi, den Kindern, seiner Arbeit und den kleinen alltäglichen Sorgen. Sie hörte aufmerksam zu und gerade als sie von sich erzählen wollte, kamen sie an ihrem Ziel an. Sandy verabschiedete sich und bestellte ihn für den nächsten Abend gleich wieder. Dann sollte er sie nach Radeberg bringen und ganze 30 Mark bekommen.

Als er später zu Hause von seinem Erlebnis berichtete, spekulierte er mit Gabi um die Wette, was Sandy wohl im Bellevue erlebt hatte und was sie beruflich machte. Sie ahnten beide, dass Sandy wahrscheinlich eine halblegale Prostituierte sein könnte, aber letzte Gewissheit wollte Frank am nächsten Tag erlangen - er würde sie einfach fragen.

Schon oft hatte er von Prostituierten gehört. Doch niemand kannte eine. Es galt als offenes Geheimnis, dass diese Damen ausschließlich gegen harte Devisen zur Unterhaltung von Reisenden oder Messebesuchern aus dem Westen eingesetzt wurden. Und nun hatte Frank die Möglichkeit, Informationen aus erster Hand zu bekommen.

Pünktlich stand er am nächsten Tag zur verabredeten Zeit wieder an der Gaststätte und wartete. Als Sandy eine halbe Stunde später erschien, sah sie wieder toll aus, hatte aber einen mürrischen Gesichtsausdruck. Nachdem sie eingestiegen war, sagte sie Frank kurz und knapp ihr Ziel und schwieg dann. Auch er zog es vor zu schweigen. Wenn sie etwas erzählen wollte, dann von sich aus.

In Radeberg hielten sie vor einer großen Villa. Vor 50 oder 100 Jahren war diese bestimmt mal ein prächtiges Haus gewesen, dachte Frank, aber der Zahn der Zeit oder die KWV (Komunale Wohnungsverwaltung) hatten ihr mächtig zugesetzt.

Sandy bat ihn beim Aussteigen, zwei Straßen weiter eine halbe bis dreiviertel Stunde auf sie zu warten.

Eine Stunde später stieg sie wieder zu ihm ins Auto und war sichtlich besser gelaunt. Sie war definitiv mehr als angeheitert und entsprechend redselig auf der Rückfahrt.

Frank brauchte nicht zu fragen, sie erzählte ganz allein von der gestrigen Begebenheit. Ihr war Franks Verwunderung nicht entgangen und so schilderte sie ihm in allen Einzelheiten von ihrem Besuch im Hotel Bellevue.

Sie berichtete, dass sie von einer Freundin gebeten wurde, sich um den Bruder eines ihrer Kunden zu kümmern. Dieser kam schon seit einigen Jahren immer wieder nur in den Osten, um guten und günstigen Sex zu genießen. Als ihre Freundin mit ihrem Kunden auf dem Zimmer verschwunden war, musste sie sich ein Ohr von dem Bruder abkauen lassen. Er erzählte ihr die ganze Zeit, welch tollen Job er hätte, wieviel Geld er verdient und was für ein toller Liebhaber er doch sei. Aha, dachte sie, nun ist die Katze aus dem Sack. Einige Drinks später lud er sie auf einen Besuch in seine Suite in den dritten Stock ein. Sie wußte, was nun folgen würde, doch dass es im dritten Stock Suiten gab, war ihr neu. Tatsächlich stellte sich die ´Suite` als gewöhnliches Zimmer heraus und ein toller Liebhaber war er weiß Gott nicht. Aber für 100 Westmark war es ihr egal. Für soviel Geld bekam er auch einen gigantischen multiplen Orgasmus vorgespielt. Sie lachte herzlich, als sie Frank davon erzählte, wie stolz er war, eine Frau zu solch einem Höhepunkt zu bekommen. Als er dann noch hinzufügte, dass die Männer aus dem Osten dies bestimmt nicht hinbekamen, verschluckte sie sich fast an ihrem Drink. Sie dachte einfach an die 100 Westmark und lächelte ihre wahren Gedanken weg.

Sandy erzählte und erzählte, dass Frank fast die Ohren qualmten. Als sie von dem heutigen Besuch bei einem reichen Geschäftsmann berichtete, der nichts weiter wollte, als sie mit edlem Sekt betrunken zu machen, um ihr anschließend beim masturbieren zuzusehen, konnte er sich kaum auf den Straßenverkehr konzentrieren. Nicht nur seine Gedanken, auch seine Fantasie begann schon Purzelbäume zu schlagen.

Gierig sog er jedes Wort auf und versuchte sich alles zu merken, denn das würde Schatzi bestimmt auch alles brennend interessieren.

Natürlich blieb Sandy Franks Nervosität nicht verborgen und sie begann, ihm noch mehr Einzelheiten zu erzählen.

Er war froh, als sie an der Bergwirtschaft anlangten und Sandy ausgestiegen war. Ihm war mehr als heiß und trotz der kalten Dezembernacht musste er das Fenster öffnen, um Luft zu bekommen.

Er beschloss, dass er für heute genug Einnahmen hatte und dass es nun Zeit sei, nach Hause zu seiner Gabi zurück zu kehren.

Mario und Frank lachten herzlich über seine Erzählungen. Dann erinnerte Mario ihn daran, dass er die Schwarztaxifahrer nicht leiden kann, aber bei ihm drückte er ein Auge zu.

Plötzlich sprang Mario hoch, ein Blick hatte ihm verraten, dass es Zeit wurde und er mahnte Frank zur Eile.

In der Bewegung hielt er inne, hielt Frank am Arm und sagte: „Eins noch. Weißt du eigentlich, wen du bei deiner ersten Tour wohin gebracht hast?" Frank zuckte die Schulter: „Bis heute keine Ahnung und ich hatte auch nie wieder so eine Fahrt." Mario lachte: „Ich war schon einige Male dort und wurde sogar mal eingeladen, mit reinzukommen. Aber ich hab dankend abgelehnt." „Aber warum? entgegnete Frank erstaunt. „Es schien eine wirklich tolle Party zu sein!" ergänzte er. „Du bist immer noch so erfrischend naiv!" meinte Mario. „Du hast einen Schwulen, … einen Homosexuellen in einen geheimen Schwulenclub gebracht."

Nun war es Frank, der ganz blass wurde und stammelte: „So etwas gibt es wirklich?" Mario lachte erneut und zog ihn zum Tresen.

Schnell wurden nun die drei Bierfässer in das Taxi verladen und im nächsten Moment hielt Frank einige Scheine in der Hand. Dann waren Mario und das Taxi im grauen Nebel verschwunden.

Noch einige Zeit stand Frank draußen auf dem Parkplatz, sah in den dichter werdenden Nebel und dachte über Marios letzte Worte nach. Das war also ein Schwuler, aber der war ganz sympathisch, sinnierte er. Nur seine Stimme und der Gang waren ungewohnt, aber sonst? Warum hatten nur so viele eine schlechte Meinung über Schwule? Er beschloss in diesem

Moment, keine Vorurteile gegenüber Homosexuellen zu haben und sie stattdessen gut zu finden.

Er ahnte noch nicht, welch wichtige und unterhaltsame Rolle diese im folgenden Jahr in seinem Leben spielen würden.

Zurück in der Gaststube blieb sein Blick am alten Kachelofen hängen. Unwillkürlich ging er zu diesem hin und alte Erinnerungen an Kondome und Schuhe im Kachelofen kamen wieder hoch.

Die Kondome im Ofen hatten ihm ja kein Glück gebracht, aber die Schuhe hatten ihm immerhin zu einer neuen Wohnung verholfen!

Es war Ende Februar 1988. Anfang des Monats wehte ein Hauch von Frühling durch Dresden, aber gegen Ende des Monats kehrte der Winter zurück. Die Temperaturen sanken wieder unter null Grad und die Öfen mussten wieder gut befeuert werden.

Frank war gerade wieder einmal dabei, alle möglichen Sachen zu sortieren und seiner Meinung nach überflüssige Dinge zu entsorgen. Gabi musste neben den Kindern auch ständig ein Auge auf Frank´s Sortier- und Entsorgungswahn haben. Oft genug war es schon vorgekommen, dass Gabi einige Dekoartikel wieder aus dem Müll fischen musste, nur weil ihr Göttergatte diese als unnötig betrachtet und dem Müll überlassen wollte.

Gerade war er dabei, den Schuhschrank auszuräumen und diverse Paare als „nicht mehr benötigt" einzustufen. Gabi stürmte schnell zu ihren heißgeliebten und oft getragenen Schuhen, um zu retten, was zu retten war.

Nach langem zähen Kampf zwischen den Beiden blieben zwei Paar Schuhe übrig. Zwei alte Arbeitsschuhe von Frank und ein Halbschuh, dessen linker Bruder verloren gegangen war, wurden des Wegwerfens für würdig befunden.

Gabi meinte noch, dass Frank die Schuhe in den Müll bringen soll, als er bereits die Feuerluke am Kachelofen öffnete und den Halbschuh darin verschwinden ließ. „Sieh mal Schatzi, jetzt ist der Schuh sogar noch zu etwas nütze!" rief er lachend quer durch die Wohnung. Gabi kam umgehend in die Wohnstube zurück, um das Verbrennen der Schuhe zu verhindern. „Du kannst doch keine Schuhe im Ofen verbrennen, dadurch kann der Ofen zu heiß werden und kaputt gehen!" meinte sie ernst zu Frank. Dieser überlegte kurz, stopfte dann aber die beiden Arbeitsschuhe hinterher und öffnete die Lüftungsklappe, damit die Sache richtig in Fahrt kam.

Nach kurzer Zeit begann die Ofenklappe zu glühen und Frank wurde es doch ein wenig mulmig. Plötzlich hörte er einen dumpfen Knall im Ofen und es qualmte leicht zwischen den Keramikkacheln hindurch.

"Siehst du, das hast du nun davon! Der Ofen ist hin!" meinte Gabi vorwurfsvoll. Frank sagte erst einmal nichts. Er holte einen Stuhl und besah sich den Ofen von oben. "Das sieht wirklich nicht gut aus!" sagte er leise, mehr zu sich selbst. "Wie meinst du das?" fragte Gabi. Frank musste nun kleinlaut zugeben, dass der Ofen kaputt war und sie nicht mehr heizen könnten. Gabi fragte, wie er sich das vorstellt, jetzt mitten im Winter, mit zwei kleinen Kindern und einer Wohnstube, die nicht beheizt werden kann?

"Mach dir keine Sorgen, ich kümmere mich! Du wolltest doch schon lange in eine neue Wohnung ziehen, oder?" "Das stimmt schon, wo aber willst du so schnell eine neue Wohnung hernehmen?" erwiderte Gabi. Das wusste Frank auch noch nicht, doch er würde sich kümmern.

Bereits einen Tag später hatte er zwei Tage frei, einen Plan und eine mögliche Wohnung. Ein Kollege hatte ihm erzählt, dass er erst vor wenigen Tagen aus einer Wohnung ausgezogen ist, welche sich ganz in der Nähe von Franks jetziger befand und wer den Ersatzschlüssel in Verwahrung hat.

So nahm er Gabi und die Kinder an seinem ersten freien Tag und schlenderte mit den dreien zu der Wohnung auf der Kronenstraße.

Obwohl nur etwas mehr als einen Kilometer entfernt, gefiel Gabi die Wohngegend um Längen besser. Es war zwar auch eine Gegend mit Mehrfamilienhäusern, aber mit mehr Grün drumherum und alles war viel gepflegter als auf der Trachenberger Straße.

Frank beobachtete Gabi und die Kinder, als sie das Grundstück und den kleinen Spielplatz hinterm Haus erkundeten. Er zeigte auf die Fenster im Erdgeschoss und meinte, dass sich dort eventuell ihre neue Wohnung befinden würde.

Dann klingelte er im ersten Stock bei Hänsel. Es öffnete ein Mann in Franks Alter, der sich als Manfred vorstellte. Frank versuchte seine alte Masche: "Hallo, wir wurden von der KWV hierher geschickt und sollen uns die Wohnung ansehen. Frau Neumann meinte, sie hätten den Schlüssel." Manfred lächelte wissend und sagte: "Ich kenne keine Frau Neumann von der KWV und habe auch keinen Schlüssel für die Wohnung." Frank überlegte krampfhaft, was er nun machen sollte. Manfred hingegen sah Gabi und die beiden Kinder an, dann lächelte er milde und noch bevor Frank etwas erwidern konnte, sagte er: "Aber ich weiß, wo der Schlüssel ist und wie wir daran kommen! Geht schon mal runter ich komme gleich nach" Jetzt staunte Frank und war gespannt, was nun kommen würde.

Wenige Minuten später erschien Manfred mit einem festen Draht in der Hand an der Wohnungstür. Ohne weitere Worte öffnete er den Briefkastenschlitz an der Tür, führte den gebogenen Draht hindurch und öffnete die Tür von innen.

Nachdem alle die Wohnung betreten hatten, erklärte ihm Manfred, dass er wußte, dass die Tür nicht abgeschlossen sei und alle Schlüssel bis auf einen am Schlüsselbrett in der Wohnung hängen.

Frank war begeistert, bedankte sich herzlich bei Manfred und versprach, eine tolle Einzugsfeier zu organisieren!

Dann standen Gabi und er alleine im Flur ihrer offenbar neuen Wohnung, nahmen sich in den Arm und er fragte: "Und Schatz, gefällt sie dir?" "Ach du Verrückter!" flüsterte sie verliebt. "Um ein vielfaches besser als die alte Wohnung." "Los, lass uns die Wohnung besichtigen und überlegen, wo wir was hinstellen." sagte er leise und küsste sie zärtlich.

Obwohl sich die Toilette außerhalb der Wohnung, eine halbe Treppe tiefer, befand und die Wohnung nur drei Zimmer, Küche und einen kleinen Balkon hatte, erwies sie sich als wahrer Glücksgriff.

Die Wohnstube war groß, bot genügend Platz für das Sofa und eine geräumige Essecke. Das Beste an dem

Raum war der Ofen. Bei dessen Anblick sagte Gabi: "Aber keine Schuhe mehr verbrennen, versprochen?" Frank sah sie mit einem Dackelblick an und meinte nur: "Versprochen!" Der Ofen machte wirklich einen sehr guten Eindruck. Es schien fast, als wäre er erst vor Kurzem neu gemauert worden.

Kinderzimmer gab es nur eins, aber dafür war es mit knapp 30qm mehr als groß genug für die beiden Kinder Jule und Phil.

In die Schlafstube passte ein großer Kleiderschrank und das riesige Bett aus der alten Wohnung. Auch einen kleinen Balkon mit Blick in den Garten gab es hier.

In der Küche erwartete sie eine Überraschung. Nicht nur, dass diese relativ groß war, nein an einer Wand hing ein großer Durchlauferhitzer und darunter stand eine große Badewanne.

"Das ist ja klasse, dann kann ich dir das Essen gleich in der Wanne servieren und die Krümel fallen nicht auf den Boden." meinte Frank lachend. Gabi sah ihn nur stirnrunzelnd an und sagte lieber nichts.

Zurück im Eingangsbereich entdeckten sie eine Art zentralen Ofen. Befeuert wurde dieser wie üblich mit Holz und Kohlen vom Flur aus, doch seine Wärme gab er auch ins Kinderzimmer und die Schlafstube ab. Über spezielle Lüftungsklappen ließ sich die Wärmezufuhr zu den Räumen regulieren.

Gabi war begeistert und gleichzeitig sehr skeptisch, dass sie die Wohnung wirklich bekommen würden. „Was heißt ´bekommen´?" erwiderte Frank, schelmisch grinsend. „Wir haben sie doch schon!" „Aber …, wie …, wir können doch nicht einfach." stammelte Gabi. Doch er beruhigte sie und versprach, sich sofort darum zu kümmern. „Wir gehen wieder nach Hause und die

Kinder und du fangt an zu packen!" Die Kinder jubelten, für sie war es ein einziges großen Abenteuer und sie freuten sich auf den Umzug und das Packen. Besonders die Große, Jule, war mit ihren fast 4 Jahren Feuer und Flamme für Papas Ideen.

Gabi indes konnte sich noch nicht wirklich freuen, sagte aber nichts. Nach wie vor konnte sie sich nicht vorstellen, dass sie so einfach diese Wohnung in Beschlag nehmen konnten.

Noch am selben Tag fuhr Frank zur KWV und meldete den Ofen in der Wohnung Trachenberger Straße als defekt und nicht mehr benutzbar. Als ihm dann angeboten wurde, dass sich ein Mitarbeiter nächste oder übernächste Woche den Schaden ansehen und weiter entscheiden wird, fragte er ganz freundlich, wie sie denn mit zwei kleinen Kindern bei den derzeitigen Temperaturen in einer ungeheizten Wohnung leben sollen. Außerdem sei der Kleine eh schon laufend krank. Die Mitarbeiterin zuckte mit den Achseln und meinte, dass sie sich auch keine neue Wohnung aus dem Ärmel schütteln könne. „Und wenn ich das kann?" fragte Frank nun süffisant zurück und stellte dabei ein Packet Rondo Kaffee vor sich hin. Die Dame sah erst ihn, dann das Päckchen Kaffee, dann wieder Frank verdutzt an. Offenbar hatte sie so etwas auch noch nicht erlebt, war aber hin und her gerissen. Nach einer kleinen Pause meinte sie: „Wenn sie eine leere Wohnung kennen, sehe ich gerne, was ich tun kann." Wie aus der Pistole geschossen nannte er ihr die Adresse der Kronenstraße. Daraufhin verließ sie den Raum, um kurz darauf mit einer Akte wieder zu erscheinen. „Die ist tatsächlich leer, aber erst seit einigen Tagen. „Wir konnten uns noch gar nicht damit beschäftigen." sagte sie. Frank lächelte sie verzückt an, schob das Päcken Kaffee etwas näher zu ihr und meinte: „Noch besser, dann habe ich ihnen doch Arbeit gespart." „Ich muss mir den Sachverhalt erst einmal in Ruhe ansehen und dann entscheiden. Kommen sie bitte morgen gegen 15 Uhr noch einmal vorbei." Mit diesen Worten klappte sie die Akte zu. Frank erhob sich daraufhin, verabschiedete sich, ließ den Kaffee auf dem Tisch liegen und machte sich lächelnd auf den Heimweg.

Er war sich sicher, dass das mit der Wohnung geklärt war. Nun brauchte er nur noch ein Auto für den Umzug. Doch auch dafür hatte er schon etwas im Auge.

Sein nächster Weg führte ihn zum Postamt auf die Großenhainer Straße zu seinen ehemaligen Kolleginnen. Das Hallo war riesig, als Frank den Sortierraum betrat. Alle wollten wissen, wie es ihm geht und was er so macht.

Während er seine Erlebnisse seit der Kündigung bei der Post aufzählte, wurden die Augen und Ohren der Frauen immer größer. Am Ende seiner Schilderungen kam er zu seinem derzeitigen Anliegen. „Und nun brauche ich dringend eure Hilfe und ein Auto für morgen!" Alle sahen ihn verdutzt an. „Aber du hast doch die Wohnung noch gar nicht." meinte Regina, eine korpulente Hauptzustellerin. „Ach was Leute, macht euch locker. Die Wohnung hab ich, darauf könnt ihr wetten. Ich brauche nur noch morgen ab 13 Uhr ein Auto." entgegnete er siegessicher. Dann diskutierten sie alle durcheinander. Doch am Ende bekam Frank, was er brauchte. Regina erklärte sich bereit, pünktlich 13 Uhr mit einem leeren Postauto vor der Trachenberger Straße zu stehen und die Habseligkeiten der vier zur Kronenstraße zu fahren.

Frank bedankte sich herzlichst und versprach, für den nächsten Morgenkaffee zu sorgen. Alle lachten und wünschten ihm und seiner Familie alles Gute. „Und halt uns auf dem Laufenden, wie es weitergeht!" riefen sie ihm nach, als er das Postamt verließ.

Frank stand immer noch in der Gaststube vor dem Ofen und seine Gedanken kreisten um den Umzugstag. Gabi und er mussten die halbe Nacht und den nächsten Vormittag noch packen, aber gemeinsam schafften sie es und konnten pünktlich 13 Uhr das Auto beladen und in den nächsten zwei Stunden alles in die neue Wohnung transportieren.

Zum Abschied und Dank drückte Frank Regina noch ein Paket Kaffe und 10 Mark in die Hand, dann machte er sich auf den Weg zur KWV.

Zu seinem Entsetzen war die Mitarbeiterin von gestern nicht da. Eine Kollegin bat ihn, kurz Platz zu nehmen. Erst eine halbe Stunde später, Frank war schon mehr als unruhig geworden, kam sie mit einer Akte zurück. „So da haben wir es ja." meinte sie lächelnd. „Meine Kollegin hat alles soweit vorbereitet, sie müssen nur noch hier … und hier … und da unterschreiben!" Frank konnte sein Glück kaum fassen und war sich sicher, dass ihm diese Geschichte keiner glauben wird.

Aber das war egal, er wußte, dass es genau so war. Doch nun musste er los. Morgen würde er noch einmal in die Gartenkneipe kommen und den Schlüssel übergeben. Dann ist das Kapitel auch erledigt und am Montag würde wieder der alte Trott beginnen.

Als er im Auto saß, nach Hause fuhr und an den `alten Trott´ dachte, wurde ihm fast übel. Das war das Nächste, was er in Angriff nehmen und ändern musste.

Während der Autofahrt dachte er daran, wie schnell die Arbeit in der Kantine langweilig wurde und das nur, weil es nichts mehr zum Kochen gab.

Der Küchenchef war hinter das Geheimnis der abnehmenden Umsätze gekommen und hatte ihn zur Rede gestellt. Frank verteidigte seinen Einsatz für die Kantine und die Mitarbeiter mit der Begründung, dass das Essen wenigstens schmeckte, das es frisch war, die Leute viel zufriedener und außerdem doch niemand geschädigt wurde.

Das er mit seinem Tun der Küche und insbesondere dem Küchenchef einen Spiegel vorhielt und ihm unbewußt zeigte, dass es besser geht, kam ihm überhaupt nicht in den Sinn. Schließlich hatte er es doch zum Wohl der Kollegen getan, denn Geld verdient hatte er mit seinen Kochkünsten kaum. Das war auch ein Grund, warum Gabi ihn ständig nervte, warum er eigentlich so viel kochte und sich solche Mühe gab, wenn doch nicht einmal was dabei rumkam.

Er wußte warum. Er wollte einfach nur etwas machen und dafür Anerkennung erhalten. War das denn so verkehrt? Auf den Punkt gebracht war Frank der geborene Dienstleister! Nur erkannten weder er noch die anderen dies lange Zeit! Und die, die es erkannten, nutzten es gnadenlos aus!

Nun gut, nachdem das mit dem Essen kochen Geschichte war, wurde die Arbeit in der Kantine schnell langweilig. Bis September '88 hielt er noch tapfer durch, dann war ein Wechsel unausweichlich.

Doch bevor es zum Wechsel kam, stand noch einmal Urlaub auf dem Programm.

Frank drängte schon geraume Zeit auf einen gemeinsamen Urlaub mit Schatzi und den Kindern. Die Frage war nur, wie sie an einen der begehrten FDGB Urlaubsplätze gelangen sollten.

Da kam ihnen Hilde, Franks Mutter, zu Hilfe. Sie hatte schon immer ihre Fühler in alle Richtungen ausgestreckt und als sie von dem Urlaubswunsch hörte, setzte sie ihre ganzen Beziehungen ein, um etwas Geeignetes für die vier zu finden.

Es dauerte auch nicht lange, bis sie im Juli '88 kam und freudestrahlend erzählte, dass sie einen tollen Platz im FDGB-Erholungsheim „Franz Kirsch" am Ufer des Scharmützelsees organisieren konnte. Allerdings gab es auch einen, nein zwei Haken. Hilde gestand, dass sie nicht im Haupthaus, sondern im Bettenhaus untergebracht sein würden, dafür hätten sie aber Vollverpflegung. "Und der zweite Haken?" fragte Frank skeptisch. Hilde sah zu Boden und sagte kleinlaut: "Ihr müsst zwei aufeinanderfolgende Plätze buchen, also insgesamt 4 Wochen!" Gabi und Frank staunten, derweil Juliane jubelte. Vorsichtig fragte Gabi, was der ganze Urlaub denn kosten solle und an Frank gewandt, ob sie sich das überhaupt leisten könnten.

Nun hob Hilde wieder den Kopf und lächelte: "Da es sich um Restplätze handelt, der Urlaub bereits in drei Wochen beginnt und ihr gleich 4 Wochen nehmt, zahlt ihr für vier Personen mit Vollverpflegung gerade einmal 680 Mark für die gesamte Zeit!" "Aber hast du denn noch deinen ganzen Urlaub?" hakte Hilde nach.

Frank lächelte und meinte: "Nicht mehr ganz, aber da ich eh bald bei der Kantine aufhöre, werde ich erst einmal noch 4 Wochen Urlaub machen und dann kündigen. Oder falls sie mir keinen Urlaub geben, kündige ich erst und nehme dann Urlaub." Gabi sah ihn entsetzt an: "Du hast noch gar nichts davon gesagt, dass du bei der Reichsbahn wieder aufhören willst. Was willst du denn dann machen?" Frank winkte nur ab und meinte, dass die Zeit das schon bringen würde.

Dann umarmte er Gabi und die Kinder und alle freuten sich auf einen erholsamen Urlaub am Scharmützelsee.

Obwohl alles an dem Urlaub vorgegeben war und es kein Abenteuerurlaub wurde, bargen die 4 Wochen doch so manche Überraschung.

Gleich zu Beginn gab es Wetterwechsel und es wurde merklich kühler. Erst in der zweiten Woche wurde es besser. In dieser Zeit reisten auch neue Urlauber an. Unter ihnen befand sich auch eine Familie aus Dresden. Renald und Simone (so hießen die Beiden) und ihre Kinder Robert und Katja waren alle ungefähr im selben Alter wie Gabi, Frank und deren Kinder. So war es nicht verwunderlich, dass sie sich schnell kennenlernten und anfreundeten. Und noch etwas hatten die beiden Familien gemeinsam. Sowohl Simone als auch Gabi mussten mit den Jungs einen Arzt aufsuchen. Irgendwie bekam beiden das Wetter oder die Luft nicht. Sie mussten jeweils wegen einer Bronchitis behandelt werden.

Als das Wetter sich dann endlich stabilisierte, unternahmen die zwei Familien viel gemeinsam. Die Freundschaft (aus heutiger Sicht war es eher eine "Bekanntschaft") hielt mehrere Jahre. Sie führte sogar dazu, dass Simone, Renald und die Kinder 1990 ebenfalls in den Westen übersiedelten, allerdings unter weitaus bequemeren Bedingungen!

Nachdem das Wetter sich in der letzten Urlaubswoche erneut verschlechterte und den vieren das doch recht einfache und fade Essen langsam zum Hals raushing, freuten sich alle wieder auf zu Hause und auf Dresden.

Besonders Frank war schon aufgeregt, denn endlich konnte er bei der Reichsbahn aufhören und sich etwas neues suchen.

Diese Suche währte auch nicht lange. Bei einem Bummel über die Oschatzer Straße hatte er an einem Schaufenster einen Zettel entdeckt. Der Ladeninhaber, Herr Henker, suchte einen Mitarbeiter mit Führerschein für Verkaufstätigkeiten.

Das gefiel Frank und so stellte er sich gleich vor. Herr Henker betrieb einen Kräppelchenladen (heute würde man sagen: Er stellte Mini Dounats her! Doch dieser Ausdruck war damals unbekannt, dafür kannte jeder Kräppelchen). Franks Aufgabe sollte es sein, um 4 Uhr morgens im Laden zu erscheinen hunderte von Kräppelchen zu backen, in Tüten zu je 5 und 10 Stück zu verpacken, später mit einem kleinen Lieferwagen zum Neustädter Bahnhof zu fahren, um sie dort zu verkaufen. Ihm gefiel die Aufgabe und der Verdienst war auch gut. Außerdem machte ihm das zeitige Aufstehen nichts aus und eine geregelte Arbeitszeit wäre für Gabi und die Kinder auch nicht schlecht. Frank sagte zu, kündigte bei der Reichsbahn und begann am 26.09.1988 seine Karriere als Kräppelchenverkäufer!

Als Gabi davon hörte, schlug sie die Hände über dem Kopf zusammen. Sie konnte es nicht fassen. So liebenswert und lustig dieser Mann war, aber er würde sie noch um den Verstand bringen. Sie fragte ihn, warum er die Arbeitsstelle schon wieder gewechselt hat und warum ausgerechnet zu diesem Henker. „Ich hab einfach noch nicht das Richtige gefunden" erwiderte er und fügte hinzu: „Aber tröste dich, mit 30 weiß ich, was ich will!" Zu Gabis Leidwesen erfüllte sich diese Prophezeiung nicht, beziehungsweise erst 10 Jahre später im Alter von 40 Jahren bei der Facetta AG!

Bei seiner neuen Tätigkeit merkte Frank schnell, dass er schon gegen Mittag Feierabend hatte und damit viel Zeit. Die Kinder waren im Kindergarten, Gabi arbeiten, also brauchte er eine zusätzliche Aufgabe.

Inzwischen war er zu Hause angekommen. Gabi und die Kinder waren noch unterwegs und so machte er sich daran, den Ofen im Flur und in der Wohnstube anzuheizen. Dann ging er in die Küche, um sich nochmals einen Tee zu kochen. Als dieser fertig war, setzte er sich in die Wohnstube, schaltete den neuen Raduga (Farbfernseher aus russischer Produktion) an und … und nichts! Es war Sendepause! Mist dachte er, lehnte sich zurück und dachte noch einmal zurück an die letzten Monate, an seine neue, zusätzliche Herausforderung - die Gartenkneipe!

Nachdem alle Kräppelchen verkauft waren, musste Frank nur noch das Auto und das Geld zum Chef bringen, abrechnen, dann hatte er Feierabend! Dies war meist schon gegen Mittag.

Die erste Zeit saß er alleine zu Hause, wartete auf Gabi und langweilte sich zu Tode.

Dann eines Tages fuhr er zu Dietmar und Susanne. Er wollte einfach mal Hallo sagen. Die Beiden freuten sich sehr über seinen Besuch. Als Frank dann erzählte, was er gerade machte und dass er noch eine Menge freie Zeit hatte, berichtete Dietmar von einer Kleingartensparte, die einen neuen Betreiber für das Vereinshaus suchten. Dietmar malte das Haus, die Aufgaben, das Ansehen eines Gastwirtes, einfach alles in den leuchtendsten Farben und Frank gefiel, was er hörte.

Noch am selben Abend berichtete er Gabi von der Idee. Nach langen Gesprächen und wahrscheinlich weil sie das Gerede um die Kneipe satt hatte, stimmte sie schließlich einer Besichtigung am kommenden Wochenende zu.

Am darauffolgenden Samstag fuhren sie mit ihrem weißen Skoda S100, das war Franks ganzer Stolz - den hatte er erst vor wenigen Wochen gegen den Moskwitzsch und eine kleine Barzahlung eingetauscht, ins Ostra Gehege zur Kleingartenanlage „Frohe Zukunft".

Die Kinder waren es, die als erste und ganz aufgeregt das Vereinshaus erkundeten und mit ihrem Lachen belebten. Gabi blieb bei der Besichtigung eher skeptisch. Doch als sie Frank ansah und das Leuchten in seinen Augen sah, wußte sie, dass sie keine Möglichkeit haben würde, ihm das Projekt auszureden. Ihr Einwand, dass es nun Herbst sei und sich kaum noch Leute in der Anlage aufhielten, wurde einfach ignoriert.

Der Chef des Gartenvereins und Frank waren sich längst einig, als er sie fragte: „Und Schatzi, was meinst du?" „Na ja, nicht schlecht. Wenn du meinst, das wird was?" sagte sie und meinte doch etwas ganz anderes. Frank jedoch sah sie verliebt an: „Ich wußte, dass es dir gefallen wird. Ich liebe dich Schatzi!" Dann küßte er sie und damit war die `gemeinsame Kneipe` besiegelt.

In der nächste Woche fuhr er täglich zu seiner Kneipe und trieb die Eröffnung voran. Noch war das Wetter schön und er wollte die Zeit nutzen.

Bereits am 8. Oktober eröffneten sie das Vereinshaus. Der Tag wurde ein voller Erfolg und die `Frohe Zukunft` sah einer erfolgreichen Zukunft entgegen.

Frank werkelte in der Küche und half am Tresen aus, während Gabi Bestellungen aufnahm und sich um die Getränke kümmerte.

So verging der Oktober mit guten Umsätzen und alles schien bestens. Gegen Ende des Monats wurde es das erste Mal durch einen regelrechten Temperatursturz empfindlich kühler. Nun musste Frank den Gastraum heizen. Dabei stellte er fest, dass nur noch wenige Kohlen hinterm Haus lagerten und die Zeit der Kohlebestellungen vorbei war.

Anfang November wurde die Lage immer schlimmer. Die Temperaturen kamen kaum über 8 Grad und die Gaststätte konnte nur noch spärlich beheizt werden. In dieser Zeit fing Philipp an zu kränkeln. Er schleppte sich von einer Erkältung zur nächsten Bronchitis und die Kohlen reichten einfach nicht, um den Gästen, seinen Kindern und Gabi eine warme Kneipe zu bieten. Als dann die Temperaturen plötzlich unter den Gefrierpunkt fielen, musste ein Plan her.

„Ich fahre jetzt los, Kohlen holen!" Gabi traute ihren Ohren nicht: „Wo bitte willst du jetzt Kohlen her bekommen?" „Ich fahre einfach zum Kohlenhandel und frage - aus!" Damit ging er aus dem Haus, setzte sich in den Skoda und fuhr los.

Beim Kohlenhandel angekommen, musste er erfahren, dass derzeit keine Bestellungen und Auslieferungen an privates Gewerbe möglich seien und die freundliche Dame erklärte ihm, dass derzeit alle Fahrer mit der Belieferung privater Haushalte beschäftigt waren.

Als Frank zum Auto zurückging und einstieg, hatte er eine Idee. Wenn alle mit Auslieferungen beschäftigt sind, dann sollte es doch möglich sein, einen der Fahrer ausfindig zu machen und ihm einige Säcke Kohlen direkt vom LKW abzukaufen. Nun musste er nur noch einen finden.

Er fuhr kreuz und quer durch die Stadt. Aber es war wie verhext, heute war einfach keiner zu finden. Dann versuchte er es am westlichen Standrand, dann wieder weiter in Richtung Innenstadt. Schließlich hatte er Glück und traf in der Friedrichstadt einen LKW vom Kohlenhandel. Kurzerhand hielt er hinter diesem und fragte den Fahrer nach Kohlen. Der blickte sich verstohlen um und meine: „Hast Glück, ich habe heute eine Schule beliefert und ein paar Säcke vergessen. Wieviel braust du denn?" Das war eine gute Frage, Frank hatte keine Ahnung. Sein Kopf arbeitete auf Hochtouren. „Soviel in den Kofferraum des Autos passen!" platze es aus ihm heraus. Verdutzt sah ihn der Fahrer an. Dieser glaubte, sich verhört zu haben, doch Frank wiederholte: „Soviel in den Kofferraum meines Autos passen! Also ich fahre nur einen Skoda und der hat den Kofferraum vorn. Keine Angst, da passt nicht so viel rein". Nach einer kurzen Besichtigung waren sie sich einig, dass ungefähr vier Zentner reinpassen sollten. „Aber nicht hier." flüsterte der Fahrer. „Ich bin gleich fertig, dann fahr einfach hinter mir her. Gleich da vorne gibt es eine ruhige Stelle!" Frank nickte, setzte sich ins Auto und freute sich auf den bevorstehenden Kohlensegen.

Wenige Minuten später fuhr der LKW los und Frank hinter ihm her. Ein paar Mal bogen sie ab, plötzlich standen sie in einem verlassenen Hinterhof.

Dann ging alles ganz schnell. Frank öffnete den vorderen Kofferraum und ein Sack nach dem anderen purzelten die Kohlen rein. Jetzt erst wurde Frank bewußt, dass er gerade dabei war, 200 Kilo Kohlen in sein tolles weißen Auto schütten zu lassen und er überlegte, wie er diese wieder ausladen sollte. Als der vierte Sack ausgeschüttet war, lag der Skoda schon bedenklich tief und die Kofferraumklappe ließ sich nicht mehr schließen. Kaum hatte er die Kohlen bezahlt, war der Fahrer samt LKW schon wieder verschwunden. Da stand er nun mit einem ziemlich beladenen Skoda und wußte nicht recht, wie ihm geschah. Die vordere Klappe befestigte er mit einem Strick und er wusste, dass er ganz langsam fahren musste.

Soweit ging auch alles gut und obwohl Frank auf dem kurzen Stück bis zur Kneipe Blut und Wasser schwitzte, schien alles glatt zu laufen.

Als er dann auf die Brücke zum Ostra Gehege einbog und das Kopfsteinpflaster unter sich spürte, hatte er kein gutes Gefühl mehr.

Dann, mitten auf der Brücke geschah es. Ein Krachen, gefolgt von einem Kratzen, dann stand das Auto still. Frank stieg aus und sah, dass das Auto vorne auf der Straße auflag. Alles sah nach einem

Achsenbruch aus. In dem Moment hätte er heulen können. Alles war ihm plötzlich zu viel, die Kneipe, die scheiß Kräppelchen, das Auto, die Kohlen, was wollten die alle nur von ihm! Wie sollte er jetzt zweihundert Kilo Kohlen aus dem Kofferraum in die Kneipe bekommen und was sollte mit seinem Auto passieren?

Er musste sich erst einmal sammeln, dann zur Kneipe gehen, versuchen seinen Bruder Jürgen auf der Arbeit zu erreichen und zum Schluß eine Autowerkstatt anrufen.

Als sein Bruder Jürgen am Nachmittag endlich kam, war ein Abschleppauto schon da und hatte den Skoda samt Kohlen zum Vereinshaus gebracht. Nun half ihm sein Bruder beim Ausladen der Kohlen.

Nachdem das Werkstattauto ihn zu Hause abgesetzt hatte, stand ihm der schwerste Gang bevor. Er musste Schatzi alles erklären.

Nur so viel, es wurde eine lange Nacht. Gabi bestand auf der Schließung und Aufgabe der Gartenkneipe. Frank, der einfach nur kaputt und ausgelaugt war, hatte dem nichts entgegen zu setzen und willigte ein.

Die Tür ging auf und Frank hörte die Kinder hereinpoltern. Dann vernahm er auch Gabis Stimme, wie sie diese zurückrief: „Halt Kinder, erst Schuhe ausziehen!" Ja genau, das war seine Gabi! In diesem Moment war er froh, das Kapitel Gartenkneipe beendet zu haben.

Er war dankbar, dass er seine Gabi, die immer zu ihm gehalten und ihn immer unterstützt hat, gefunden hatte und er war dankbar für die zwei wundervollen Kinder. Die ruhige Juliane und das ganze Gegenteil, den quirligen Philipp.

Eins bereitete ihm noch Kopfschmerzen: das mit dem Kräppelchen backen jeden Tag konnte auf keinen Fall so weitergehen. Wie er das ändern wollte? Dafür hatte er schon einen Plan, schließlich hatte er ja nicht umsonst seine Ausbildung zum Fachverkäufer WtB im Oktober erfolgreich abgeschlossen.

Nun freute er sich auf das Weihnachtsfest, den Jahreswechsel und das Neue Jahr 1989!

Nachtrag

Anfang Dezember 1988 war Frank gerade 26 Jahre alt geworden, war verheiratet, hatte zwei Kinder und eine ihn nicht auslastende Arbeit. Alles hätte in den nächsten Jahren gepflegt und entspannt weitergehen können.
Wenn, ja wenn nicht das Jahr '89 dazwischen gekommen wäre. Es sollte für seine Familie und ihn das Jahr der Wende werden und das im doppelten Sinn.
Allein 1989 erwarteten die Vier so viele Erlebnisse und Ereignisse, dass es für ein eigenes Buch reicht.
Von einem Unfall, einem neuen Auto, einer bemerkenswert steilen Karriere bei Konsum, über Treffen mit Schwulen, einem gläsernen WC, Eier messen, Kapitalismus im Sozialismus lernen bis hin zur Entdeckung seiner künstlerischen Ader ist da die Rede.
Damit aber nicht genug: im September folgte ein folgenschwerer Urlaub mit Wohnwagen in Ungarn, eine spektakuläre 4-tägige Flucht, die Ankunft in Österreich, die Aufnahme in die Bundesrepublik Deutschland, die kuriose Wahl des nächsten Wohnsitzes, ein merkwürdiger Autodiebstahl (für den eine Stadtverwaltung bezahlen musste), die Zeit im Auffanglager, im Übergangsheim, die erste Wohnung, die erste Arbeit, kurzum die ersten Schritte im Westen.

*Kontakt: wendeleben@gmail.com * www.wendelben.de (im Aufbau)*